Lou Lorenz-Dittlbacher
Der Preis der Macht

Lou Lorenz-Dittlbacher

DER PREIS DER MACHT

Österreichische
Politikerinnen
blicken zurück

Residenz Verlag

Bibliografische Information der Deutschen Nationalbibliothek
Die Deutsche Nationalbibliothek verzeichnet diese Publikation in der
Deutschen Nationalbibliografie; detaillierte bibliografische Daten sind
im Internet über http://dnb.dnb.de abrufbar.

www.residenzverlag.at

© 2018 Residenz Verlag GmbH
Salzburg – Wien

Alle Rechte, insbesondere das des auszugsweisen Abdrucks
und das der fotomechanischen Wiedergabe, vorbehalten.

Umschlaggestaltung und grafische Gestaltung/Satz: BoutiqueBrutal.com
Umschlagfoto: Aleksandra Pawloff
Lektorat: Christine Dobretsberger
Gesamtherstellung: CPI books GmbH, Leck

ISBN 978-3-7017-3464-1

Inhalt

7 Vorwort

11 *Gabi Burgstaller*
»Ohne dicke Haut hat man es
nicht leicht in der Politik«

47 *Brigitte Ederer*
»Politik ist extrem spannend,
aber auch extrem kränkend«

81 *Benita Ferrero-Waldner*
»In Österreich traut man den Frauen
noch nicht so viel zu«

109 *Waltraud Klasnic*
»Wenn man die Politik ernst nimmt,
dann hat man Mensch zu sein«

137 *Ulrike Lunacek*
»Ich habe verloren und ich habe gewonnen –
ich habe beides erlebt«

173 *Maria Rauch-Kallat*
»Ich habe einen hohen Preis bezahlt.
Aber er war es wert«

201 *Susanne Riess*
»Mutti, Mäderl oder Furie.
Dazwischen gibt es nichts«

227 *Heide Schmidt*
»Man macht sich keine Vorstellung von
den Selbstzweifeln einer Politikerin«

265 Nachwort

267 Lebensläufe

275 Dank

Vorwort

Es war einer dieser Tage, die dem November einen so schlechten Ruf verschaffen. Es war grau, kalt und feucht. Als ich meiner damals sechs Jahre alten Tochter, wie immer vor dem Schlafengehen, noch etwas vorlas, wollte nicht so recht Ruhe einkehren. Ich las und war nicht wirklich bei der Sache. Wohl, weil ich wusste, dass die folgende Nacht lang werden würde. Als ich das Zimmer meiner Tochter verließ, war ich ganz sicher: In der Früh würde ich ihr sagen können, dass eine Frau im Jahr 2016 alles erreichen kann. Dass der Weg nach ganz oben frei ist. Dass es Frauen ins Berliner Kanzleramt schaffen können, in die Londoner Downing Street und nach dieser Nacht dann wohl auch ins Weiße Haus. Gute Vorzeichen also für ein kleines Mädchen mit großen Träumen.

Als es dämmerte, war endgültig klar, dass ich am Frühstückstisch eine andere Geschichte erzählen würde. Denn nicht Hillary Clinton, sondern Donald Trump wurde an diesem 9. November 2016 zum Präsidenten der Vereinigten Staaten gewählt. Ein Mann, der wenige Wochen vor der Wahl mit höchst fragwürdigen Aussagen Schlagzeilen gemacht hatte: Als er bekundete, als Prominenter von schönen Frauen alles bekommen zu können, was er denn nur wolle, hielten viele die Wahl für entschieden. Zugunsten seiner Konkurrentin. Aber auch Aussagen wie »Wenn du ein Star bist, lassen sie dich das machen. Pack sie an der Pussy, du kannst alles tun«, hielten ihn – ebenso wie zahlreiche Belästigungsvorwürfe – auf seinem Weg ins Weiße Haus nicht auf.

»Wir haben gesehen, dass dieses Land gespaltener ist, als wir geglaubt haben«, sagte die unterlegene Hillary Clinton am Tag nach der größten Niederlage ihres politisches Lebens. Erklärungsversuche, warum es doch nicht zum prognostizierten Sieg der Demokratin gekommen war, hallen bis heute nach: zornig seien die Menschen gewesen, misstrauisch den Eliten gegenüber. Und dieses Misstrauen gelte eben ganz besonders der Familie Clinton. Aber es gibt ein noch viel simpleres Erklärungsmodell: Vielleicht hat hier einfach nur ein Mann über die Frau gesiegt, weil ihr zu wenige Menschen zugetraut haben, dieses Amt ausfüllen zu können. Ihr, der Frau. Im Zweifel für den männlichen Kandidaten, quasi.

Als Hillary Clinton zehn Stunden nach dem Wahlsieger vor die Kameras trat, war meine Tochter gerade von der Schule nach Hause gekommen. »Ich weiß, dass wir weiterhin die Gläserne Decke nicht haben zertrümmern können, aber irgendwann wird es jemand tun – hoffentlich früher, als wir jetzt denken mögen. Und an all die kleinen Mädchen, die dies hier verfolgen: Zweifelt nie daran, dass ihr wertvoll seid und mächtig und jede Chance und Gelegenheit in der Welt verdient, eure Träume zu verfolgen und zu verwirklichen.« Wahrscheinlich war es Clintons stärkster und emotionalster Auftritt. Aber dass sie ausgerechnet in diesem Moment an das Durchstoßen der Gläsernen Decke glauben konnte, darf bezweifelt werden.

Kann meine kleine Tochter nun tatsächlich alles werden und alles erreichen, was sie sich eines Tages in beruflicher Hinsicht wünschen wird? Oder wird es in zehn, 15 Jahren noch genauso schwer und manchmal aussichtslos sein, in Männerdomänen vorzudringen? Wird die Zuschreibung von Ehrgeiz weiterhin Männern als vorteilhaft und Frauen als negativ ausgelegt werden? Fragen, die nach diesem 9. November 2016 noch dringlicher geworden sind. Und die bleiben.

Noch ist der zeitliche Abstand zu gering, um sie adäquat beantworten zu können. Dass Frauen auch in der Politik viel Vertrauen entgegengebracht wird, zeigt der in diesem Zusammenhang immer noch unvermeidliche Blick nach Deutschland: Abiturienten können sich dort nur noch sehr dunkel daran erinnern, dass die Bundesregierung jemals von einem Mann geführt worden war. Durchaus vorstellbar, dass Mädchen im Alter meiner Tochter ihre Mutter fragen, ob denn auch Männer Bundeskanzlerin werden können.

In Österreich wachsen seit der Republiksgründung vor hundert Jahren ausschließlich Mädchen heran, die weder eine

Bundespräsidentin noch eine Bundeskanzlerin erlebt haben. Noch nicht einmal eine Kanzlerkandidatin. Von den drei größten Parlamentsparteien wurde erst einmal eine von einer Frau geführt: die FPÖ in den Jahren 2000 bis 2002. ÖVP und SPÖ hatten seit ihrer Gründung ausnahmslos männliche Obmänner oder Vorsitzende. Und von 72 Landeshauptleuten seit 1945 waren erst drei weiblich, aktuell ist es eine einzige.

Kann das Zufall sein? Oder ist Österreich gar nicht bereit für eine Frau an der Spitze? Wer könnte mir das eher beantworten als jene, die es eben bis fast ganz nach oben geschafft haben? An die Spitze von Parteien oder Bundesländern, in Ministerämter, ins Nationalratspräsidium oder in die EU-Kommission. Es sind ganz unterschiedliche Wege, die jene acht ehemaligen Politikerinnen gegangen sind, um die es in diesem Buch geht. Mit unterschiedlichen Zielsetzungen, unterschiedlichen Werten und zu unterschiedlichen Zeiten. Waltraud Klasnic und Heide Schmidt haben die politische Bühne in den 1970er-Jahren als erste betreten, Ulrike Lunacek hat sie im Vorjahr als letzte verlassen. Dass der Preis für ein politisches Amt hoch ist, darin sind sich die acht Frauen – bei allen Unterschieden – weitgehend einig. Auch wenn der Preis, den sie bezahlt haben, differiert.

Ich habe mit ihnen über diesen Preis gesprochen. Ich wollte aber vor allem wissen, wer diese Frauen, die die Zweite Republik an Schlüsselstellen mitgestaltet haben, wirklich sind. Woher sie kommen, wie sie aufgewachsen sind, was sie in ihrem Leben ursprünglich vorhatten. Ich wollte wissen, was sie politisiert hat, und wie sie den Abschied aus politischen Spitzenpositionen erlebt haben. Es sind sehr persönliche Gespräche geworden, und sie stellen die subjektive Sichtweise dieser acht Frauen dar.

Die Frage, ob meine kleine Tochter denn zumindest die theoretische Chance hat, alles werden zu können, beantworten die von mir Befragten übrigens ziemlich einhellig: leicht wird es nicht.

*Für meine Mutter Lilo
Und meine Tochter Emma*

Gabi Burgstaller

»Ohne dicke Haut hat man es nicht leicht in der Politik«

Wer Niederthalheim im Hausruckviertel auf der Landkarte finden will, ein Dorf mit tausend Einwohnern, muss genau schauen. Noch schwieriger ist Penetzdorf zu finden, eine von 21 Ortschaften, aus denen Niederthalheim besteht. Auf einem der hiesigen Bauernhöfe ist Gabi Burgstaller aufgewachsen. Als eines von sechs Kindern und mit einem Großvater, der Gründungsmitglied des Bauernbundes war. Nichts deutet darauf hin, dass eines dieser Bauernkinder die erste Landeshauptfrau des Nachbarbundeslandes Salzburg werden könnte. Noch dazu als Sozialdemokratin.

Schuld daran ist in gewisser Weise trotzdem der Opa. Er bringt den ersten Fernseher ins Dorf. Die Kinder kommen aus der Nachbarschaft auf Besuch, in Dreierreihen sitzen sie davor und schauen Kasperl. Aber nicht nur das Kinderprogramm ist für sie interessant. Als Gabi Burgstaller sechs Jahre alt ist, hat sie ihr erstes Erlebnis mit der Politik.

»Mein Opa hat mir diese Geschichte oft erzählt: Ich bin vor dem Fernseher gestanden, habe einen sympathischen, für mich damals alten Herrn gesehen und ihm zugehört. Bruno Kreisky war gerade Bundeskanzler geworden. Er sagte in etwa: ›Ich will, dass jedes Kind die gleichen Möglichkeiten hat, je nachdem, welche Talente es hat. Wenn es studieren will, darf es keine Rolle spielen, ob die Eltern Geld haben oder nicht.‹ Ich selbst konnte es kaum erwarten, bis ich alt genug war, um endlich in die Volksschule zu gehen. Ich hatte eine ältere Schwester und habe immer sehnsüchtig darauf gewartet, dass sie von der Schule nach Hause kommt, damit ich mit ihr mitlernen konnte. Ich habe diesen Moment nie vergessen. In mir war von diesem Zeitpunkt, von dieser Fernsehansprache an der Gedanke erwacht: Ich will hinaus in die Welt.«

Von Penetzdorf ist der Weg in die Welt ein weiter.

»In die Volksschule bin ich mit dem Bus gefahren, aber zurück musste ich zu Fuß gehen. Der Bus nach Hause fuhr viel später, war für die Hauptschüler vorgesehen.«

Trotzdem bleibt die Begeisterung für die Schule und für das Lernen ungebrochen.

»In der dritten Klasse war mein Volksschullehrer überzeugt davon, dass ich ins Gymnasium gehen muss. Meine Eltern waren davon nicht so begeistert. Sie haben sich natürlich schon eher vorgestellt, dass ich zu Hause bleiben und irgendwo eine Arbeit in der Umgebung annehmen werde. Hinzu kam, dass Penetzdorf so am Land ist, dass ich jeden Tag wahrscheinlich fünf bis sechs Stunden unterwegs gewesen wäre. Man musste nämlich von der Gemeinde mit dem Bus nach Schwanenstadt fahren, und dann erst wäre man mit dem Zug nach Vöcklabruck oder Wels gekommen. Es war damals nicht üblich, dass die Kinder kreuz und quer durch die Gegend gefahren werden, sondern es hieß einfach: ›Sorry, geht halt nicht.‹«

Es geht aber dann doch. Die Lehrer schlagen Burgstallers Eltern vor, die Tochter ins Internat nach Gmunden zu schicken, wo sie einen Freiplatz bekommt.

»Pro Jahrgang wurden in der BEA *(Höhere Bundeserziehungsanstalt, Anm.)* damals ein, zwei Kinder ohne Internatskosten aufgenommen. Das hat es für meine Eltern doch etwas leichter gemacht, denn es ist natürlich schon auch ein finanzieller Druck, wenn man sechs Kinder hat. So eine Schülerin, die kostet einfach lange Zeit Geld, auch wenn sie nichts für das Internat zahlen mussten. Wir brauchten auch ein bisschen bessere Kleidung, weil wir zum Beispiel ins Theater gegangen sind. Das ist für Eltern, glaube ich, nicht so einfach, und es ist auch unter den Geschwistern nicht so einfach, aber letztlich haben sie mir alle nichts in den Weg gelegt.«

Das Internat – so weit weg von zu Hause, weg von den Geschwistern, von den Eltern. Wie war das für Sie?
»Ich habe teilweise sehr gelitten. Aber ich hätte es nie zu sagen gewagt, weil gerade dann, wenn man einen anderen Weg geht als den üblichen, ein enormer Druck da ist, diesen Weg aufrecht zu gehen und nicht zu scheitern. Wenn ich zurückblicke, denke ich mir: Dass ich das überhaupt durchgestanden habe, war nicht leicht, gerade im Alter zwischen zehn und 14. Ich habe mir immer gesagt: Ich würde meine Kinder nicht in ein Internat geben mit zehn Jahren.«

Haben Sie damals irgendjemandem gesagt, wie Sie sich fühlen?
»Nein.«

Das heißt, Sie haben das mit sich ausgemacht. Hat Sie das geprägt?
»Ja, ein spontanes Ja. Es gibt schon ein paar Fäden, die sich durch mein Leben ziehen, und einer davon ist: vieles einfach aushalten müssen. Viel Verantwortung zu tragen, zu beweisen, dass ich es schaffe. Weinen ja, aber üblicherweise im Verborgenen. Gefühle zeigen ja, aber nach Möglichkeit auch die Lasten tragen, die einem auf die Schulter gelegt werden.«

Das ist Ihnen also im späteren Leben geblieben: Wenn Sie vor Herausforderungen stehen, machen Sie das mit sich allein aus?
»Ja.«

Sie teilen Probleme nicht?
»Nein.«

Nicht nur die Jahre im Internat prägen Burgstaller, sondern auch ihre bäuerliche Herkunft.
»Einerseits hat sie dazu geführt, dass ich als selbstgewählte Sozialdemokratin auch viel Verständnis für andere Parteien habe. Oder auch für die Nöte mancher ÖVPler, die eine hohe Verantwortung haben für die ländliche Bevölkerung und diese auch wahrnehmen. Andererseits hat mich geprägt, dass wir Kinder

zu sechst waren. Da lernt man schon sehr stark das Teilen, das Aufeinander-Schauen. Und das Dritte ist: Wenn man am Land aufwächst, wächst man auch naturnah auf. Mir war bei aller Modernität und Urbanität immer wichtig, in einer intakten Umgebung zu leben, den Gesamtkreislauf der Natur in der Politik nicht auszublenden.«

Ihre Mutter hatte sechs Kinder und hat am Hof gearbeitet. Welches Frauenbild wurde Ihnen da vermittelt?
»Es war stark geprägt vom Wissen, dass Frauen immer hart arbeiten müssen. Das habe ich vor allem bei meiner Mutter gesehen. In ländlichen Regionen schaut bei Bauern ja die Arbeitsteilung häufig so aus, dass der Mann am Traktor sitzt, mit Maschinen hantiert und die Frau körperlich oft härter arbeiten muss. Die Frau ist auch immer für alles zuständig und verantwortlich: für die Kinder, für das Essen, den Haushalt. Und sie arbeitet genauso im Betrieb. Für mich hat es nie diese klassische Aufteilung gegeben wie in städtischen Haushalten: Dass der Mann außer Haus arbeitet und die Frau daheim ist, den Haushalt macht und sich um die Kinder kümmert. Das war bei uns immer eins. Und es gab auch eine gewisse Gleichrangigkeit. Ich hatte nicht den Eindruck, dass die Männer in den ländlichen Regionen so viel höher bewertet werden, weil die Bäuerinnen einfach unglaublich tüchtig sind.«

Haben Sie sich selber einmal so gesehen: Der Mann am Traktor und Sie mit einer Kinderschar auf einem Bauernhof? Oder war Ihnen früh klar, dass Ihr Leben anders verlaufen wird?
»Nein, das habe ich nie so gesehen, obwohl ich mir später schon einmal gedacht habe, dass ich den Hof übernehmen würde, wenn das sonst niemand von uns Geschwistern machen würde. Arbeit, auch schwere körperliche Arbeit, war für mich nie eine große Belastung, im Gegenteil: Ich habe es sogar sehr geschätzt, als Schülerin oder später als Studentin zu Hause mitzuarbeiten. Und ich konnte mir auch vorstellen, einen Bauernhof zu führen. Aber es war nie mein Lebensziel.«

Gabi Burgstaller ist nicht nur die Erste in der Familie, die maturiert, sondern auch die Erste im Ort. Und jetzt, nach der Matura, soll es dann endlich etwas werden, mit dem Ziel, hinaus in die Welt zu ziehen.

»Zunächst einmal wollte ich etwas anderes kennenlernen. Ich konnte nichts mit dem Gedanken anfangen, nach acht Jahren Strebsamkeit in der Schule gleich das Studium zu beginnen, und dann ist das Leben schon vorgezeichnet. Also wollte ich nach der Matura in einen Kibbuz nach Israel. Aber mein Vater hat wegen der schwierigen politischen Lage nicht zugestimmt. Dann hätte ich einen Job in Ägypten haben können. Da hat der Vater auch nicht zugestimmt, weil Sadat in diesem Jahr erschossen wurde. Also habe ich gesagt: Okay, dann bleiben England oder Frankreich. Beide Sprachen konnte ich gut, und ich habe gewusst: dafür werde ich die Zustimmung bekommen. Ich habe also in den Ferien gearbeitet, Geld verdient, und dann habe ich meinen Bausparvertrag aufgelöst, damit ich mir einen Koffer und ein Ticket kaufen konnte. Ich wollte unbedingt einfach einmal weg.«

Es geht also für ein gutes halbes Jahr als Au-pair an die englische Küste nach Swansea, in die zweitgrößte Stadt in Wales.

»Ich war bei einer ganz untypischen Familie: alleinerziehende Mutter, drei Kinder von drei verschiedenen Vätern, unglaubliches Chaos. In der Gegend gab es mehr als 25 Prozent Jugendarbeitslosigkeit. Da ich ein eher unkomplizierter Mensch bin, habe ich mich mit vielen dieser Jugendlichen gleich angefreundet. Das hat dazu geführt, dass in der Früh schon alle dagestanden sind und gefragt haben: ›Was können wir dir heute helfen?‹ Wir haben dort das Haus umgebaut, haben alles neu tapeziert, Böden gelegt, den Garten angelegt. Sie haben mir geholfen, weil es für sie so eine Anerkennung war, etwas zu schaffen. Ansonsten hatten sie einfach das Gefühl, dass sie kein Mensch braucht. Aber ich habe sie damals gebraucht. Geld konnte ich keines zahlen, also habe ich ihnen was Gutes, Österreichisches gekocht. Diese Erfahrung hat auch an meinen eigenen Plänen einiges verändert. Ich wollte früher immer Philosophie und Germanistik studieren, nicht fürs Lehramt, mein Traum war, dass ich ein Leben lang mit Büchern und wichtigen Fragen beschäftigt bin. In Großbritannien ist der Entschluss gereift: Ich will Juristin werden und die Welt verändern, weil ich einfach gemerkt habe, dass eine Gesellschaft nicht zuschauen kann, wie ein Teil der Gesellschaft keine Bedeutung mehr hat.«

Das heißt: Die Zeit in England hat Sie auch politisiert?
»Ja, absolut. Meine politischen Vorstellungen sind dort sehr konkret geworden, obwohl ich mich schon als Schülerin für Politik interessiert und sehr viel politisiert habe. Aber für den Gedanken ›Ich akzeptiere die Welt nicht so, wie sie ist‹, dafür war eben dieser Aufenthalt in Wales verantwortlich.«

Dann haben Sie Jus studiert. Aber mit welchem Ziel? Weltveränderung ist ja noch kein Beruf.
»Verfassung hat mich immer sehr interessiert. Arbeitsrecht, Mietrecht und andere Fragen, die für die Menschen wichtig sind, natürlich auch, aber Verfassungsrecht vor allem wegen meines Wunsches, dass es in der Gesellschaft mehr Gleichbehandlung oder auch mehr Gleichheit oder mehr Chancengleichheit geben sollte. Das waren dann auch meine Schwerpunkte im Studium. Das Ziel war aber eigentlich nicht, in die Politik zu gehen. Das gebe ich zu. Ich wollte eher als Rechtsanwältin arbeiten, aber für die Leute, die einen wirklich brauchen.«

Dazu kommt es aber nicht. Noch während des Studiums übernimmt Burgstaller eine Stelle als Assistentin am Institut für Verfassungs- und Verwaltungsrecht und für Rechtssoziologie an der Universität Salzburg. Stundenweise arbeitet sie als Wohn- und Mietrechtsberaterin in der Arbeiterkammer, ab 1989 dann fix. Burgstaller ist als Konsumentenschützerin an der Aufdeckung des sogenannten WEB-IMMAG-Skandals beteiligt und vertritt 25.000 geschädigte Anleger. Bald darauf wird klar, dass ihr Engagement als Studentenvertreter die Grundlage für ihre politische Karriere bilden wird.
»1990 habe ich gesagt: ›So, jetzt habe ich alles Mögliche mitgeschrieben, Papiere produziert zu allen möglichen Themen, jetzt möchte ich eigentlich einmal wissen, was damit passiert. Wer entscheidet, was passiert. Und ob das umgesetzt wird. Und dann bin ich der SPÖ beigetreten.‹«

Was haben Ihre Eltern dazu gesagt?
»Die waren am Anfang nicht so erfreut. Aber sie haben ja gewusst, dass ich politisch anders denke. Wir haben ja wirklich gestritten, dass die Türen geflogen sind.«

Bei welchen Themen hatten Sie die größten Differenzen?
»Am unterschiedlichsten waren wir schon in der Frauen- und Familienpolitik. Ich war der Meinung, dass auch Brüder im Haushalt mitarbeiten müssen. Aber ich habe auch die SPÖ immer verteidigt. Auch die Eisenbahner, die für die Bauern immer ein rotes Tuch waren. Ich kann mich an eine Szene erinnern, als die ganze Verwandtschaft bei uns zu Hause war: Die Männer saßen natürlich auf den Bänken, die Frauen auf den Sesseln, weil sie ja ständig in die Küche mussten – und alle haben geschimpft, weil Eisenbahner so früh in Pension gehen können. Und dann habe ich gesagt: ›So, wie alt seid ihr alle? Was? 55? Und seid auch alle in Pension?‹ Das Pensionssystem war sehr oft ein Thema. Weil die Bauernschaft eher der Meinung war, die Arbeitnehmer lassen es sich da gut gehen. Die Bauern sind aber auch alle mit 55 in Pension gegangen und haben halt dann weitergearbeitet. Auch Bildung war immer ein Thema. So quasi: Akademiker sind Nichtsnutze. Das war schon ein Stachel, muss ich sagen, ich habe das nie so gesehen. Ich habe ja immer gearbeitet in den Ferien. Es gab viele Streitpunkte. Einmal sagte meine Mama über mich: ›Sie ist schon tüchtig, aber bei der falschen Partei halt.‹ Darauf antwortete mein Opa: ›Ah geh, bei der ÖVP tät sie heute noch Kaffee kochen.‹ Das war irgendwie wahr. Der Opa hat sich immer, wurde mir erzählt, schon tagelang zuvor gefreut, wenn ich auf Besuch gekommen bin. Weil mit mir hat man diskutieren können, und zwar über alles.«

Haben die Eltern Ihre Lust an der Diskussion auch so geschätzt?
»Die haben das nicht so geschätzt. Nein, ich glaube nicht.«

Diskutieren Sie heute noch gerne in der Familie?
»Ja, natürlich.«

Und Sie sind immer noch unterschiedlicher Meinung?

»Na ja, ich bin natürlich nicht mehr so radikal wie früher. Ich gebe schon zu, dass ich als Schülerin oder Studentin teilweise sehr radikale Ansätze gehabt und sehr revolutionäre Ideen verfolgt habe. Und Eltern werden auch milder mit der Zeit, oder können eine gewisse Anerkennung besser zeigen. Früher hatte ich immer das Gefühl, es wird nicht wirklich anerkannt, was ich tue, bis mir meine Mama einmal erzählt hat, dass einmal im Radio ein Interview mit mir lief, als die Eltern gerade im Stall bei den Kühen waren – ich war damals schon in der Landesregierung –, und sie hat sich umgedreht und gesehen, dass dem Papa die Tränen runterlaufen. Als sie mir das erzählt hat, habe ich erst gewusst: Auch wenn er immer dagegenredet, ist er trotzdem ein bisschen stolz auf mich.«

Also, die Eltern schätzen Ihre Arbeit, aber sie sind nach wie vor keine Sozialdemokraten?
»Nein. Sie waren bekennende Heinz-Fischer-Wähler, das weiß ich. Aber sie sind nicht konvertiert.«

Mit der politischen Karriere geht es schneller voran, als erwartet. Und auch ein wenig anders, als erhofft. In den Monaten vor der Salzburger Landtagswahl 1994 tobt ein Machtkampf in der Partei. Mehrere Abgeordnete und auch die damalige Klubobfrau ziehen sich zurück.

»Als ich gefragt wurde, ob ich kandidieren will, war ich eher entsetzt. In den Landtag zu gehen, das entsprach nicht meinen Vorstellungen, wie man die Welt verändern kann. Aber wie es oft passiert bei Frauen, habe ich dann gesagt: ›Setzt mich halt auf die Liste, aber ich will eigentlich in den Nationalrat.‹ Dann gab es in der Salzburger SPÖ aber wieder einmal eine Spaltung – und zack war ich Landtagsabgeordnete. Ich dachte damals: ›Puh, jetzt kannst du nicht mehr aus.‹ Und dann wollten noch dazu alle, dass ich den Klubvorsitz übernehme, weil meine Vorgängerin zu denjenigen gehörte, die aufgehört haben. Dann habe ich gesagt: ›Ich bin die Jüngste, eine Frau und habe null Erfahrung. Machen wir lieber eine geheime Abstimmung.‹ Die geheime Abstimmung hat dann leider 100 Prozent ergeben. Bei Stimmenthaltung von mir. Dann gab es kein Zurück. Wieder einmal habe ich mir das Verantwortungskapperl aufgesetzt«.

Klubobfrau ohne jede Erfahrung als Abgeordnete: Ist das so schwierig, wie ich es mir vorstelle?
»Jein. Ich hatte zwei Riesenvorteile: Erstens: Ich bin Juristin, das sind Generalisten, das heißt, es gibt kaum ein Thema, wovon man nicht ein bisschen Ahnung hat oder zumindest weiß, wo man nachschauen soll. Und zweitens hatte ich die ›hohe‹ Schule der Arbeiterkammer hinter mir – und das wird auch andere Kammern betreffen: Ich habe einfach gelernt, mich durchzusetzen, zu argumentieren, Interessen zu vertreten und zu verhandeln. Auch wenn das Gegenüber gegenteilige Ansichten hat. Das hilft auch. Und ich muss sagen: Die fünf Jahre als Klubvorsitzende sind wirklich gut gelaufen.«

Normalerweise gibt es bei so hochrangigen Jobs auch immer Männer, die sich anbieten. Gab es die in diesem Fall nicht?
»Damals war so eine Untergangsstimmung, da wollte keiner.«

Also, Sie waren keine Quotenfrau?
»Na ja, ich bin schon sicher unter anderem deshalb gefragt worden, weil für die Liste Frauen gesucht wurden. Ich war damals relativ bekannt durch die WEB-Affäre. Klar, hätte es einen Mann gegeben, der sich als logischer Nachfolger angeboten hätte, wäre es der geworden.«

Sie haben gesagt, Landtag war jetzt nicht so Ihr Traumziel. Haben Sie den Plan, in den Nationalrat zu gehen, dann aufrechterhalten?
»Ich habe 1994 mit der Wahl diese Verantwortung bekommen. Ich bin kein Mensch, der sagt: Interessiert mich nicht, jetzt kandidiere ich für den Nationalrat und bin nach einem Jahr wieder weg. Wir waren damals die zweitstärkste Partei, es gab noch den Proporz, also wechselnde Mehrheiten. Das ist schon auch spannend, da kann man mehr durchsetzen als in einer klassischen Koalition, in der man sich nicht überstimmt.«

Nach mehreren verlustreichen Wahlen hintereinander legt die SPÖ bei der Landtagswahl 1999 mehr als fünf Prozentpunkte zu. Gabi Burgstaller denkt trotzdem ans Aufhören.
»Ich war der Meinung, dass fünf Jahre in der Politik genug sind. Ich habe damals einen ganz tollen Menschen kennenge-

lernt, der als Coach gearbeitet hat. Ich bin einen Tag mit ihm spazieren gegangen und das Ergebnis war: Politik ist nichts für mich. Zuvor hatte ich die Hoffnung, dass man in der Politik vieles schnell verändern kann. Und dann habe ich gemerkt, wie schwierig und wie extrem mühsam das wirklich ist. Es gibt so viel Widerstand, so viel Parteipolitik, und es hat mich eigentlich ein bisschen unglücklich gemacht. Dann wollte ich aufhören und habe das Gerhard Buchleitner, der damals Parteivorsitzender war, auch mitgeteilt. Daraufhin haben viele gesagt, sie treten zurück, wenn ich aufhöre. Und wieder hat die Gabi die Verantwortung übernommen und hat gesagt: Okay, bevor die Partei kaputt ist, mache ich halt weiter. Ich war dann in der Regierung, und das war eigentlich schön, muss ich sagen. Regierungsverantwortung in der zweiten Reihe ist toll.«

Toller als in der ersten Reihe?
»Ja. Man hat nicht so viele Feinde, von denen man im Grunde nicht weiß, warum das Feinde sind. Damals war ich ja noch nicht die rote Gefahr für die anderen Parteien, vor allem für die ÖVP, sondern da haben wir ganz gut kooperiert. Das war ein sehr konstruktives Arbeiten, speziell die ersten zwei Jahre. Erst als ich dann in die erste Reihe vorgerückt bin, mit der Übernahme des Parteivorsitzes, hat es dann ein bisschen anders ausgeschaut.«

Im März 2001 wird Gabi Burgstaller Nachfolgerin von Gerhard Buchleitner als Landesparteivorsitzende der SPÖ. Sie bekommt 98 Prozent Zustimmung, Bundesparteivorsitzender Alfred Gusenbauer nennt sie in seiner Parteitagsrede eine »Herausforderung für Franz Schausberger«, den damals amtierenden Landeshauptmann von der ÖVP. Was damals noch Wunschdenken der Sozialdemokraten ist, wird in den folgenden drei Jahren immer realer. »Gabi« wird zur Marke. Die Landeshauptmannstellvertreterin fährt mit dem Fahrrad durch die Altstadt und vermittelt, jederzeit für alle da und erreichbar zu sein. Je näher der Wahltag rückt, desto mehr schlägt sich das auch in den Umfragen nieder. ÖVP und SPÖ rücken näher zusammen. Neun Monate vor der Wahl erhebt das Institut für Grundlagenforschung erstmals einen leichten Vorsprung für die SPÖ. Nur wenige trauen diesen Daten damals. Die Wähler sind bei Landeswahlen deutlich treuer als bei Bundeswahlen. Erst zwei Mal ist es vor 2004 gelungen, ein Land politisch umzudrehen. 1964 wechselte das Burgenland von schwarz auf rot und 1999 Kärnten von rot auf blau. Je beständiger sich das Kopf-an-Kopf-Rennen in den Umfragen abzeichnet, desto mehr wird Burgstaller auch medial zur Zukunftshoffnung der SPÖ aufgebaut, die zu diesem Zeitpunkt auf Bundesebene seit vier Jahren auf der Oppositionsbank sitzt. Der *Kurier* schreibt: Burgstaller lehrt die Schwarzen das Fürchten. Das *profil* kommentiert: Burgstaller wird zum Prüfstein für Schausberger.

Wann haben Sie sich das erste Mal gedacht, dass es sich ausgehen könnte, dass Sie dieses Bundesland umdrehen?
»Nie. Es war nicht so, dass ich mir gedacht habe: So, jetzt drehen wir das Land um. Euphorisch war eher das Team rund um mich. Da gab es schon eine gewisse Gruppendynamik. Ich habe mich nicht hingesetzt und mir gedacht: So, und jetzt werde ich Landeshauptfrau. Sondern ich habe mir gedacht: Wahnsinn, wir haben so viel Zuspruch. Und das trägt einen schon. Dieses Gefühl, wenn man merkt, die Leute finden das richtig, was man tut, es ist viel Sympathie da. Es war einfach so ein schönes Arbeiten, und auf einmal haben wir die Wahl gewonnen.«

Aber muss man rückblickend nicht eingestehen, dass Salzburg nicht wirklich umgedreht wurde? Dass Salzburg nicht rot wurde? Sondern dass da vor allem eine Person gewonnen hat – nämlich Sie – und dass es kein generelles Umdenken in den Grundpositionen der Politik gegeben hat?
»Sicher war es auch die Person. Und da hat mir bestimmt auch meine Herkunft geholfen. Nicht nur dieses Schwarz-Weiß-Denken in der Politik, die Konzentration auf die klassischen Zielgruppen. Das war eigentlich nie mein Thema. Aber es hat auch sehr geholfen, dass die SPÖ so geeint war damals, dass es ein ganz starkes Wir-Gefühl gegeben hat. Wir haben natürlich auch unsere Streitthemen gehabt, aber nach außen hin waren wir stark. Es war einfach insgesamt eine gute Konstellation.«

Der Machtwechsel zeichnet sich früh an diesem 7. März 2004 ab. Die SPÖ legt 13 Prozentpunkte zu und überholt die ÖVP deutlich.

Franz Schausberger tritt noch am Wahlabend zurück. Unter Tränen. Ein seltenes Bild bei Politikern. Und Burgstaller ist plötzlich Landeshauptfrau.

»Soweit ich mich erinnern und aus meinen Tagebüchern nachvollziehen kann, hatte ich schon jede Menge Respekt und auch ein bisschen Sorge, ob das zu schaffen ist. Ich kannte ja die Strukturen im Land und habe mich schon gefragt: Was machst du jetzt? Ich musste ja auf einmal eine Regierung bilden. Damit hatten wir keine Erfahrung, wir waren ja noch nie Erster. Und wir hatten auch keine Zuarbeiter, sondern das ganze Land war an den Schnittstellen ÖVP-dominiert. Ich wusste, dass ich wenig Ahnung habe, was da alles auf mich zukommt. Es war eine Riesenfreude, und es war im Land überall eine sehr hohe Erwartungshaltung spürbar. Auch die Erwartung, dass die Stimmung so gut bleibt. Und das funktioniert natürlich nicht, dass das immer so bleibt. Aber ich kann mich erinnern, dass ich mich gefragt habe, ob ich das stemmen kann. Ob die kleine Bauerntochter aus Penetzdorf jetzt das Land regieren kann. Ich hatte schon großen Respekt vor dieser Aufgabe. Und ich wusste natürlich, dass man in der Politik keinen Schnellsiedekurs machen kann. Wer sagt dir, wie Landeshauptfrau geht?«

Und wer hat es Ihnen gesagt?

»Es war fürchterlich. Ich bin von einem Fettnäpfchen ins andere getreten. An einem der ersten Tage bin ich zu einer Besprechung zum Bundesheer gefahren. Man ist ja auf einmal für alles zuständig. Ich kann mich noch genau erinnern, ich habe gerade telefoniert, weil es war ja damals rund um die Uhr viel zu tun, und als wir um die Ecke gebogen sind, hat mich fast der Schlag getroffen, weil das gesamte Bundesheer angetreten war. Ich hatte erwartet, dass wir einfach eine Besprechung abhalten, und auf einmal musste ich die Front abschreiten. Das sind auch Themen, die für Frauen nicht so alltäglich sind. Erst einige Jahre später hat mir jemand gesagt, dass man bei solch offiziellen Anlässen die Schrittfolge mit dem linken Fuß beginnt. Wir sind dann also die Front abgeschritten, und ich habe den Leuten die Hand geschüttelt, also nicht den Soldaten mit Waffe, aber den anderen offiziellen Vertretern des Bundesheeres. Der ORF war dabei, und am Abend war dann in den Nachrichten zu sehen, wie ich dort dem ganzen Personal die Hände schüttle. Gleich in der Früh hat jemand im Büro angerufen und gesagt: ›Sagen Sie der Landeshauptfrau, beim Bundesheer schüttelt man keine Hände.‹«

Wie sammelt man sich dann ein Team? Und wie viele Leute in dem Team darf man sich selbst aussuchen?
»Man kann sich die Mitarbeiter zwar aussuchen, aber das ist auch nicht so einfach. Man braucht auf einmal mehr Mitarbeiter, mehr Regierungsmitglieder. Wir waren nicht wirklich vorbereitet. Und was die Frage der Regierungsbildung betrifft, war für mich immer klar, dass ich in einem Bundesland wie Salzburg, das so ÖVP-lastig ist, die ÖVP nicht in die Opposition schicken kann.«

Hätten Sie das denn gerne gemacht?
»Nein, ich hätte es nicht gerne gemacht, obwohl es der ÖVP vielleicht einmal ganz gutgetan hätte. Sie können auf Machtstrukturen zurückgreifen. Das habe ich unterschätzt. Ich habe mir damals gedacht: Okay, jetzt komme ich, ich habe einen etwas anderen Zugang zur Politik, bin der Meinung, die gute Idee zählt und nicht die Partei. Mir ist auch egal, ob jemand ein Roter, Schwarzer, Grüner oder Blauer ist. Ich bin allen gleich offen gegenüber, wenn sie loyal arbeiten. Und dann wird das genauso zurückkommen. Das war mein großer Irrtum. Man hat ja keine zweite Chance, und ich möchte auch keine mehr. Aber wenn ich die Zeit zurückdrehen könnte, wüsste ich schon, was ich jetzt anders machen würde.«

Was zum Beispiel?
»Ich würde die Spitzenpositionen austauschen. Die Landesamtsdirektion, die Personalabteilung, die Finanzabteilung. Alle Schlüsselstellen. Nicht, damit da ein Roter sitzt, sondern weil man jemanden braucht, der absolut loyal ist und einem zuarbeitet. Bei dem ich das Gefühl habe, ich kann mich auf ihn verlassen, ich muss mir nicht selbst alles fünfmal anschauen und durchdenken, um ja keinen Fehler zu machen, und vieles andere.«

Das heißt: Sie konnten sich nicht verlassen auf die Leute im Amt?
»Ich habe einfach akzeptiert, dass sie in ihren Spitzenpositionen sind. Ich habe nicht einmal versucht, etwas daran zu verändern.

Ich habe dann zwar die Idee geboren, dass alle Spitzenpositionen befristet gehören. Die Leute verlieren nicht ihre Arbeit, sondern treten dann eben in die zweite Reihe zurück, und der oder die Neue sucht sich seine oder ihre Vertrauten aus. Das hat keine Mehrheit gefunden in der ÖVP. Blöd wären sie gewesen. Die haben teilweise wirklich gegen mich gearbeitet. Unglaublich mühsam. Das hat mich ein Drittel meiner Arbeitszeit gekostet, dort ständig was zu erfragen, keine Unterlagen zu bekommen, wieder ein Gutachten machen zu müssen, ob ich da jetzt in den Akt einsehen darf oder nicht. Wirklich sehr mühsam.«

Lange und laut wurde ja auch die Frage diskutiert, wie Sie angeredet werden wollen. Sie waren ja nicht nur die erste weibliche Sozialdemokratin, sondern Sie waren überhaupt die erste Frau an der Spitze des Landes. Haben Sie eine Erklärung dafür, warum das so außergewöhnlich ist, dass man sich Landeshauptfrau nennt, wenn man Landeshauptfrau ist?

»Ich persönlich kann das nicht nachvollziehen. Aber ich habe erlebt, dass das für viele fast einer Entmannung gleichkommt. Ich habe ja schon im Jahr 1994 die Diskussion geführt, weil ich im Salzburger Landtag einen Geschäftsordnungsantrag eingebracht habe, dass ich nicht Klubobmann heißen möchte. Ich habe mir gedacht, das ist in zwei Minuten erledigt, da werden alle aufzeigen. Ich habe nicht mal Klubobfrau vorgeschlagen, sondern Klubvorsitzender oder Klubvorsitzende. Dann haben wir drei Stunden darüber diskutiert. Der damalige Klubobmann der ÖVP, Franz Schausberger, hat sogar gesagt: Das gehe nicht, weil auf seinem Briefpapier Klubobmann steht. Da habe ich gesagt: Das ist völlig egal, das darf auch weiter oben stehen. Ich habe die Diskussion auch von Waltraud Klasnic gekannt. Auch wenn in der Verfassung die männliche Form steht, es steht fast überall die männliche Form. Ich bin auch gelegentlich, wenn der Landeshauptmann nicht da war und ich als Stellvertreterin dort war, als Frau Landeshauptmann begrüßt worden. Da habe ich dann immer frech gesagt: Ich bin nicht die Frau vom Landeshauptmann.«

Das haben aber nicht alle lustig gefunden?

»Nein. Alle Männer, die meine Stellvertreter waren, haben sich irrsinnig aufgeregt, dass sie jetzt Herr Landeshauptfrau-

Stellvertreter heißen. Und haben wirklich gekämpft, dass ich sie weiterhin Landeshauptmann-Stellvertreter nennen muss. Was nicht korrekt war und auch von den Legisten immer korrigiert wurde.«

Wie erklären Sie sich das?
»Es ist absurd. Ich habe mir nie gedacht, dass so etwas ein Thema ist.«

Aber mittlerweile hat es sich schon geändert. Johanna Mikl-Leitner darf sich offenbar ohne Diskussion Landeshauptfrau nennen.
»Ja, Gott sei Dank. Es hat sich wirklich etwas verändert.«

Als Landeshauptfrau wird Gabi Burgstaller Teil eines Gremiums, das in der österreichischen Bundesverfassung zwar nicht formal verankert ist, aber informell ein riesiges Machtzentrum darstellt: die Landeshauptleutekonferenz. Sie tagt zwei Mal im Jahr und muss ihre Beschlüsse einstimmig fällen, was häufig darauf hinausläuft, dass sich neun Länder gegen Entscheidungen des Bundes stellen. Diese Beschlüsse sind zwar nicht bindend, haben realpolitisch aber großes Gewicht.

»Ich halte das für eine Ausrede. Es geht nichts ohne manche Länder in manchen Parteien. Mir ist schon klar: Wenn du ÖVP-Chef werden willst, und du hast die zwei, drei größten Bundesländer gegen dich, wirst du es nicht werden. In der SPÖ ist es auch ein bisschen so, vielleicht nicht so arg wie in der ÖVP. Juristisch habe ich das aber immer für eine Ausrede gehalten. Der Nationalrat kann jederzeit hergehen und Gesetze beschließen mit einfacher Mehrheit oder mit Verfassungsmehrheit. Er kann sogar die Verfassung ändern, und wenn es kein tiefer Eingriff in die Verfassung ist, braucht man nicht einmal eine Volksabstimmung dazu. Also da zu sagen, wir können Kompetenzen nicht verändern, stimmt einfach nicht.«

Aber sie werden nicht verändert. Warum nicht?
»Manchmal weil die Parteimeinung auf Landesebene und Bundesebene ident sind. Zum Beispiel beim Jugendschutz. Da war die ÖVP auch auf Bundesebene immer eher der Meinung, dass das bei den Ländern bleiben soll. Oder beim Tierschutz –

kleines Thema, aber sehr symbolisch: Da war es der Druck der Medien und auch der jungen Menschen, der dazu führte, dass ein Bundestierschutzgesetz gelungen ist. Für die ÖVP war das immer ein No-Go, und es hat auch lange gedauert, bis man die Materie »verbundlicht« hat, wobei das auch nicht immer eine Garantie ist, dass das besser wird. Aber zumindest kann man darüber nachdenken, ob ein Land mit 8,8 Millionen Einwohnern so viele Landesgesetze braucht. Und ob es auch inhaltlich einen Sinn macht. Raumordnung, alles, was so planerisch ist, kann man durchaus bei den Ländern haben, das hat einen Sinn. Aber Menschen unterschiedlich zu behandeln oder unterschiedliche Bauvorschriften zu haben, das ist schon ein bisschen eigenartig. Ich würde sagen: Es ist eine Ausrede. Der Bund kann fast alles ohne die Länder tun. Aber die Ausrede hat einen realpolitischen Hintergrund, nämlich dass die Parteien unterschiedliche Positionierungen haben und die Parteivorsitzenden, aber auch die Nationalratsabgeordneten oft abhängig sind von den Ländern. Sie werden halt nicht mehr aufgestellt, wenn sie nicht spuren. Das ist sozusagen die normative Kraft des Faktischen.«

Aber wie viele Interessen decken sich wirklich in diesem Gremium? Geht es da nicht auch stark darum, dass jeder und jede sein eigenes kleines Reich verteidigt?
»Zum einen gibt es natürlich ein Machtgefälle. Das war immer spürbar, die Achse Wien–Niederösterreich war extrem stark. Die beiden waren auch eher der Meinung, der Rest wird schon spuren. Und zum anderen gibt es die Einzelinteressen. Es gibt die parteipolitischen Interessen, je nachdem, wie die Bundesregierung gerade zusammengesetzt war. Wenn Rot-Schwarz an der Regierung ist und die Landeshauptleute auch alle Rot-Schwarz sind, dann gibt es da nicht so viele Machtspiele. In der Zeit von Schwarz-Blau war das für uns in der SPÖ – wir waren damals relativ stark *(Burgstaller, Häupl, Voves, Niessl, Anm.)* – natürlich schon eine andere Bühne. Die Parteipolitik spielt schon eine Rolle. Genauso im Bundesrat. Es gibt kaum Gremien, in denen ein übergeordnetes Interesse herrscht.«

Sie waren zunächst mit Waltraud Klasnic zwei Frauen neben sieben Männern, bald danach dann die einzige Frau unter den Landeshauptleuten. Hat man Sie das spüren lassen?
»Ich sage intern schon meistens, was ich mir denke oder was ich für richtig halte. Das war für manche nicht so einfach. Der Vertreter von Niederösterreich hatte ein Problem damit, dass da eine Frau, die Sozialdemokratin ist und noch dazu jünger als er, ihre Meinung sagt.«

Wie haben Sie das gemerkt?
»Er hat einmal gesagt, Zitat: ›Ich werde dafür sorgen, dass du das Gesicht verlierst.‹ Das war hart.

Worum ist es da gegangen?
»Da ging's um die Bildungspolitik. Er war der Meinung, dass mit der SPÖ in dieser Frage eh alles ausgemacht war. War es aber nicht. Ich habe da die Position der Bildungsministerin vertreten: Keine Verländerung der Bildungspolitik. Und da habe ich gesagt: ›Was soll das? Selbst wenn wir das wollten, wird's das nicht geben. Dazu braucht es eine Verfassungsmehrheit im Nationalrat.‹ Diese inhaltlich rituellen Debatten haben mich immer sehr genervt. Ich habe damals gesagt: Nein, ich mache da nicht mit bei dem Beschluss, und dann ist diese Aussage gefallen.«

Haben Sie bei anderen auch das Gefühl gehabt, dass Sie nicht in gleicher Weise akzeptiert sind wie die männlichen Kollegen?
»Das war schon stark er. Es hat auch immer wieder andere Diskussionen gegeben, wo ich ein bisschen belehrt worden bin. Sie haben schon öfter so ein bisschen väterlich zu mir gesagt: ›Du wirst sehen, wenn du dem Bund irgendwas zugestehst, dann will er noch mehr.‹ Ich war zum Beispiel für einen einheitlichen Jugendschutz in Österreich. Was ist der Unterschied zwischen einem Jugendlichen in der Steiermark, einem in Oberösterreich und einem in Salzburg? Die drei Jugendlichen gehen am Wochenende am Abend miteinander aus. Mir sind diese Dinge immer unlogisch vorgekommen. Da kam oft die Warnung: Ja nichts dem Bund geben! Das habe ich nicht verstanden. Und der niederösterreichische Landeshauptmann war es halt nicht gewohnt, dass man ihm widersprach. Und dann gab's die anderen, die anfangs

ein bisschen die Vaterrolle übernommen haben, durchaus nicht böse gemeint. Leute wie Landeshauptmann Sausgruber, den ich bis heute sehr schätze. Der hat auch zugehört. Aber ja, ich wurde in diese Runde aufgenommen im Sinne von ›Wir sagen dir, wie es geht.‹ Aber das muss man ja nicht unbedingt annehmen.«

Und Jörg Haider?
»Der hat immer schon vorher seine Pressekonferenzen gegeben. Das war ziemlich nervig. Er war nie ungut, aber er war schon einer, der sich seine eigene Politik gemacht hat. Dem war ziemlich egal, was in der Landeshauptleutekonferenz läuft.«

Im Landtagswahlkampf 2009 setzt die SPÖ auf das Rezept, das vor fünf Jahren zur Wende geführt hat. »Meine, deine, unsere Landeshauptfrau« wird plakatiert. Und: »Ihre Art macht den Unterschied.« Die SPÖ hält am 1. März dann zwar Platz eins, büßt aber sechs Prozentpunkte ein. Der Abstand zur ÖVP ist auf drei Prozent zusammengeschmolzen. »Ich habe mir mehr erwartet«, sagt Burgstaller am Wahlabend. Die *Salzburger Nachrichten* werfen ihr vor, statt auf politische Inhalte auf politische Wellness gesetzt zu haben. »Lächeln reicht nicht.«

Die Zusammenarbeit zwischen SPÖ und ÖVP wird fortgesetzt. Mit Gabi Burgstaller als Landeshauptfrau und Wilfried Haslauer als ihrem Stellvertreter. Auch die zweite Periode verläuft relativ geschmeidig und ohne große öffentliche Zerwürfnisse und Aufregungen. Noch Anfang 2012 decken sich die Umfragedaten für die beiden Regierungsparteien mit dem Wahlergebnis von vor drei Jahren. Im Spätherbst wird alles anders.

Am 6. Dezember wird die Öffentlichkeit von der Nachricht überrascht, dass die Leiterin der Finanzabteilung des Landes 340 Millionen Euro Steuergeld verspekuliert haben soll. Der damalige Finanzlandesrat David Brenner gibt dies in einer Pressekonferenz bekannt. Ausgerechnet übrigens an jenem Tag, an dem der Bundesrechnungshof das Finanz-Landesmanagement ausdrücklich lobt und die Prüfer in ihrem Bericht festhalten: »Das Land Salzburg setzte fast alle Empfehlungen des Rechnungshofes um. Es schloss weiterhin komplexe, mit Risiko behaftete Derivatgeschäfte ab. Durch den Abschluss zusätzlicher Sicherungsgeschäfte wurden die Risikopositionen stark reduziert.«

Anfangs ist die Faktenlage sehr unübersichtlich, was die allgemeine Verwirrung erhöht. Im Land, im Bund, bei Politikern und bei Journalisten. Es bleibt nicht viel Zeit, die Lage sachlich zu beurteilen und zu ordnen. Die Stimmung ist aufgeheizt. Als logische Folge überschlagen sich Ereignisse und Handlungen. Die ÖVP bringt einen Neuwahlantrag ein, nach einigen Tagen des Zögerns tritt David Brenner, der bis dahin als große Zukunftshoffnung der Salzburger SPÖ galt, zurück, und Gabi Burgstaller zeigt Emotionen. Als sie im Landtag erstmals öffentlich zu den Ereignissen Stellung bezieht, kämpft sie mit den Tränen:»Lassen Sie mich damit beginnen, dass ich zuallererst mein ehrliches und tiefes Bedauern ausdrücken möchte und mich bei der Salzburger Bevölkerung entschuldigen möchte. Dafür, dass der Eindruck entstanden ist, dass wir, die Regierung, dieses Land in die größten Turbulenzen gebracht hätten.« Dann fasst sie sich und verspricht Aufklärung. Dieser Auftritt lenkt zumindest für einen Tag von der eigentlichen Debatte ab. War das stark oder schwach? Darf man in solch einer Situation Emotionen zeigen? Die Kommentatoren sind gespalten. Eine Tageszeitung befragt ihre Leser, ob »die Tränen der Landeshauptfrau echt gewesen« seien.

»Es hat mich damals wirklich aus heiterem Himmel getroffen. Und ich glaube, das hat man auch gemerkt. Es kränkt mich heute noch, wenn mir irgendwer vorwirft, dass ich damals fast zum Heulen angefangen habe. Ich war einfach fertig. Ich war so was von enttäuscht im schlechtesten Sinne. Wir haben ein paar Tage vorher Budgetberatungen gehabt, und da ist genau das Gegenteil behauptet worden. Alles bestens, wir spekulieren nicht usw. Über die Jahre hat es immer nur geheißen, Salzburg ist ein Vorbild. Vom Finanzministerium abwärts haben das alle gesagt. Die eigenen Leute, die anderen Leute. Es war mir damals unerklärlich, wie so etwas passieren konnte. Heute, mit einem gewissen Abstand, denke ich mir: Wie hat erstens das Land Salzburg mit Steuergeld so etwas zulassen können? Wobei ich natürlich weiß, dass die ÖVP mit dem angefangen hat, und das ist auch mittlerweile alles erwiesen, aber das war halt in guten Zeiten, wo wahrscheinlich keiner ein Problem damit gehabt hat. Und wieso haben wir das fortgesetzt? Natürlich habe ich mir oft gedacht: Wenn ich 2004 einen Kassasturz hätte machen lassen, mir alles auf den Tisch hätte legen lassen und mir 14 Tage Zeit genommen hätte, mir das alles mit erfahrenen Budgetexperten anzuschauen, wäre es wahrscheinlich nicht so weit gekommen. Weil eines weiß ich sicher: Ich hätte solche Geschäfte nie zugelassen.«

Sie werfen sich also heute vor, dass Sie nicht genauer hingeschaut haben?
»Ja, aber ich werfe das nicht nur mir vor. Ich habe schon sehr mit mir gehadert, und ich war eine Zeit lang in einem ziemlich tiefen Loch. Nach der Anstrengung des Wahlkampfes. Im Wahlkampf muss man einfach funktionieren, da hat man gar keine Zeit zum Grübeln. Aber nachher habe ich mir oft die Frage gestellt: Warum ist mir das passiert? Warum habe ich das nicht durchschaut? Warum ist der Sozialdemokratie das passiert? Dass unter unserer Verantwortung solche Geschäfte gemacht werden. Wie können wir, die wir doch normalerweise diesen Casinokapitalismus verteufeln, bei so etwas irgendwie mittun?«

Und was ist Ihre Antwort darauf?
»Die einfachste Antwort darauf ist: Mit Steuergeld spekuliert man nicht. Ich persönlich mache das nicht einmal mit meinem eigenen Geld. Und meine größere Antwort lautet: Die Sozialdemokratie muss aufpassen, dass sie bei den negativen Seiten des Marktes nicht dabei ist. Das betrifft nicht nur Österreich. Aber in diesem Fall hat es Salzburg betroffen. Und natürlich betrifft es auch andere sozialdemokratische Parteien in anderen Ländern, Bundesländern, Städten, Nationen. Wir haben bei diesen Spekulationsgeschäften nichts zu suchen. Unsere Aufgabe muss sein, dass wir die Realwirtschaft unterstützen.«

Hat Sie diese Situation damals wirklich so überrollt, dass Sie Ihre Emotionen nicht zurückhalten konnten?
»Ja, es hat mich überrollt. Ich habe damals vielleicht zwei, drei Stunden geschlafen in der Nacht. Ich bin oft bis zwei, drei Uhr in der Früh im Büro gewesen. Meistens allein. Manche andere haben das nicht so arg empfunden wie ich. Es gab auch einige, die das Ganze ein bisschen spielerisch gesehen haben. Dass es jetzt eben eine Chance auf Neuwahlen gibt. Ich habe mich so

geniert, dass unter meiner Gesamtverantwortung in der Regierung so etwas passieren kann. Weil ich mir immer gedacht habe: Ich bin so ein pingeliger Mensch, mir kann das nicht passieren. Aber natürlich hatte ich keine Zeit, dass ich mir diese riesigen Stöße von Budgetunterlagen im Detail durchsehe. Nachher habe ich sie mir natürlich schon angeschaut.«

Das heißt: Man hätte schon sehen können, was da vor sich geht?
»Ja, aber da muss man mit dem Lineal durchgehen und überlegen: Was ist das? Was sind das für Durchlaufpositionen? Man hätte zwar nicht sehen können, was die gemacht haben, weil es ja lauter Durchlaufposten waren, aber man hätte sich dann die Frage stellen können: Wieso gibt es da Budgetpositionen mit zweistelligen Milliardenbeträgen? Wir haben ja nicht einmal ein so hohes Budget. Es hätte dann auffallen können, dass da irgendwas komisch ist. Ich war damals erschöpft, es war mir einfach wahnsinnig unangenehm. Und ich habe mir gedacht, ich muss mich entschuldigen für den Wahnsinn.«

Wenn Sie heute zurückblicken: Hat es Ihnen geschadet, dass Sie Emotionen gezeigt haben?
»Ja.«

Weil Emotionen Schwäche bedeuten?
»Vor allem, weil sich viele Leute darüber lustig gemacht haben. In den Zeitungen ist das immer wieder gekommen. Die Fotos sind immer wieder gebracht worden. Ich finde das schade. Warum soll es Bereiche geben, wo Emotionen gar keinen Platz haben dürfen? Es war eine fürchterliche Situation damals für das Land, und sie ist auch ein Stück weit herbeigerufen worden. Mittlerweile wissen wir ja, dass einiges nicht ganz so war, wie es dargestellt wurde. Aber egal. Ich war immer froh, dass ich nicht zu denjenigen gehöre, die eine dicke Haut haben. Ich war immer relativ berührbar, was ja auch positiv ist, weil dir einfach was nahegeht. Heute würde ich sagen: Wenn einer keine dicke Haut hat, dann ist Politik nicht leicht.«

Sie hätten also doch lieber eine dickere Haut gehabt?
»Ja, schon.«

Hat Sie der Finanzskandal und vor allem auch die Art und Weise, wie die Öffentlichkeit, wie Ihre Parteikollegen bzw. wie andere Parteien damit umgegangen sind, verändert?
»Ja, ich bin sicher noch misstrauischer geworden, als ich es sowieso bin. Und ich bin an sich ein ziemlicher Kontrollmensch bei allem, was ich tue. Das ist das eine. Das andere ist eine tiefe Enttäuschung über manche Wegbegleiter.«

Sie meinen David Brenner?
»Da gibt's mehrere. Wobei ich mittlerweile auch weiß, dass es Gründe gibt, warum sie nicht über das geredet haben. Ich glaube sogar, dass sie es nicht böse gemeint haben. Wenn du in so einer Rolle bist – und da wird es wahrscheinlich anderen auch so gehen –, dann kannst du dich entweder auf alle Leute 100-prozentig verlassen, oder du bist ein Workaholic und wirst trotzdem zum Schluss kommen, dass du nie alles durchblicken kannst. Ich bin sicher misstrauischer geworden, das stimmt.«

Nach dem Rücktritt von David Brenner, der Burgstaller eigentlich hätte nachfolgen sollen, und dem Beschluss, ein Jahr früher zu wählen, muss die Landeshauptfrau nun nach neun Jahren an der Spitze entscheiden, ob sie für die SPÖ noch einmal eine Wahl schlagen will. Wobei das weniger eine Frage des Wollens ist, denn eigentlich hat Burgstaller ihren Abschied aus der Politik längst beschlossen. Wäre die Landtagswahl, wie geplant, ein Jahr später gewesen, wäre sie nicht mehr angetreten. Der Finanzskandal wirbelt ihre Pläne nun aber völlig durcheinander.
»Natürlich wollte ich selbst nicht mehr. Nach so einer Erschütterung, habe ich mir gedacht, wäre es gescheiter, wenn jemand anderer antritt, aber es wollte natürlich niemand. Und die Umfragen haben gezeigt: Wenn ich nicht antrete, ist alles verloren, sonst haben wir eine Chance. Aus wirklicher Verantwortung gegenüber der Partei, was die Kandidatur betrifft, auch dem Land gegenüber, bin ich geblieben.«

Der Wahlkampf ist erwartungsgemäß schwierig. Andere Themen als der Finanzskandal finden kaum Platz. Wie diese Wahl ausgeht, ist lange ungewiss. Niemand wagt wirklich zu prognostizieren, welcher der beiden Regierungsparteien der Finanzskandal mehr schadet.

»An und für sich bin ich eine gute Wahlkämpferin, weil das Geheimnis in der Politik ist, dass man die Menschen mögen muss, und das tue ich. Ich mochte es immer ganz gerne, wahlzukämpfen. Man erfährt so viele Geschichten, es ist ein täglicher Informationsfluss in beide Richtungen, das darf man ja nicht unterschätzen. Aber in dieser Situation war es fürchterlich. Die Wahlveranstaltungen waren von einer Aggressivität geprägt, dass es teilweise kaum zu ertragen war. Und es wurde wahnsinnig viel gelogen.«

Von wem? Von den anderen Parteien?
»Ja, da sind Dinge versprochen worden, wo ich als Juristin gewusst und auch manchmal gesagt habe, dass das gar nicht durchführbar ist. Wir hatten damals das 380-kV-Thema, das noch immer ungelöst ist. Und die grüne Kandidatin hat jedes Mal gesagt: Wenn sie in die Regierung kommt, dann wird es eine Weisung geben. Die hat es dann natürlich nie gegeben, sondern einen positiven Bescheid unter ihrer Ressortverantwortung. Es war wirklich nicht lustig, unter solchen Bedingungen wahlzukämpfen.«

Hat man Sie auch persönlich dafür verantwortlich gemacht, was da in Salzburg passiert ist?
»Ja, wobei, das haben vor allem die sogenannten Mitbewerber gemacht. Alle: Team Stronach, Grüne, Schwarze. Es war ein ständiges Abwatschenlassen. Und damit war es genau das, was ich an der Politik nicht mag. Zum einen abgewatscht zu werden und zum anderen dann die Aufgabe, als Reaktion darauf auch ordentlich auszuteilen. Das ist nicht meine Bestimmung.«

Wer war damals an Ihrer Seite?
»Leute vom Klub, von der Partei, ganz normale Menschen, die halt wollten, dass ich bleibe. Zu Wahlveranstaltungen kommen selten unorganisierte Leute. Die meisten gehen hin, weil sie entweder ein konkretes Anliegen haben, oder weil sie organisiert sind. Unsere Partei hat sich damals auch bemüht, dass sie viele Leute organisiert, damit die Stimmung nicht kippt.«

Und dann ist er da, der 5. Mai 2013. Die ersten Gemeindeergebnisse zeigen bereits: Die SPÖ stürzt dramatisch ab. Am Ende sind es 15,5 Prozentpunkte. Die ÖVP verliert mit 7,5 Punkten auch deutlich, aber holt sich den ersten Platz zurück.

»Ich habe mir gedacht, dass wir beide – ÖVP und SPÖ – ordentlich Fett abkriegen, aber dass die ÖVP nicht so viel Verantwortung zugewiesen bekommen hat wie wir, das hätte ich nicht erwartet.«

Wann haben Sie gewusst, dass es vorbei ist?
»Schon am Vormittag.«

Und was ist da in Ihnen vorgegangen?
»Für mich war völlig klar, dass ich aufhöre. Ich habe keine Sekunde gezögert oder überlegt, ob ich doch irgendeine Funktion in der Regierung oder im Landtag übernehmen könnte. Für mich war klar: Ich bin weg. Meine wichtigste Aufgabe war zu verhindern, dass Chaos ausbricht. Ich wollte und musste die Partei geordnet übergeben. Das Abschiednehmen war nicht ganz so tragisch für mich, weil ich mich ohnehin damit schon auseinandergesetzt hatte, aber zugegeben: Ich wäre gern unter anderen Umständen gegangen. Man muss sich von so vielen Menschen verabschieden, mit denen man toll zusammengearbeitet hat. Egal, ob das Organisationen sind – von der Bergrettung bis zur Feuerwehr – oder von den Mitarbeitern.«

Von einem Tag auf den anderen ist der Wahlkampf vorbei. Und dann auch die Funktion. Wie haben Sie das erlebt?
»Ich habe mich dann verkrochen und einfach einmal losgelassen. Ich habe viel niedergeschrieben damals, bin dann auch einmal eine Woche abgetaucht. Das war, als die neue Regierung gewählt wurde. Da habe ich mir gedacht, das halte ich gar nicht aus, wenn sie mich da auch noch verabschieden. Ich war innerlich völlig leer.«

Sie hatten ja nicht sofort einen neuen Job. Was haben Sie damals den ganzen Tag gemacht?
»Da rufen dann alle möglichen Leute an und bieten dir einen Job an. Eh meistens die üblichen Verdächtigen. Ich wollte eigentlich

ursprünglich, das gebe ich zu, etwas anderes machen. Es gab ein Angebot aus der Privatwirtschaft, das mich sehr interessiert hat. Aber es gab damals eine große Krise in meiner Ehe, und da musste ich mir die Frage stellen, ob ich so weitermache wie vorher, also die Arbeit weiter oberste Priorität hat. Dann habe ich die Entscheidung getroffen, in Salzburg zu bleiben.«

Der Job in der Privatwirtschaft wäre in Wien gewesen?
»Ja. Aber ich habe mich für die Arbeiterkammer entschieden. Es ist alles wieder überschaubar. Die Arbeiterkammer war ja ohnehin immer mein interessenpolitisches Zuhause.«

Diese Krise in Ihrer Ehe und dann auch das Ende der Ehe – hatte das alles mit dem extrem zeitaufwendigen Engagement in der Politik zu tun?
»Ja. Damals hätte ich das nicht so gesehen. Aber ich habe über vieles nachgedacht. Es hat immer eine Priorität gegeben, und die hat Arbeit geheißen. Es gibt Menschen, die halten das aus, und es gibt Beziehungen, die das überdauern. Ich denke mir manchmal: Ich habe so eine tolle große Familie, und ich habe so ein gutes Verhältnis zu meinen Geschwistern, zu meinen Eltern natürlich auch, ich habe so wunderbare Neffen und Nichten. Die habe ich nicht vertrieben mit meinem Rund-um-die-Uhr-Arbeiten. Sie haben einfach gemerkt: Das bisserl Zeit, das ich gehabt habe, habe ich ihnen immer gewidmet. Die Beziehung hat es halt nicht ausgehalten. Es gibt schon andere Faktoren auch. Aber letztendlich denke ich mir schon, ich habe meine Prioritäten immer so signalisiert: Zuerst kommt die Arbeit und dann lange nichts.«

Tut Ihnen das heute leid?
»Es ist vorbei, ich kann es nicht rückgängig machen, aber ich würde es nicht mehr so machen.«

Gabi Burgstaller hat es relativ schnell ganz nach oben geschafft in der Spitzenpolitik. Und sie hat die Spitzenpolitik auch ohne Übergangsphase verlassen. Von einem Tag auf den anderen weniger Öffentlichkeit, weniger Macht, weniger Einladungen und zum Teil auch weniger Menschen, die einen grüßen. Eine Erfahrung, die alle machen, die einen Schritt zurück machen. Raus, aus dem ganz grellen Scheinwerferlicht.

Welcher Weg ist schwieriger: der hinein, oder der hinaus?
»Der Weg hinein ist für mich schwieriger, weil man gar nicht erahnt, was alles auf einen zukommen kann. Vieles kann man vorher nicht üben. Das ist ein ständiges Lernen. Lernen in einem Ausmaß, das es wahrscheinlich selten gibt, weil in der Politik jeden Tag einfach alles sein kann. Du hast nicht den Fokus auf irgendeinen kleinen Bereich. Das Hinausgehen aus der Politik habe ich persönlich nicht so schwer gefunden, es fällt Männern, glaub ich, schwerer.«

Haben Sie jemanden erlebt, dem es besonders schwergefallen ist?
»Ja, mein Vorgänger Schausberger. Ihm ist es wirklich schwergefallen. Aber ich habe auch andere Kollegen getroffen, die nicht loslassen konnten. Loslassen von Macht fällt Männern sicher schwerer als Frauen.«

Politiker haben – zumindest zeitweise – Personenschutz, einen Chauffeur, ein riesiges Büro mit einem Mitarbeiterstab, der sich um einen kümmert. Wie ist das, wenn man das auf einmal alles nicht mehr hat? Wie fühlt sich das an?
»Ich glaube, es fühlt sich für jeden anders an. Ich bin ja als Landeshauptfrau auch mit dem Rad oder oft auch mit dem Zug gefahren. Also für mich war der nahe Kontakt kein Problem. Ich bin ja auch als Landeshauptfrau ins Fitnesscenter und manchmal in die Sauna gegangen. Ich würde sagen: Ich habe immer ein normales Leben geführt. Das glauben manche nur einfach nicht. Die sagen dann: »Was, Sie gehen noch einkaufen?« Oder: »Wirklich, du mähst selbst den Rasen?« Manche glauben, wir sind eine ganz andere Liga. Die mag es auch geben in der Politik. Aber ich würde sagen: Die meisten haben auch noch ein normales Leben.«

Zum ganz normalen Leben anderer Politiker gehören oft Kinder. Burgstaller hat selbst keine eigenen.
»Es war ursprünglich schon ein Thema. Besonders natürlich nach den fünf Jahren im Landtag. Ich wusste damals, dass ich

in das Alter komme, mich entscheiden zu müssen. Ich habe mir immer schwer vorstellen können, in der Spitzenpolitik zu sein und Kinder zu bekommen.«

Die jetzige Landeshauptfrau Johanna Mikl-Leitner hat zwei größere Kinder, Waltraud Klasnic hat drei erwachsene Kinder. Ginge das überhaupt: kleine Kinder zu haben und Landeshauptfrau zu sein?
»Es ginge wahrscheinlich bei einem optimalen Umfeld. Es wäre fair, wenn es ginge. Aber es ist ganz schwierig. Man hat immer ein bisschen die Sorge, dass man Frauen in den Rücken fällt, wenn man sagt: Spitzenpolitik und Kinder geht nicht. Aber die Realität ist: Entweder man hat eine Nanny oder andere Menschen, die einem vieles abnehmen. Oder einen Partner, der sagt, ich bleibe jetzt einfach eine Zeit lang daheim und halte dir den Rücken frei. Mir hat einmal jemand im Landtag gesagt: Er versteht das nicht, was wir da immer für ein Theater machen um die Kinderbetreuung, er hat sieben Kinder. Dann habe ich ihn angeschaut und gefragt: ›Und wann hast du sie das letzte Mal gesehen?‹ Das sind jene Männer, denen die Frau schon am Abend rauslegt, was sie am nächsten Tag anziehen. Die die Kinder nur abends sehen, wenn sie die Zimmertür aufmachen, um ›Gute Nacht‹ zu sagen. Die werden in der Politik Väter, aber keiner merkt es. Weil sie genauso unterwegs sind. Bei Frauen ist das was anderes. Aber das ist nicht nur ein Thema der Politik, es ist das gleiche Thema in der Wirtschaft. Und es ist nicht nur eine Frage der Kinderbetreuung, sondern schon auch ein Thema des gesamten Umfeldes, und es ist auch ein Thema, wie die Gesellschaft damit umgeht.«

Haben Sie generell den Eindruck, dass Frauen in der Spitzenpolitik anders wahrgenommen werden?
»Ich würde sagen, auch hier gilt: Man muss mindestens doppelt so viel können. Man muss sehr viel wissen, man muss sich sehr engagieren, um mithalten zu können. Es ist so selbstverständlich, dass Frauen immer gut vorbereitet sind, und wenn es einmal nicht der Fall ist, ist das sofort eine Schlagzeile wert, umgekehrt gibt es das ständig. Meiner Wahrnehmung nach müssen Frauen wirklich besser sein, um gleichrangig zu sein. Das gilt aber nicht nur für die Politik. Und dann kommt dazu: Frauen müssen sehr viel aushalten.«

Mehr als Männer?
»Ja, weil sie nicht so austeilen dürfen. Denn wenn eine Frau auf den Tisch haut, ist das unsympathisch. Wenn ein Mann auf den Tisch haut, ist er ein Held. Frauen dürfen zielstrebig sein, aber nicht ehrgeizig. Männer sind super, wenn sie ehrgeizig sind. Das sind auch unterschiedliche Zuordnungen. Frauen müssen jederzeit verfügbar sein.«

Ist man in der politischen Debatte Frauen gegenüber skrupelloser? Oder ist es eher im Gegenteil so, dass es Frauen vielleicht sogar ein bisschen leichter haben, weil man sie nicht so frontal angreifen kann?
»Eigentlich finde ich das unangenehmer, weil es oft viel subtiler ist. Mit Attributen, die halt irgendwie auf Schwächen hinweisen, mit Zuordnungen, die oft unfair sind. Mir ist ein Frontalangriff lieber. Was natürlich auch anders ist: Die Beurteilung nach Äußerlichkeiten. Ich kenne keine politische Debatte über die Stimme von einem Mann. Ob die angenehm ist oder nicht. Über den Friseur von einem Mann. Über Gewichtsklassen. Über schöne Beine, schöne Bäuche und so weiter.«

Wenn wir schon bei Zuschreibungen und Attributen sind: Was können Sie mit dem Begriff Landesmutter anfangen?
»Den finde ich schrecklich. Ganz ehrlich. Mutter ist eine biologische Ableitung, wenn jemand Kinder hat. Mütter machen meistens super Arbeit und haben viel Verantwortung. Aber der Ausdruck ›Landesmutter‹ gehört aus unserem Wortschatz gestrichen.«

Haben Sie das oft über sich gelesen?
»Gelegentlich.«

Hat es Sie geärgert, oder war es Ihnen egal?
»Meistens habe ich gesagt: 530.000 Kinder sind ein bisschen viel, das überfordert sogar mich. Schlimmer war schon die Zuordnung Landesobmännin. Das ist mir auch ein paarmal passiert. Das habe ich noch ärger gefunden. Aber Landesmami oder Landesmutti oder Landesmutter, nein.«

Definieren Frauen Macht anders als Männer?
»Ja. Für Männer bedeutet Macht schon sehr stark, im Vordergrund zu stehen. Ein Monolith sozusagen, der fest verankert ist, den man nicht umgehen kann. Für Frauen, merke ich, ist Macht meistens dazu da, dass man etwas machen kann. Frauen haben daher auch nicht so ein Problem, wenn sie Macht abgeben. Weil das mit der Person selber nicht so viel zu tun hat.«

Was bedeutet Macht für Sie?
»Für mich ist Macht die Zuordnung, dass ich was machen kann, dass ich was durchziehen kann, dass ich Lösungen finden kann. Macht ist dazu da, zu gestalten.«

Wie viel Macht hatten Sie?
»Ich hätte gern mehr gehabt bei manchen Themen. Mehr Macht, um wirklich das Richtige tun zu können. Politik ist in Koalitionsregierungen sehr stark kompromissorientiert. Und was mir persönlich nie besonders nahe war, war dieser Basar. Gibst du mir, so geb ich dir. So eine absolute Mehrheit, das muss schon schön sein. Auch wenn es noch mehr Verantwortung bedeutet.«

Sind Frauen an der Macht gleich akzeptiert wie Männer?
»Nein, noch nicht.«

Woran haben Sie das zum Beispiel gemerkt?
»Zum einen, dass sich Männer untereinander etwas ausmachen und dann versuchen, einen vor vollendete Tatsachen zu setzen. Wie bei der Landeshauptmänner-Konferenz. Oder zum Teil auch in der Partei. Die Spitzen sind meistens Männer. Die machen sich etwas aus und finden es fürchterlich, wenn man dann einmal nicht mitmacht.«

Und in der Öffentlichkeit?
»In der Öffentlichkeit nehme ich schon wahr, dass es Veränderungen gegeben hat. Also nicht durchgängig, es gibt noch immer Menschen, die finden, eine Frau gehört zumindest nicht in die Spitzenpolitik. Aber üblicherweise stört es die Leute nicht mehr, kommt mir vor.«

Gabi Burgstaller definiert sich als »selbst gewählte Sozialdemokratin«, in Anspielung auf ihre bäuerliche Familie. Die SPÖ war und ist stets stolz darauf, dass mit Johanna Dohnal die wohl zentrale Frauenpolitikerin des Landes aus ihren Reihen kommt. Barbara Prammer und Doris Bures haben sich als Nationalratspräsidentinnen bis fast ganz an die Spitze der Republik gearbeitet, dahinter wird die Luft für Frauen aber auch bei den Sozialdemokraten dünner. Sogenannte härtere Ressorts wurden in der SPÖ nur selten an Politikerinnen vergeben. So kamen alle Außenministerinnen, Innenministerinnen und die erste Finanzministerin und die erste Wirtschaftsministerin der Geschichte aus der ÖVP. Parteichefinnen gab es bisher nur bei den Grünen, beim Liberalen Forum und bei der FPÖ, die auch die erste Vizekanzlerin stellte. Eine Präsidentschaftskandidatin kam noch nie aus der SPÖ, und eine Kanzlerkandidatin gab es in Österreich überhaupt noch nie.

»Ich kann nicht empirisch belegen, ob es dafür einen besonderen Grund gibt. Zum einen ist es wohl self-fulfilling prophecy. Viele Frauen streben gar kein klassisches Männerressort an. Das ist mir auch oft in der Landespolitik und in der Gemeindepolitik aufgefallen, dass Frauen sagen: Davon versteh ich nichts. Also wenn es zum Beispiel um Raumordnung, Bau oder Finanzen geht. Und Frauen driften schon eher in Richtung Familienausschuss. Aber es stimmt schon auch, dass die Männer in der SPÖ bei den ›harten‹ Ressorts immer eher auf der Suche nach Männern sind. Ich will die sogenannten weicheren Ressorts jetzt auch nicht abwerten, das sind in der Gesellschaft wichtige Themen. Das Bildungsressort ist ein Schlüsselressort aus meiner Sicht. Für Sozialdemokratinnen und Sozialdemokraten sowieso. Aber es fällt auf, da haben Sie recht.«

Als Gabi Burgstaller im Jahr 2004 zur Landeshauptfrau gewählt wurde, sagte der Wiener Bürgermeister Michael Häupl: »Gabi Burgstaller ist jung genug, dass sie alles werden kann in dieser Republik.« 14 Jahre später darauf angesprochen, was sie denn gerne geworden wäre, fällt ihre Antwort doch einigermaßen überraschend aus:

»Ich wäre wahnsinnig gern Volksanwältin geworden, weil das sehr meinen Talenten und Fähigkeiten entspricht. Wenn man viel mit Verfassung und Verwaltung zu tun hatte – und das hatte ich nicht nur beim Studium, sondern auch in der Arbeit –, wenn man mit schwierigen Klienten umgehen kann, wenn man das Ziel hat, zu vermitteln und Lösungen zu finden, und kommunikativ ist, dann ist das wirklich ideal. Also, das hätte ich wirklich gern gemacht.«

Aber Ihr Name wurde auch in Verbindung mit vielen anderen Funktionen ins Spiel gebracht. Als Bildungsministerin, als Bundesparteivorsitzende, als Bundeskanzlerin.
»Ich wurde auch immer wieder mal gefragt.«

Für all diese Funktionen?
»Nein. Ob ich Bundeskanzlerin werden möchte, wurde ich nie gefragt.«

Aber Sie wurden gefragt, ob Sie Parteivorsitzende werden wollen?
»Ja. Aber da gibt es viele, die über vieles reden. Parteivorsitz war für mich nie ein Thema.«

Aber andere in der Partei wollten, dass Sie das machen?
»Ja.«

Und diese Leute haben das auch so an Sie herangetragen?
»Ja.«

Damals, als Gusenbauer ging und Faymann kam?
»Ja.«

Und das hätten Sie nicht wollen?
»Nein, das hätte ich nicht wollen. Vielleicht, weil ich auch nicht so in roter Wolle gefärbt bin, wie das so schön heißt. Ich bin nicht wirklich der klassische Parteimensch. Obwohl ich schon überzeugt davon bin, dass die Sozialdemokratie die einzige Partei ist, die wirklich die Grundlagen für ein gerechteres und besseres Leben schaffen kann. Für mich ist sie die einzige Partei, die für mich infrage kommt.«

Ministerin wollten Sie auch nicht werden?

»Das ist kein Thema gewesen. Ich kann nicht in Salzburg Landeshauptfrau sein und dann plötzlich sagen: Jetzt werde ich Gesundheitsministerin oder Bildungsministerin.«

War es ein Plan für später einmal?
»Nein. Ich bin ehrlich, ich sag es Ihnen, wie es ist: Mein Plan war, ich hör auf und mach dann was anderes. Ich habe nie vorgehabt, dass ich bis zur Pension in der Politik bleibe. Meine ursprüngliche Absicht war, dass David Brenner mein Nachfolger wird, und dass ich nicht mehr kandidiere. Und eine meiner Wunschoptionen war die Volksanwaltschaft. Ich hatte nicht das Ziel, Bundeskanzlerin zu werden.«

Aber Sie hatten schon auch immer Ideen und Anregungen für Ihre Bundesparteivorsitzenden, für die Herren Gusenbauer oder Faymann. Sie hatten immer wieder eine andere Meinung als die Parteispitze. Bei der Bildung, beim Thema Studiengebühren, bei der Wehrpflicht. Hat man Ihnen das eigentlich nie übel genommen?
»Ich wurde immer so hingestellt, als wäre ich eine, die viel Lust daran hat, Wien etwas auszurichten. Das hatte ich nie. Wenn ich das gemacht hätte, hätte ich ganz andere Geschichten machen können. Jeder Journalist hätte sich wahrscheinlich gefreut über einen Anruf. Wenn ich gesagt hätte: ›So, jetzt erzähl ich Ihnen einmal was.‹ Das habe ich nie getan, sondern ich habe immer nur auf Fragen geantwortet. Ich habe nie von mir aus irgendwas ins Rollen gebracht. Diese Behauptung hat mich gekränkt. Ich habe nie jemandem etwas ausgerichtet, im Sinne von ›Jetzt mach ich ein Hintergrundgespräch und lass das explodieren‹, sondern ich schaffe es halt nicht, nichts zu sagen, wenn man mich fragt. Und ich schaffe es auch nicht, die Unwahrheit zu sagen.«

Aber es stimmt, dass Sie bei für die SPÖ nicht unwichtigen Themen immer wieder eine abweichende Meinung von der Linie der Bundespartei hatten.
»Wenn mich jemand fragt: ›Was sagen Sie zur Abschaffung der Studiengebühren?‹, dann sag ich ganz ehrlich: So lange man in Österreich für einen Kindergarten Geld verlangt, und so lange die Lehrlinge teilweise 5.000 bis 10.000 Euro dafür zahlen

müssen, dass sie einen Meister machen, finde ich, dass Studiengebühren in dem kleinen Ausmaß wie in Österreich gerechtfertigt sind. Lieber wäre mir, man schafft den Rest auch ab, aber Studiengebühren sind Rosinen im Vergleich zu dem, was ein Studium kostet. Das Problem sind die Gesamtkosten und das Problem ist das ungerechte Stipendienwesen.«

Haben Sie heute noch Kontakt zu den beiden Bundesparteivorsitzenden, zu Alfred Gusenbauer und Werner Faymann?
»Nein. Wobei, Faymann hat mich auch kontaktiert nach der Wahl und Unterstützung angeboten. Das wollte ich einfach nicht. Es war nicht fair, wie es bei ihm zu Ende gegangen ist. Wir waren aber auch vorher nicht befreundet. Es ist eine große Fehleinschätzung, dass man meint, Parteifreunde und Freunde sind das Gleiche.«

Haben Sie das jemals geglaubt?
»Nein. Es gibt viele, die glauben, sie persönlich sind damit gemeint, wenn sie so umschwärmt werden in der Politik, und dabei ist nur die Funktion gemeint. Das habe ich aber immer verstanden. Das war mir auch nicht wichtig, dass ich mir denke, jetzt gehöre ich da dazu.«

Darf man in der Politik so sein, wie man ist?
»Nicht immer.«

Hat man es als Frau schwerer?
»Ja. Weil Frauen grundsätzlich emotionaler sind. Sagen wir so: Emotionen nicht so leicht verstecken können.«

Also Emotionen sollte man eher zurückhalten?
»Ich persönlich bin der Meinung, dass Emotionen uns allen guttun. Nämlich, wenn man auch spürt, man ist berührbar. Aber ich habe die Erfahrung gemacht, es kommt nicht gut in allen Situationen.«

Sie selbst beschreiben sich ja als jemand, der ein ausgeprägtes Harmoniebedürfnis hat. Ist das nicht eigentlich eine ungünstige Eigenschaft für die Politik?

»Sagt man, ja. Ich bin ein ergebnisorientierter Mensch. Das nervt viele. Harmoniebedürftig ist eigentlich der falsche Ausdruck. Ich bin sehr ergebnisorientiert und ich bin auch nicht jemand, der den Streit sucht. In der Politik gibt es schon bei manchen die Erwartungshaltung: Hau eini. Drum habe ich auch immer gesagt, ich bin für die Opposition nicht geeignet, weil die Erwartungshaltung so stark ist, den anderen immer anzugreifen. Ich lebe nicht das eine Leben dafür, dass ich möglichst viel dagegen bin. Das bin nicht ich.«

Abgesehen vom Unwillen, partout Gegenpositionen einzunehmen: Wie sehen Sie sich selbst?
»Es gibt immer Charaktereigenschaften, die man wenig zeigt. Eine gewisse Nachdenklichkeit, Selbstreflexion, auch Zweifel ist etwas, was für mich typisch ist – aber das trägt man in der Politik nicht vor sich her und sagt: ›Schaut's, ich bin eine Zweiflerin.‹«

Wenn wir beim Zweifeln sind: Haben Sie rückblickend den Eindruck, dass Sie in der Politik etwas unterschätzt haben?
»Ich habe unterschätzt, wie sehr Parteiinteressen vor den Interessen des Landes stehen. In den Sonntagsreden heißt es immer, das Land steht im Mittelpunkt, aber am Montag ist es dann anders. Es geht einfach viel um die Ausgangslage für die nächste Wahl. In einem Bundesland wie Salzburg, wo historisch einmal eine Veränderung stattgefunden hat, war vom ersten Tag an das Ziel der ÖVP, das wieder rückgängig zu machen. Diesen Fehler – so haben sie es gesehen. Und: Dass das ihr Bundesland ist. Und dass ich ihnen ihr Bundesland weggenommen habe. Das habe ich wirklich unterschätzt. Ich habe gedacht, jetzt komme ich, und das passt dann schon.«

Fünf Jahre nach ihrem Rückzug aus der Politik vermittelt Gabi Burgstaller sehr glaubwürdig, dass es bei diesem Rückzug bleiben wird. Sie denke sich natürlich ihren Teil über die Politik, über die SPÖ, aber nein, laut sagen wolle sie das nicht.

Warum eigentlich nicht? Haben Sie nicht das Gefühl, dass die SPÖ Leute bräuchte, die das können, was Sie können?

»Wenn mich jemand etwas Inhaltliches fragt, dann stehe ich gern zur Verfügung.«

Aber nicht für ein Amt?
»Nicht für ein Amt. Wobei das ja immer wieder daherkommt. Willst du nicht? Aber: Danke, nein. Und öffentliche Zurufe wird es von mir nie geben. Das habe ich mir geschworen. Das ist mir immer auf den Wecker gegangen, wenn die ehemaligen Politiker dann alle gschaftln.«

Was wäre, wenn ein Angebot aus der Bundespolitik käme?
»Ich bin über 50, und es gibt so viele andere. Ich erlebe spannende, tolle junge Leute, und ich finde, deren Zeit ist jetzt gekommen.«

Für das Amt der Bundespräsidentin wäre die Frage des Alters kein Thema – im Gegenteil. Würde Sie das nicht interessieren?
»Das muss jemand machen, der ganz viel Zutrauen, Vertrauen mitbringt und viel Elan, Kraft – und das habe ich nicht mehr. So ehrlich bin ich.«

Vielleicht kommt es ja wieder.
»Ich will auch nicht mehr. Sagen wir es ganz einfach.«

Brigitte Ederer

»Politik ist extrem spannend, aber auch extrem kränkend«

Selten in der österreichischen Geschichte haben SPÖ und ÖVP so viel Grund, gemeinsam zu feiern, wie am 12. Juni 1994. In der »Nacht der Blaskapellen«, wie sie der *Kurier* am folgenden Tag nennt, weil in der Wiener Innenstadt die Gardemusik ebenso aufmarschierte wie die Musikkapelle der Floridsdorfer Zentralwerkstätte der ÖBB. Es ist jener Tag, an dem Österreich viel deutlicher für einen EU-Beitritt gestimmt hat, als das in all den Monaten zuvor erwartet wurde. Der Tag, an dem der Ballhausplatz voller blau-gelben Fahnen ist. An dem tausende Menschen der Bundesregierung zujubeln, die sich in seltener Eintracht am Balkon des Kanzleramtes zeigt.

Und es ist der größte Tag in der politischen Karriere von Brigitte Ederer, die heute über den Tag des Referendums sagt: »Zum ersten und einzigen Mal in meinem Leben bin ich einen Meter über dem Boden gegangen.«

Brigitte Ederer ist als Tochter einer alleinerziehenden Mutter im Wiener Arbeiterbezirk Floridsdorf aufgewachsen. Als sie auf die Welt kommt, gibt es schon einen 7-jährigen Bruder, dessen Vater allerdings schon lange tot ist. Ihrem eigenen Vater ist Ederer nur durch Zufall begegnet, und nur ein einziges Mal.

»Als er gehört hat, dass meine Mutter schwanger ist, hat er sich vertschüsst. Ich kenne meinen Vater daher nicht. Ich habe ihn nur einmal gesehen: Da waren wir mit der Mutti im Prater und haben einen Mann getroffen, der mir – was ich damals sehr nett gefunden habe – fünf Schilling gegeben hat, damit ich mit dem Ringelspiel fahren kann. Als ich meine Mutter gefragt habe, wer das war, hat sie gesagt: ›Dein Vater‹. Da war ich sechs oder sieben Jahre alt. An mehr kann ich mich nicht erinnern. Ich habe ihn nur dieses einzige Mal gesehen.«

Hatten Sie nie Sehnsucht danach, Ihren Vater zu treffen?
»Als ich die Matura gemacht habe, hat er mich angerufen und gesagt, dass er mich gerne kennenlernen möchte, aber das wollte ich nicht. Meine Mutter hat damals zu mir gesagt, er habe immer für mich bezahlt, und ich solle doch hingehen. Als ich dann in seine Wohnung gekommen bin, hatte ihn aber zuvor offensichtlich der Mut verlassen. Er war weg. Nur seine damalige Frau war dort, und von ihr habe ich dann erfahren, dass eigentlich immer sie die Alimente für mich bezahlt hat. Meine Mutter wollte nie über meinen Vater sprechen, ihr ganzes Leben lang nicht. Als ich nach ihrem Tod die Wohnung ausgeräumt habe, habe ich seinen Namen auf einem Karton gefunden und eine Adresse in Oberösterreich. Zwei Jahre später sind mein Mann und ich dann dorthin gefahren. Es war ein großer Bauernhof. Ich habe mich dort nicht zu erkennen gegeben, sondern nur gesagt, dass mir meine Mutter immer von ihm erzählt hat. Ich habe dann erfahren, dass mein Vater ein eheliches und vier uneheliche Kinder gehabt hat. Ich war da noch gar nicht miteingerechnet. Von mir haben sie gar nichts gewusst.«

Hat Ihnen dieser Vater nie gefehlt?
»Ich habe einen sieben Jahre älteren Bruder, also eigentlich ist er mein Halbbruder, aber wir sind so eng aufgewachsen, dass das keine Rolle spielt. Und es gab einen Onkel, den Bruder meiner Mutter, der keine Kinder hatte. Er und seine Frau haben uns mit in den Urlaub genommen. Ich bin daher schon relativ früh für ein Kind aus Wien-Floridsdorf in Italien gewesen. Campieren in Caorle, das weiß ich noch genau. Und daher ist mir eigentlich nichts abgegangen.«

Brigitte Ederers Mutter, die selbst nur acht Jahre Volksschule absolviert hat, ist fest entschlossen, dass ihre Kinder es einmal besser haben sollen als sie.

»Und das Beste, das war für sie: Bildung.«

War Ihre Mutter so etwas wie ein Vorbild für Sie?
»Nicht bewusst. Heute würde ich sagen: Ihre Disziplin und ihre Härte zu sich selbst waren schon beispielgebend. Aber es war nie so, dass ich mir gedacht habe: Sie ist ein Vorbild.«

Welche Werte hat sie Ihnen vermittelt?
»Ich hab sie heute noch in meinem Ohr, wenn sie sagt: ›Ich brauche keine Gesetze‹ und ›so etwas tut man nicht. Ich weiß genau, was man tut und was man nicht tut.‹«

Hat sie Ihnen vermittelt, dass Sie alles schaffen können?
»Nein. Meine Mutter hat meine Karriere eigentlich bis zum Schluss nicht sehr geschätzt. Als ich schon Staatssekretärin war, hat sie zu mir gesagt: ›Du kennst doch den Vranitzky, kann dich der nicht in eine Bank bringen?‹ Für meine Mutter wäre es das Höchste gewesen, dass sie von mir zwei Enkelkinder bekommt und ich ihr am Monatsersten in der Bank die Pension auszahle.«

War sie ein politischer Mensch?
»Sie war ein sehr einfacher, ein guter Mensch, sagen wir es so. Und so hat sie sich auch ins politische System eingeordnet. Wenn wir zum Maiaufmarsch gegangen sind, hat sie zu mir gesagt: ›Die Roten sind für uns da.‹«

Das heißt, sie war Sozialdemokratin?
»Sie kommt aus einem tiefschwarzen Elternhaus, aus dem Waldviertel, wo ich auch sehr viel Zeit verbracht habe. Aber sie ist der proletarisierte Teil. Für meine Oma waren Arbeiter Menschen zweiter Klasse. Von ihren vier Kindern hat eine Tochter den Hof geerbt. Die anderen drei waren für sie eigentlich Kinder zweiter Kategorie, aber diesen Bruch hat sie nie wirklich realisiert.«

Hat Sie das politisiert?
»Politisiert wurde ich durch meinen Onkel. Er war in den damaligen Simmering-Graz-Pauker-Werken ein angelernter Arbeiter und überzeugter Sozialdemokrat. Zu ihm kam einmal im Monat, immer an einem Sonntag, der Parteikassier, der den Mitgliedsbeitrag abgeholt hat. Ich habe dann immer aufmerksam zugehört, wenn die beiden politisiert haben. Die ganze Diskussion, dass man bei den Wahlen zu den Roten hält, habe ich schon als Kleinkind mitbekommen. Mein Bruder ist dann mit 18 der SPÖ beigetreten. Und ich selbst bin auch seit meinem 18. Lebensjahr SPÖ-Mitglied.«

Sie waren bei der Sozialistischen Jugend, als Studentin beim VSStÖ. Hat es für Sie also nie eine Alternative zur SPÖ gegeben?
»Nein, weil ich die ÖVP-Dominanz im Waldviertel erlebt habe, und die war mir damals nicht sehr sympathisch.«

Nach der Matura will Brigitte Ederer studieren. Die Mutter rät ihr nicht zu, aber auch nicht ab. Nur eines ist von vornherein klar: wirklich leisten kann sich die Alleinerzieherin das Studium der Tochter nicht.
»Das verbindet mich wahrscheinlich ein Leben lang mit der Sozialdemokratie. Dass ein Studium auch für mich möglich war. Ich habe ein Stipendium bekommen und daneben immer wieder gearbeitet. Und ich habe weiterhin bei meiner Mutter gewohnt. Anders war es nicht möglich.«

Sie haben sich für das Studium der Volkswirtschaft entschieden, das damals bei Weitem nicht so viel Zulauf hatte wie heute. Schon gar nicht von Frauen. Warum Volkswirtschaft?
»Das hatte schon etwas mit meiner Politisierung zu tun. Ich wollte die Regeln des Kapitalismus studieren – in der Meinung, ihn am besten bekämpfen zu können, wenn ich diese Regeln kenne.«

Wie und wo sie den Kapitalismus bekämpfen will, weiß Ederer zu diesem Zeitpunkt noch nicht so genau. Jobangebote kommen jedenfalls zuerst aus der Wirtschaft:
»Als ich fertig war, hatte ich Angebote von drei Banken. Im Studium habe ich ja Betriebswirtschaft gelernt, und ich hatte auch

ein bisschen juristisches Know-how. Das war sehr gefragt, aber ich wollte nicht in eine Bank gehen. Ich habe alles darangesetzt, dass ich in die Arbeiterkammer komme, weil ich gefunden habe, dort sind die Köpfe, die wirklich die Welt verändern können.«

Schon 1977, noch während des Studiums, beginnt Ederer in der Wirtschaftswissenschaftlichen Abteilung der Wiener Arbeiterkammer zu arbeiten. Ihr Kerngebiet: die Industriepolitik. Nebenbei schreibt sie ihre Diplomarbeit zum Thema »Steuervermeidung mit Hilfe von Schweizerischen und Liechtensteinischen Holdinggesellschaften«.

»Ich habe mich mit der Frage der Bekämpfung von multinationalen Konzernen beschäftigt. Gott sei Dank ist, als ich damals zu Siemens gegangen bin, nie ein Journalist auf die Idee gekommen, sich anzuschauen, was ich damals geschrieben habe.«

Der Inhalt dieser Diplomarbeit passt mit Ihrem Engagement bei Siemens also nicht zusammen?
»Nein, das passt nicht ganz zusammen, weil ich damals multinationale Konzerne und auch konkret Siemens ganz anders eingeschätzt habe.«

Das Interesse für Politik führt Ederer zur damaligen Staatssekretärin und späteren Frauenministerin Johanna Dohnal. Dort arbeitet sie stundenweise im Büro mit. Dohnal, die auf der Suche nach jungen Sozialdemokratinnen für die Kandidatenlisten ist, wird auf Ederer aufmerksam und bringt sie zunächst auch zum Straßentheater, wo die spätere Politikerin gemeinsam mit der späteren Volkstheaterdirektorin Emmy Werner auftritt.

»Am Viktor-Adler-Markt haben sie uns die Zwetschken nachgeschossen. Emmy Werner war die Schlosserfrau, ich das Schlossermädel. Von diesem Mut, auf der Straße Theater zu spielen, habe ich später sehr profitiert. Emmy Werner hat mir zum Beispiel einen Tipp gegeben, den ich mein Leben lang berücksichtigt habe. Sie hat gesagt: ›Wenn du Angst vor einem Auftritt hast, dann stell dir vor, dass die erste Reihe in Unterhosen dasitzt.‹ Und wirklich: Ich bin so oft zum Podium rausgegangen, habe mir gedacht, dass das heute vielleicht nichts wird, dass ich nicht gut genug bin – und dann hab ich mir die erste Reihe in Unterhosen vorgestellt. Das hat mir irrsinnig geholfen. Das mache ich auch heute noch manchmal.«

Dann kommt das Jahr 1982. Josef Cap stellt dem damaligen burgenländischen Landeshauptmann Josef Kery seine berühmten drei Fragen: ›Stimmt es, dass dein Einkommen um so vieles größer ist als das Einkommen des Bundeskanzlers? Stimmt es, dass du trotzdem verbilligten Strom beziehst? Stimmt es, dass du gerne mit Pistolen schießt?‹ Cap gilt von da an als Störenfried in der Partei und wird bei der Nationalratswahl 1983 auf den 47. Platz der Wiener Landesliste gereiht. Er überwindet die Hürde mithilfe von 62.000 Vorzugsstimmen. Aber noch jemand anderer aus dem Bereich der SPÖ-Jugendorganisationen kommt bei dieser Wahl ins Parlament, als Nachrückerin im Zuge der Regierungsbildung unter dem neuen Bundeskanzler Fred Sinowatz: Brigitte Ederer. Sie wird mit 27 jüngste Abgeordnete, was zunächst so mancher nicht glauben kann.

»Noch vor der Angelobung musste ich ins Parlament. Man brauchte im Klub ein paar Unterschriften von mir und sagte mir, bei welchem Eingang ich reinzugehen habe, und das habe ich getan. Da fragte mich der Portier, wohin ich denn wolle. Ich antwortete ihm: ›In den SPÖ-Klub.‹ Worauf er sagte: ›Mäderl, da kannst net eini.‹ Ich habe ihm dann erklärt, dass ich Abgeordnete werde, was er mir nicht wirklich geglaubt hat, aber nach einem Anruf im Klub hat er mich dann doch hinauflassen.«

Haben Sie auch Ihre Abgeordnetenkollegen spüren lassen, dass Sie als junge Frau eigentlich eine Außenseiterin sind?

»Der Josef und ich haben uns damals gegenseitig gestützt. Wir, die Jugend, einander. Josef hatte ja nach wie vor mit großen Widerständen zu kämpfen wegen dieser drei Fragen. Ich habe mich dann sehr rasch dank meiner Erfahrung bei der Arbeiterkammer in gewisse Themen eingearbeitet. Ich wollte unbedingt in den Finanzausschuss. Das war das Topgremium – und die erste Reaktion, die ich bekommen habe, war: ›Na sicher nicht.‹ Dann habe ich darauf geachtet, dass ich immer, wenn jemand ausgefallen ist, Zeit hatte, um eben als Ersatzmitglied hinzugehen. Nach ein oder zwei Jahren wurde ein Platz frei, und da hat es auf einmal geheißen: ›Jetzt lassen wir die Ederer, die kommt dauernd, stellt gescheite Fragen, arbeitet sich ein und kennt sich aus. Nehmen wir sie halt als Mitglied.‹ Und mir hat sicher auch geholfen, dass ich Ferdinand Lacina, damals Staatssekretär, dann Minister, aus der Arbeiterkammer kannte. Er hatte immer ein wohlwollendes Auge auf mich.«

Zu dieser Zeit war eine von zehn Nationalratsabgeordneten weiblich. Waren Sie jemals mit Sexismus konfrontiert?
»Ich habe einmal eine körperliche Attacke eines SPÖ-Abgeordneten erlebt. Wir sind die Stiegen vom Klub hinauf ins Plenum gegangen, und da hat er mir sehr eindeutig von hinten auf den Hintern gehaut und ist mit seiner Hand auch länger dort verweilt. Ich habe mich umgedreht und habe ihm einen Stoß gegeben. Das war das einzige Mal. Im Zuge der #metoo-Debatte habe ich darüber nachgedacht, warum es wohl bei diesem einen Mal geblieben ist. Ich glaube, es ist mir in meinem Leben gelungen, das Verhältnis zu Männern relativ schnell auf eine Kumpelebene oder eine Tochterebene zu bringen. Aber egal, wie das Verhältnis aussieht: Männer sollen sich anständig verhalten. Das ist überhaupt keine Frage.«

Die Türen ins Parlament sind nach der Wahl 1983 für Sie ja eher überraschend aufgegangen, weil Sie eigentlich ein Nachrückmandat hatten. Waren Sie anfangs ernüchtert von der parlamentarischen Arbeit? Haben Sie erwartet, dass politische Prozesse schneller ablaufen?
»Die Strukturen haben mich schon manchmal verzweifeln lassen. Natürlich ist es oft mühsam, weil es das Bohren harter Bretter ist. Aber wenn man dranbleibt, kann es ein echtes Lebenselixier sein. Wenn man merkt, wie man den Nerv von Menschen treffen kann. Ich war ja Bezirksfunktionärin und habe schon gewusst, dass die wirkliche Macht darin besteht, ein Direktmandat in einem Bezirk zu haben. Ich wollte wirklich verändern und für damalige Zeiten auch eine gewisse Öffentlichkeit haben.«

Im Jahr 1989 ist Europa nicht nur im damals noch geteilten Deutschland und den sogenannten Ostblockstaaten im Umbruch. Auch Österreich überdenkt seine Rolle. Nach langer Diskussion um einen »Brief nach Brüssel« als offizielles Beitrittsgesuch, stellt der damalige Außenminister Alois Mock im Sommer dieses historischen Jahres den Antrag auf Aufnahme Österreichs in die Europäische Union, die damals noch Europäische Gemeinschaft heißt. Zwei Jahre später, am 31. Juli 1991, befürwortet die Europäische Kommission offiziell den österreichischen Beitritt.

Damit ist aber erst ein Teil des Weges erledigt, die Hürden zur Mitgliedschaft sind zu diesem Zeitpunkt noch hoch. Denn zunächst muss die sehr skeptische österreichische Bevölkerung überzeugt werden. Bundeskanzler Franz Vranitzky bildet Anfang 1992 sein Kabinett um und fragt die damalige stellvertretende SPÖ-Klubchefin Ederer, ob sie Europastaatssekretärin werden möchte.

»Ich habe sofort Ja gesagt.«

Sie mussten gar nicht überlegen?
»Nein.«

Die Beziehung zwischen Österreich und der EU ist ja eine sehr wechselvolle Geschichte. Auch die SPÖ war nicht immer klar europäisch positioniert, ganz im Gegenteil. Mussten Sie selbst auch von der EU überzeugt werden?

»Ich war in der Sozialistischen Jugend skeptisch und dagegen. Als ich Abgeordnete war, hat mich Heinz Fischer als Beobachterin zur damaligen Fraktion des Europaparlaments geschickt, etwa einmal im Monat. Dort habe ich schon gemerkt, dass die entscheidenden Themen, die anstehen, nur noch europaweit gelöst werden können. Ich wurde dann schon zu einer wirklich starken Befürworterin. Und Vranitzky hat damals den Mut gehabt, mir diese Position zuzutrauen. Die Reaktionen waren am Anfang sehr heftig. Man hat gefragt, was ihn dazu treibe, so eine wichtige Frage einer Frau zu übergeben?«

Das war das Thema? Dass Sie eine Frau sind?

»Ja, das können Sie sich nicht vorstellen. Ich war damals auch so umstritten, weil man eigentlich eine ganz andere Vorstellung davon hatte, welche Qualifikation jemand für diese Aufgabe braucht. Vranitzky hat bewusst entschieden, dass das jemand sein muss, der sozusagen die Sprache unseres Landes spricht. Der ein Kind dieses Landes ist, dem man das auch anmerkt.

Und nicht ein Diplomat oder eine Diplomatin. Und dann ist es eben zu dieser ungewöhnlichen Mischung gekommen, Alois Mock, ein älterer, konservativer Diplomat, und ich, eine jüngere Sozialdemokratin. Und beide haben wir gezeigt, dass wir das gemeinsam wollen. Das hat die Menschen, denke ich, schon beeindruckt.«

Zwischen dem Zeitpunkt, als Sie übernommen haben, bis zum Referendum lagen etwas mehr als zwei Jahre. Die Stimmung war am Anfang eher negativ. Haben Sie damals daran geglaubt, dass es sich ausgehen wird?
»Nein, aber ich habe mir gedacht, es muss sich ausgehen. Ich habe wirklich Tag und Nacht daran gearbeitet. Ich habe jedes Referat gehalten, alle Mütterklubs, alle Kirchenveranstaltungen, alle Sparkassenveranstaltungen besucht, die mich eingeladen haben. Ich kenne dieses Land durch diese Veranstaltungen. Uns allen geht es so, die wir für diesen Beitritt gearbeitet haben.«

Am 1. Februar 1993 beginnen offiziell die Beitrittsverhandlungen zwischen Österreich und der EG. Das Verhandlungsteam besteht zum Auftakt – neben Ederer und Mock – aus dem damaligen Wirtschaftsminister Wolfgang Schüssel, dem Vorarlberger Landeshauptmann Martin Purtscher und dem Wiener Vizebürgermeister Hans Mayr. Später stoßen dann Landwirtschaftsminister Franz Fischler, Finanzminister Ferdinand Lacina, Verkehrsminister Viktor Klima, ÖGB-Präsident Fritz Verzetnitsch und Wirtschaftskammerpräsident Leopold Maderthaner dazu. Mehr als ein Jahr lang wird um einen tragfähigen Pakt gerungen. Immer wieder steht das Projekt an der Kippe.

Am 28. Februar 1994 um Mitternacht müssen die Verhandlungen abgeschlossen sein, aber es spießt sich bis zum Schluss. Kaum jemand wagt eine Prognose, ob die Beitrittsgespräche positiv abgeschlossen werden können. Schließlich werden die Uhren angehalten, ein verhandlungstechnischer Kniff, um doch noch einen Abschluss zu finden. Eine Nervenprobe für die Verhandler. 22 Stunden nach dem programmierten Ende steht der Pakt.

»Ich habe in dieser Nacht schon gemerkt, wie dünnhäutig Männer sein können, auch große, starke Männer, die dann plötzlich gesagt haben: Sie machen nicht mehr mit. Sie fahren nach Hause. Das war schon bemerkenswert. Ich habe einfach gewusst, dass wir da jetzt durchmüssen. Dass wir mit einem guten Ergebnis nach Hause kommen müssen, sonst schaffen wir es nicht über die Volksabstimmung. Ich habe mich mit einem Scheitern gar nicht beschäftigt. Ich habe also geschaut, dass wir nicht nach Hause fahren. Da waren auch Vranitzky und Busek in Wien sehr hilfreich. Busek hat Mock verboten, dass er heimfährt. Es war wichtig, dass wir zusammenbleiben und dass die Menschen das Gefühl bekommen, wir halten das für ein gutes Ergebnis. Das war ganz wichtig, und das ist, glaube ich, gelungen.«

Bei der Abschlusspressekonferenz merkt man allen Verhandlern die Erleichterung an. Bei Alois Mock gipfelt sie in dem legendären Busserl, das er Ederer vor laufenden Kameras gibt, als er sich bei ihr bedankt. Sie sei damals sehr überrascht von Mocks Reaktion gewesen, sagt Ederer. »Wir hatten eigentlich ein sehr distanziertes Verhältnis zueinander.«

Als die Delegation am Tag nach der Einigung am Flughafen Wien landet, spricht Mock in Zusammenhang mit Ederer von dem »Maskottchen der Verhandlungen«.

»Zwei Tage später, als ich ausgeschlafen war, habe ich ihm gesagt, dass ich das nicht in Ordnung finde. Ich war kein Maskottchen, und er weiß das. Er hat sich dann bei mir entschuldigt, und damit war es für mich erledigt.«

Hatten Sie den Eindruck, dass er Ihre Kritik, Ihren Ärger nachvollziehen konnte?

»Ich glaube, für ihn war Maskottchen nichts Negatives. Das glaube ich bis heute. Er hat einfach in einer ganz anderen Welt gelebt als unsereins.«

Mock war ja ein sehr erfahrener Politiker, viel älter als Sie, ideologisch ganz anders geprägt. Sie waren ein sehr ungleiches Paar, aber man hatte am Schluss den Eindruck, dass Sie doch gut miteinander zusammenarbeiten konnten. Wie haben Sie das geschafft, doch an einem Strang zu ziehen?

»Ich glaube, er hat sehr an mir geschätzt, dass ich in dieser Sache alles gegeben habe, was zu geben war, um ein gutes Ergebnis nach Hause zu bringen, und ich habe ihn in Hinblick auf seine Krankheit sehr unterstützt. Das hat er, glaube ich, am Ende sehr geschätzt, obwohl er es nie ausgesprochen hat, aber es war erkennbar. Und ich habe ihn letztlich auch geschätzt, obwohl ich am Anfang gar nicht mit ihm konnte.«

Warum nicht?
»Weil uns Welten getrennt haben. Ich kann mit dieser diplomatischen Art bis heute nichts anfangen. Und ich glaube auch, dass EU-Politik keine Außenpolitik ist, sondern eine Form der Innenpolitik, und die EU-Agenden, wie es die Bundesregierung jetzt ohnehin entschieden hat, zum Bundeskanzleramt gehören. Das habe ich immer gesagt. Aber wenn man sich mit Mock etwas ausgemacht hat, dann hat das gehalten. Und zwar auch gegen den Widerstand all seiner Parteileute. Ich habe mir ein paar Mal mit ihm etwas ausgemacht, und er hat es gegen großen Widerstand durchgesetzt. Das hat mir schon Hochachtung abgerungen.«

Man hat Alois Mock seine Parkinson-Erkrankung deutlich angesehen, aber niemand hat diese Krankheit damals bestätigt. Es hieß meist, er sei übermüdet. Hat er mit Ihnen über seine Krankheit gesprochen?
»Nein.«

Nie?
»Nein, wir haben über seine Krankheit nie gesprochen.«

Nachher auch nicht?
»Nein, das war nie ein Thema. Aber es war mir natürlich klar. Ich hatte so oft mit ihm zu tun, dass ich sogar wusste, wann bei den Tabletten die Wirkung nachgelassen hat. Aber wir haben kein einziges Wort über seine Krankheit gesprochen.«

Konnte man mit ihm diskutieren?
»Wir waren oft nicht einer Meinung, aber für den EU-Beitritt war das wurscht. Wir haben auch immer wieder miteinander gestritten. Er hat einmal zu mir gesagt, es sei ein Irrtum der Geschichte in diesem Land, dass die Sozialdemokratie so lange den Bundeskanzler stellt. Und da habe ich ihm gesagt, dass ich

das nicht so sehe. Solche Auseinandersetzungen hatten wir immer wieder.«

Wie hat Ihr Kontakt nach dem EU-Beitritt ausgesehen?
»Ich habe ihn immer so um den 12. Juni *(Tag der erfolgreichen EU-Volksabstimmung, Anm.)* angerufen und habe lachend gesagt: ›Das ist unser Hochzeitstag.‹ In seinen letzten Lebensjahren ging das aber nicht mehr.«

Waren diese Verhandlungen so etwas wie die Sternstunde der Großen Koalition?
»Ich glaube schon. In der Zeit, die ich überblicken kann, war das sicher eine Sternstunde. Wir haben aufgehört zu streiten, und jeder, der wollte, hat das gesehen.«

Nach der Einigung mit Brüssel am 1. März wartet die nächste Herausforderung. Die Bevölkerung stimmt nun über das Verhandlungsergebnis ab. Fakten zählen in dieser Zeit kaum. Die Tageszeitung »Die Presse« kommentiert das damals so: »Die Stunde der Emotionen ist angebrochen. Es hat keinen Sinn, gegen sie anzukämpfen, sich gegen sie zu wehren, die Ratio zu beschwören, an die Vernunft zu appellieren. Die Stunde der Emotionen hat die Periode der Überlegungen abgelöst.« Und weil niemand weiß, in welche Richtung die Emotionen schwappen, ist das Ergebnis der Volksabstimmung lange ungewiss.

»Noch im März stand es ja Spitz auf Knopf. Geholfen hat uns eigentlich Haider. Bei den vielen Veranstaltungen, die ich gemacht habe, bekam ich ja nur die negativen Seiten zu hören. Alles, was Haider gesagt hat, wurde eins zu eins transportiert. Ich hatte dann den Eindruck, dass das die Mehrheitsmeinung ist. Aber natürlich sind zu den Veranstaltungen eher die Gegner gekommen. Trotzdem, ich war bis zum Schluss nicht wirklich überzeugt, dass wir das gewinnen.

Haider hat damals vor Blutschokolade und Schildläusen gewarnt. Das war eine hochemotionale Debatte. Was haben Sie den Beitrittsgegnern da entgegengehalten?
»Die Blutschokolade habe ich entkräftet, indem ich die Menschen gefragt habe, ob sie Blunz'n essen, und in der Regel haben sie das

bejaht. Dann hab ich gesagt: ›Dann ist das Thema erledigt.‹ Und mein zweites Argument war: Die Italiener sind auch in der EU. Die Kärntner fahren dorthin extra am Samstag essen, wir alle fahren dorthin auf Urlaub, was soll das?«

Der Name Brigitte Ederer ist in den Köpfen vieler Österreicher untrennbar mit dem sogenannten Ederer-Tausender verbunden, also der Zusage, eine durchschnittliche österreichische Familie werde sich durch den Beitritt 1.000 Schilling pro Jahr ersparen. Bis heute ist der Ederer-Tausender Teil vieler Debatten rund um Vor- und Nachteile der EU-Mitgliedschaft. Dabei ist er eine Legende, wie die damalige Staatssekretärin heute sagt.

»Ich möchte das endlich einmal klarstellen. Das war erstens lange nach der Volksabstimmung und kam zweitens nicht von mir. Am 28. Dezember, drei Tage vor dem tatsächlichen Beitritt, habe ich mit Johanna Ettl, die damals Konsumentenschützerin bei der Arbeiterkammer war, eine Pressekonferenz zum Thema, was alles günstiger wird, gegeben. Der ORF hatte schon die Kamera eingepackt, da wurde Johanna gefragt, ob wir das ungefähr quantifizieren können. Und die Hanni schaut so und sagt: ›Na ja, ungefähr um einen Tausender für eine vierköpfige Familie.‹ Ich bin danach zurück nach Hofgastein in den Skiurlaub gefahren, und dann hat mich mein damaliger Pressesprecher angerufen und gesagt: Wow, du bist der Aufmacher im ORF. ›Ederer sagt, man erspart sich 1.000 Schilling.‹ Da hätte ich sagen müssen: ›Das habe ich nicht gesagt, das hat die Ettl gesagt.‹ Aber wenn man der Aufmacher ist, dann ist man geehrt. Heute weiß ich, dass das keine Rolle spielen darf. Und so ist es halt zum Ederer-Tausender gekommen. Aber ich lege Wert darauf – auch wenn ich es selbst gar nicht gesagt habe –, das war lange nach der Volksabstimmung.«

Unabhängig von der Genese des Ederer-Tausenders: Ist die Diskussion, was um wieviel billiger wird, nicht am eigentlichen Nutzen der EU vorbeigeschrammt? Ging es da nicht um viel mehr? Um etwas viel Größeres?
»Da haben Sie schon recht. Aber es war ja wirklich so, dass Milchprodukte und Elektrogeräte billiger geworden sind. Das war leicht zu vermitteln. Das andere hätte man vielleicht weniger rübergebracht. Die Konsumentenpreise sind gesunken, das

war erkennbar. Ob man damals statt einem Ederer-Tausender sagen hätte können: Das ist ein Friedensprojekt, weiß ich nicht. Denn ich weiß nicht, wie man das andere, das größere Projekt emotional rüberbringt. Sie haben schon recht, gescheiter wäre es gewesen, wir hätten das andere rübergebracht, aber der Tausender ist so nahegelegen. Man darf ja nicht vergessen, dass man damals in Panik über die italienisch-österreichische Grenze gefahren ist, weil man unerlaubterweise halt Zigaretten oder Wein oder Kleidung oder was immer dabeihatte. Das war dann schlagartig vorbei. Vielleicht haben wir das überbewertet, aber ich wüsste auch heute noch nicht, wie man das emotionale Projekt darstellt.«

Die EU-Befürworter werben bis zum Wahltag unermüdlich um ein Ja, die Gegner mobilisieren ebenso intensiv für ein Nein. Beide Seiten rechnen mit einem knappen Ergebnis, aber schon früh am 12. Juni 1994 zeichnet sich ab, dass das österreichische Ja zur Europäischen Gemeinschaft sehr deutlich ausfallen wird. 66,4 Prozent stimmen einem Beitritt zu. Das deutlichste Ja kommt aus dem Burgenland, das verhaltenste aus Tirol.

»Ich habe es bis zum Schluss nicht geglaubt, ich habe Umfragen nie geglaubt. Aber als es dann so weit war, habe ich mir schon gedacht: Das ist jetzt ein historischer Schritt, und du warst da irgendwie dabei.«

War das der stärkste Moment in Ihrer politischen Karriere?
»Ja. In der beruflichen und politischen. Ganz sicher.«

Es ist nicht zu leugnen, dass die EU in einer Krise steckt. Dass sie sich eigentlich neu erfinden sollte, aber dass die Vorstellungen darüber, wie eine funktionierende EU aussehen soll, in den derzeit noch 28 Mitgliedsstaaten divergieren. Haben Sie sich in den Jahren seit dem 1.1.1995, dem Tag des Beitritts, manchmal gedacht: »Das ist nicht das Projekt, für das ich gekämpft habe?«
»Nein.«

Was empfinden Sie, wenn Sie sehen, wie sehr sich die EU-Mitglieder gegenseitig blockieren? Wie handlungsunfähig die EU in vielen Bereichen ist?

»Es tut einfach weh. Ich weiß nur keine Lösung. Für mich ist es immer noch das größte politische Projekt. Aber ja, es sind viele Fehler gemacht worden. Trotzdem halte ich es nach wie vor für richtig und wichtig, dass Österreich Teil der Europäischen Union ist und in diesem internationalen Machtgefüge mitbestimmen kann.«

Keine zwei Wochen nach der Volksabstimmung werden die Verträge über den EU-Beitritt auf der griechischen Insel Korfu unterzeichnet. In der Frage, wer von österreichischer Seite diese Unterschriften leisten soll, herrscht schnell ein Gedränge. Und ebenso schnell ist klar, wer nicht unterzeichnen wird, nämlich Brigitte Ederer.

»Ich habe mitgekriegt, dass da ein Spiel gespielt wird, und ich war viel zu sehr Politikerin, dass ich dieses Spiel nicht einordnen konnte.«

Wer hat dieses Spiel gespielt? Wie hat das Spiel geheißen?

»Ich war nach der Abstimmung natürlich schon so etwas wie die Hoffnung der Sozialdemokratie. Das wollte die ÖVP einfach nicht. Und auch in der SPÖ hatten nicht alle nur Freude damit. Diese Sache mit der Unterschrift wird oft als meine größte Kränkung bezeichnet. Ich habe es nicht so sehr als Kränkung empfunden, weil ich dieses Spiel schon kannte. So war Politik. Und so ist Politik noch immer.«

Es haben sich damals viele Frauen mit Ihnen solidarisiert, auch Frauen aus der ÖVP. Haben Sie da so etwas wie Genugtuung empfunden?

»Die ÖVP hat sich damit wirklich ins Knie geschossen, weil die wahre Popularität habe ich erst nach dieser Aktion erfahren. Im *profil* gab es ein Titelbild, auf dem ich als roter Engel zu sehen war. So eine Welle der Sympathie habe ich nie davor und nie danach erlebt. Die Leute waren der Meinung, dass das unfair ist. Sie haben gesagt: ›Das ist eine Sauerei.‹ Viele Frauen haben mich auf der Straße angeredet und mir zugeredet, dass ich mich nicht kränken soll. Das hat mir mehr gegeben, als wenn ich unterschrieben hätte.«

Das Ringen um die Unterschrift wurde auch als Mann-Frau-Konflikt interpretiert. War es das, oder war es vielmehr ein Konflikt zwischen SPÖ und ÖVP?
»Zweiteres.«

Das heißt, ein Herr Staatssekretär Ederer hätte auch nicht unterschrieben?
»Der Staatssekretär Ederer hätte gleich gar nicht unterschrieben. Es hat einfach keine Frau diesen Vertrag unterschrieben, und das hat viele aufgeregt. Das haben viele nicht verstanden. Die Leute haben gesagt: Lasst doch die unterschreiben, die so viel geleistet hat.«

Der EU-Vertrag wird schließlich von Bundeskanzler Franz Vranitzky, Außenminister Alois Mock, Botschafter Manfred Scheich und dem im Kanzleramt für Koordination zuständigen Sektionsleiter Ulrich Stecher unterzeichnet. Bundespräsident Thomas Klestil reist mit nach Korfu, unterschreibt den Vertrag aber nicht. Auch Ederer fliegt nach Griechenland mit.

»Klestil hat sich damals zum Abendessen angekündigt. Der griechische Außenminister Theodoros Pangalos, der alles organisiert und arrangiert hat, sagte zu mir: ›There are no kings here, no kings. Brigitte, recognize, no kings.‹ Weil eben keine Staatsoberhäupter eingeladen waren. Aber das hat man Klestil nicht so deutlich gesagt, nur mir. Und dann haben sie ihm einen Extrasessel hingestellt, so einen Schemel. Und eine handgeschriebene Karte, während alle anderen eine gedruckte Karte hatten. Klestil ist mir damals ziemlich auf die Nerven gegangen, weil er eine größere Rolle spielen wollte, als es für den österreichischen Bundespräsidenten vorgesehen war.«

Nach dem österreichischen EU-Beitritt kommt es zu einem Wechsel im Außenministerium. Wolfgang Schüssel übernimmt von Alois Mock. Benita Ferrero-Waldner wird Staatssekretärin. Es kommt zu einem Ringen um die Europakompetenzen.

»Ich war der Meinung, dass man die Agenden der EU ins Bundeskanzleramt übertragen müsste, weil die österreichische Innenpolitik durch den Beitritt neu definiert wurde. Das hat nicht stattgefunden, ganz im Gegenteil. Da habe ich gesagt:

›Das bringt nichts. Ich geh.‹ Und dann hat mir Vranitzky den Parteisekretärs-Posten angeboten.«

In dieser Funktion braucht man ja ganz andere Kompetenzen. Als Staatssekretärin kann man aktiv gestalten, zumindest mitgestalten. Als Bundesgeschäftsführerin muss man angreifen und beißen. Ist Ihnen das gelegen?
»Das war der schwierigste Job, den ich in meinem Leben gemacht habe. Und ich glaube auch, dass es derjenige ist, den ich am schlechtesten gemacht habe. Vranitzky sagt immer, das stimmt nicht, aber es war wirklich ein wahnsinnig schwieriger Job.«

Was mussten Sie denn in dieser Funktion machen, was nicht Ihren Fähigkeiten entspricht?
»Ich schätze keine Untergriffe. Ich kann es, wenn es sein muss, aber ich mag es nicht. Zum Teil hatte ich auch Probleme mit den Spielchen einiger SPÖ-Funktionäre. Das Problem ist, dass man nicht deren Chef ist, sondern wie ein Hund um die Herde kreisen muss. Man wird oft anstelle des Parteivorsitzenden attackiert. Nach dem Motto: Sie schlagen den Sack und meinen den Esel. Ich war der Sack, und das war nicht immer lustig.«

Nach nur eineinhalb Jahren als Bundesgeschäftsführerin in der Parteizentrale in der Löwelstraße zieht sich Brigitte Ederer aus der Bundespolitik zurück und wechselt – über den Ring – als Finanzstadträtin ins Wiener Rathaus.
»Einerseits war mir klar, dass mich Viktor Klima, der die Partei übernommen hat, nicht als Parteisekretärin wollte. Und Michael Häupl hat mir gleichzeitig dieses Angebot gemacht.«

Das Finanzressort ist ein riesiges und ganz wichtiges Ressort. Sie waren die erste Frau an der Spitze dieses Ressorts. Wären Sie auch für ein anderes in die Landespolitik gewechselt?
»Ich kann nichts anderes. Gesundheit hätte ich nicht gekonnt.«

Was sind für Sie die größten Unterschiede zwischen Landespolitik und Bundespolitik?
»Dass der Bürgermeister ein Durchgriffsrecht hat. Der Bundeskanzler muss eigentlich allen immer gut zureden.«

Auch Bundeskanzler wollen ein Weisungsrecht. Werden sie das jemals bekommen?
»Außer der Person des Bundeskanzlers will das aber niemand. Eine Stimme ist ein bisschen wenig für eine Änderung.«

Wie mächtig sind die Länder wirklich?
»Zu meiner Zeit waren sie sehr mächtig. Man darf nicht übersehen, dass Häupl und Pröll damals am Höhepunkt ihrer Kräfte waren. Sie waren damals wirklich sehr mächtig.«

Die Debatte um eine Föderalismusreform ist ungefähr so alt wie der Föderalismus selbst. Sie haben den Föderalismus aus Sicht der Länder ebenso erlebt wie aus der des Bundes: Wie sinnvoll ist dieses föderalistische System?
»Ich habe dreieinhalb Jahre in Bayern gelebt. Bayern hat über 12 Millionen Einwohner und ist ein einziges Bundesland. Ich persönlich glaube schon, dass der Föderalismus in Österreich übertrieben ist. Dass man die Kompetenzen ganz klar aufdröseln müsste. Dass es nicht zwei Zuständigkeiten gibt, sondern die Gesetzgebung beim Bund und der Vollzug bei den Ländern liegt. Ich glaube, dass den Menschen die Gemeinden und Städte, in denen sie leben, wichtiger sind als das Land. 50 Prozent der Beschlüsse mancher Landtage sind Resolutionen an die Bundesregierung. Da gibt es ja de facto keine reale Macht. Wenn man das Spitalswesen dem Bund übergeben würde, dann gäbe es keine Spitäler, die nur 40 Kilometer voneinander entfernt sind, nur weil sie in zwei Bundesländern liegen.«

Wenn Sie sagen, den Menschen ist die Gemeinde- oder Landespolitik näher: ist es dann auch dankbarer, auf dieser Ebene zu arbeiten?
»Wenn Sie heute sagen, Sie pflanzen einen Baum im Prater, dann sehen Sie den. Und wenn ich bei der Taborstraße in die U2 einsteige, dann weiß ich, dass die Entscheidung zur Verlängerung der U2 in meiner Zeit als Stadträtin gefallen ist. So etwas erleben Sie in der Bundespolitik nicht. Im Guten wie im Schlechten. Denn die Menschen sind auch noch weniger charmant zu Kommunalpolitikern, weil sie von den Entscheidungen ja unmittelbarer betroffen sind. Was ich alles gehört habe, was

alles nicht passt, wenn ich auf der Straße gegangen bin – das habe ich in der Bundespolitik nicht erlebt.

Das Jahr 2000 wird zum Jahr der politischen Wende in Österreich. Die SPÖ scheidet nach 30 Jahren aus der Bundesregierung aus, ÖVP und FPÖ bilden eine Regierung. Am Ende dieses bewegten Jahres beendet Brigitte Ederer ihre politische Laufbahn.

»Ich war 17 Jahre lang in der Politik und bin zu dem Schluss gekommen, dass ich das nicht machen kann, bis ich 60 oder 65 bin. Dazu kam, dass Michael Häupl und ich unterschiedliche Auffassungen vom Wiener Budget hatten. Sagen wir es so.«

Die Politik zu verlassen, ist ja eine sehr große Entscheidung, vor allem, weil es so gut wie nie einen Weg zurück gibt. Sie haben immer gesagt: »Wenn ich geh, dann bin ich weg und komme nicht mehr wieder.« Ist Ihnen diese Entscheidung schwergefallen?

»Ich habe das mit meinem Mann besprochen, und es ist mir nicht leichtgefallen. Politik ist schon eine Art Sucht. Und gleichzeitig so kränkend. Ich habe das zwar immer gesagt, aber so eindeutig war es für mich eigentlich nicht, dass ich nie mehr zurückkehre. Ich habe mir gedacht, ich gehe jetzt einmal und sammle Erfahrungen – und wer weiß, was dann kommt. Mehr als zwei, drei Jahre habe ich eigentlich nie vorausgeplant.«

Sie sagen: Politik ist extrem spannend, aber auch extrem kränkend. Was ist so kränkend?

»Kränkend ist zum Beispiel, dass Sie nie so schlecht sind, wie Sie beurteilt werden, wenn es gerade nicht so gut läuft. Und übrigens auch nicht so gut, wie Sie beurteilt werden, wenn es wirklich gut läuft. Aber ich sage Ihnen, was am kränkendsten ist: Als ich Staatssekretärin geworden bin, haben das viele Journalisten für keine so gute Idee gehalten. Besonders nicht der Herr Unterberger *(Andreas Unterberger, damals Außenpolitik-Chef, später Chefredakteur der ›Presse‹, Anm.)*, da hat mich meine Mutter weinend angerufen und hat gefragt: ›Warum tust du mir das an? In der Zeitung steht, du kannst das nicht, meine Freundinnen rufen mich an und fragen, warum du das machst …‹ Das ist schon hart, diese Beurteilung. Sie haben selbst das Gefühl, dass Sie das Letzte geben, und dann lesen Sie: ›Das kann sie nicht, das ist falsch.‹ Das führt dann schon zu einer Einsamkeit.«

Konnten Sie sich von dieser Beurteilung abkapseln und distanzieren?
»Man wird schon robuster, was diese Kritik betrifft. Weil man irgendwann lernt, dass das nicht nur mit einem selbst zu tun hat, sondern das halt ein Spiel ist. Das politische Spiel. Aber ganz abkoppeln kann man sich nie.«

Wie unterscheidet man, ob eine Kritik zulässig, vielleicht auch berechtigt ist, oder ob sie nur beleidigen und kränken soll?
»Das kommt zunächst darauf an, wer es sagt. Da kann man es schon einordnen. Aber natürlich spürt man auch selbst, wenn etwas nicht so gut gelaufen ist. Oder es eben Teil eines Spiels, einer Strategie ist. Und dann ist es ganz etwas anderes.«

Haben Sie selbst auch andere gekränkt, in der Politik?
»Sicher. Ich weiß jetzt kein Beispiel, aber sicher. Ich glaube aber, ich habe mehr geärgert als gekränkt.«

Macht es in der Politik einen Unterschied, ob man ein Mann oder eine Frau ist?
»Teilweise schon. Heute würde ich sagen: Ja. Vor 25 Jahren hätte ich gesagt: Nein.«

Warum haben Sie das damals anders gesehen?
»In jungen Jahren ist es für beide Geschlechter nicht einfach. Der Josef und ich etwa haben einiges durchmachen müssen, das uns nicht gefallen hat. In der öffentlichen Beurteilung macht es aber sicher einen Unterschied, ob es sich um einen Mann handelt oder um eine Frau. Also, die Piepsstimme, die mir immer nachgesagt wurde, das Leichtgewicht – mit solchen Zuschreibungen sind Männer seltener konfrontiert.«

Haben Sie den Eindruck, dass Sie als Politikerin mächtig waren?
»Ich habe immer nach Macht gestrebt. Macht ist das Einzige, was einem hilft, Dinge durchzusetzen.«

Und wie gut ist Ihnen das gelungen?

»Als Parteisekretärin war ich teilweise ohnmächtig, gleichzeitig mächtig. In meinen besten Jahren als Bezirksparteivorsitzende in der SPÖ Leopoldstadt war ich schon mächtig im SPÖ-Getriebe.«

Tun sich Frauen leichter damit, Macht wieder abzugeben?
»Das glaube ich schon.«

Wie ist es Ihnen damit ergangen?
»Leicht tut man sich nie, weil Gestaltungsmöglichkeiten verloren gehen, und das ist mir immer schwergefallen.«

Am 7. Dezember 2000 nominiert der Aufsichtsrat der Siemens Österreich AG Ederer in den fünfköpfigen Vorstand. Knapp fünf Jahre später übernimmt sie den Vorstandsvorsitz von Albert Hochleiter und wird Generaldirektorin von Siemens Österreich. Im Mai 2010 schließlich wechselt Ederer nach München in den Vorstand der Siemens AG. Sie leitet dort den Bereich Corporate Human Resources, ist also konzernweite Personalchefin und für den gesamten Wirtschaftsbereich Europa zuständig. Damit gehört die frühere Politikerin zu den erfolgreichsten Spitzenmanagerinnen des Landes und wird daher regelmäßig als »mächtigste Frau Österreichs« bezeichnet.

Sie sind von der Politik in die Wirtschaft gewechselt. Häufiger ist der Wechsel in die andere Richtung, also von der Wirtschaft in die Politik. Was ist leichter?
»Ganz eindeutig von der Politik in die Wirtschaft. Das ist kein Vergleich.«

Was sind die größten Hürden, wenn man den umgekehrten Weg nimmt?
»Das sind ganz andere Mechanismen. Erstens ist man in der Politik mit Kollegen konfrontiert, denen man nichts anschaffen kann. Dann schauen Medien nicht verzückt, wenn man wieder ein gutes Jahresergebnis präsentiert. Politikjournalisten ist das Jahresergebnis wurscht, da geht es um ganz andere Fragen. Für viele, die aus der Wirtschaft kommen, ist das schon ein Aha-Erlebnis, die kommen nicht damit zurecht, wie sie auf einmal

beurteilt werden. Sie, die sie einmal ein Star waren. Und dann ist Politik das wesentlich härtere Bohren von Brettern. In einem Unternehmen kann man immer sagen: Schluss jetzt, so machen wir das jetzt! Das geht in der Politik nie. Wenn man dort einmal die eigenen Leute überzeugt hat, dann kommt man erst zu den anderen.«

Immer wieder wird ja die Frage diskutiert, was Expolitiker nach ihrer politischen Laufbahn überhaupt machen dürfen. Wo da die moralischen Grenzen sind. Sollen Politiker alles tun dürfen, wenn sie ihre politische Laufbahn abgeschlossen haben?
»Das ist eine wichtige Frage, die man ehrlich beantworten sollte. Die Gesellschaft sollte das ehrlich beantworten. Alle, die in der Politik tätig waren, haben etwas gelernt und können etwas. Egal, aus welcher Partei sie kommen. Es ist ein Witz, dass Viktor Klima nach Argentinien gehen hat müssen. Dass Michael Spindelegger nicht einmal die Donauraum-Koordination machen durfte. Dass Wolfgang Schüssel zwar kurz Klubobmann war, aber dann in Pension gegangen ist. Andererseits dann der Hohn, der über Alfred Gusenbauer ergossen wurde, als er in die Arbeiterkammer zurückgegangen ist. Das ist einfach nicht in Ordnung. Was soll jemand tun, der 40 oder 45 ist? Der muss ja danach auch noch etwas arbeiten. Und in Österreich gibt es keine Arbeit für Politiker, weil das nicht zugelassen wird. Das ist falsch. Und es ist demokratiepolitisch wirklich ein Problem.«

Aber heißt das, dass man nach einer politischen Karriere einen Strich ziehen und sagen sollte: ab jetzt ist alles erlaubt?
»Alles, was im Rahmen der Gesetze ist.«

Das ist eh klar. Aber die ehemalige Grüne Bundessprecherin soll ohne Aufschrei zu Novomatic gehen dürfen?
»Das ist dann ihre Entscheidung, ob sie grad zu Novomatic gehen sollte, aus ihrer Geschichte.«

Aber die Gesellschaft hat kein Recht mehr, das einzuordnen?
»Nein. Oder die Gesellschaft ist bereit, ihr in irgendeiner Form einen Job zu vermitteln. Das ist sie aber nicht, ganz im Gegenteil: Sie darf gar nichts machen. Stellen Sie sich vor, was die

Politik gesagt hätte, wenn Frau Glawischnig Vorstand beim Verbund geworden wäre. Das wäre mindestens so ein Aufschrei, wie jetzt bei Novomatic. Es kann halt nicht jeder nach Argentinien gehen, das ist ein bisschen weit.«

Politiker, die aus der Wirtschaft kommen, erzählen oft, dass sie sich Spitzenpolitik ganz anders vorgestellt haben. Wie ist es, wenn man aus der Politik in die Wirtschaft wechselt?
»Das ist auch ganz anders.«

Inwiefern?
»Es hat mich irrsinnig überrascht, dass vieles sehr ähnlich ist. Zugegebenermaßen liegt das aber wohl daran, dass ich in einen Großkonzern gegangen bin. In einem mittelständischen Unternehmen wäre das wohl anders gewesen. Aber auch Wirtschaft ist das Bohren harter Bretter, eben anders. Man hat ein Stammhaus, man hat ein Headquarter. Man hat Menschen zu überzeugen, man hat Kunden, die mit Wählern vergleichbar sind in vielen Punkten.«

Wenn Sie jetzt den Ausdruck »Headquarter« verwenden, ist das ein gutes Beispiel dafür, dass die Welt von Siemens eine ganz andere Welt ist, als die, aus der Sie kamen. Wie oft stand die Vorstandsvorsitzende Brigitte Ederer im Widerspruch und im Konflikt mit der Sozialdemokratin Brigitte Ederer?
»Es gab einen einzigen, wirklich schwerwiegenden Moment. Das war, als ich Leute abbauen musste. Das wünsche ich sowieso niemandem, da muss man nicht Sozialdemokratin sein, um darunter zu leiden. Aber ich habe das machen müssen. Es gab auch nachvollziehbare Gründe dafür, weil Siemens die Telefonie aufgegeben hat und unsere Softwareentwickler zu 70 Prozent für die Telefonie gearbeitet haben. Sie wurden dann von einem Tag auf den anderen nicht mehr gebraucht. Aber diese Wochen und Monate möchte ich nicht noch einmal erleben.«

Da ging es um tausende Mitarbeiter. Gab es da für Sie einen Moment, in dem Sie überlegt haben, ob Sie das überhaupt mittragen können und möchten?

»Ja, den gab es schon. Solche Entscheidungen gehen an die eigenen Grenzen. Meine Mutter, die im Pflegeheim war, hat das alles natürlich gelesen und hat zu mir gesagt: ›Macht ihr Verluste, dass du Leute abbauen musst? Warum baust du denn so viele Leute ab?‹ Und ich habe ihr geantwortet: ›Nein, Verluste machen wir keine.‹ Da sagte sie: ›Aber wenn du eh Gewinne machst, warum baust du dann Leute ab?‹ Der damals 87-jährigen Frau nicht erklären zu können, warum man jetzt Leute abbaut, das war nicht der stärkste Moment in meinem Leben.«

Was haben Sie dann gesagt?
»Ich habe ihr gesagt, dass wir keine Arbeit mehr für sie haben, aber das hat sie nicht verstanden.«

Sie waren bei Siemens eine von ganz wenigen, manchmal überhaupt die einzige Frau unter ganz vielen Männern. Hat man Sie das spüren lassen?
»Nein, bei Siemens war es eher so, dass ich der weiße oder bunte Elefant war. Die konnten mich nie wirklich einordnen. Vor allem auch in Deutschland, wo sie ja alle sehr konservativ waren. Mit dem Energievorstand habe ich schon ordentlich gestritten, der war natürlich ein bayrischer Macho, und zwar ein ordentlicher. Aber der hätte auch mit jedem Mann so gestritten.«

War der Weg in die AG nach München eine logische Weiterentwicklung? Eine, die Sie angestrebt haben?
»Nein, überhaupt nicht. Ich habe überhaupt nichts angestrebt. Es gibt eine einzige Funktion, die ich gerne übernommen hätte, aber das bin ich nie geworden.«

Nämlich?
»Das sage ich nicht. Im Leben ist ja auch einiges Zufall. Wenn Rudolf Edlinger nicht in den Bund gewechselt wäre, wäre ich nie Finanzstadträtin geworden. Wenn Siemens-Konzernchef Löscher nicht Österreicher gewesen wäre, wäre ich nie in den Siemens-Vorstand gekommen. Ich bin ihm zwar schon aufgefallen als gute CEO in Österreich, und in Zentral- und Osteuropa haben ihm sicher ein paar österreichische Freunde gesagt:

›Hearst, nimm dir die Ederer, die macht das da recht gut.‹ Aber ein anderer hätte mich nicht genommen.«

Über München sagt man ja immer, dass es die Stadt in Deutschland ist, die Wien am ähnlichsten ist. Haben Sie das auch so empfunden?
»Nein. Die Österreicher haben eine andere Mentalität als die Deutschen, und München ist Deutschland. Man hat mich ja auch nie verstanden, wenn man etwas an mich herangetragen hat und ich ›Na, schau ma moi‹ gesagt haben. Da hat es dann geheißen: ›Ist das jetzt ein Ja oder ein Nein?‹ Aber ›schau ma moi‹ kann man nicht übersetzen.«

Wie haben Sie zu dieser Zeit Ihr Privatleben organisiert? Ihr Mann Hannes Swoboda hat als Europaabgeordneter in Straßburg und Brüssel gearbeitet. Sie in München. Ihr gemeinsamer Wohnsitz war Wien. Wie organisiert man so etwas?
»Wenn es irgendwie gegangen ist, haben wir uns am Wochenende in Wien getroffen. Meine Mutter hat damals noch gelebt und ich wollte sie am Wochenende immer besuchen. Das hat fast immer geklappt. Ich würde sagen: An 47 Wochenenden im Jahr habe ich meine Mutter besucht.«

Das heißt, so richtig heimisch sind Sie in München nie gewesen?
»Nein. Ich habe dort auch keine Freunde.«

Im Sommer 2013 gerät Peter Löscher, Chef der Siemens AG, in Bedrängnis. Immer deutlicher werden die Signale, dass er seinen Posten vorzeitig räumen wird müssen, was dann auch passiert. Ohne Vorzeichen wird im September auch Brigitte Ederer abgelöst. Ihr Vertrag wäre eigentlich noch mehr als zwei Jahre weitergelaufen.

Hat Sie das aus heiterem Himmel getroffen?
»Ja, das ist nobel formuliert. Die Gewerkschaften haben alles darangesetzt, dass ich hinausgeschmissen werde. Und dann hat der Aufsichtsratschef gesagt, man werde dem Löscher-Abgang nur zustimmen, wenn ich auch mitgehe. Das war sozusagen ein Österreichpaket, das da verabschiedet worden ist.«

Hat sich das für Sie abgezeichnet?
»Nein, für mich nicht.«

Das heißt, man hat Sie geholt und hat gesagt, vorbei?
»Ja, genau so war es. In der Früh sind ein Gewerkschafter und die Betriebsratsvorsitzende zu mir gekommen und haben mir gesagt, dass sie meine Ablöse verlangt haben. Ich habe sie dann gefragt, was der Grund dafür sei. Und die Antwort war: ›Strategisch unterschiedliche Auffassungen.‹ Das weiß ich bis heute, diesen Satz.«

Hat Sie das verletzt?
»Ja, das hat mich insofern verletzt, als ich bis heute nicht den wahren Grund kenne. Ich glaube, es war meine Weigerung, den 65-jährigen Betriebsratsvorsitzenden noch einmal zu verlängern. Aber ich weiß es nicht. Es hat mir nie jemand gesagt, und diese Narbe ist bis heute nicht ganz zugewachsen. Bis heute frage ich mich das manchmal. Ich hätte mir das schon verdient, dass mir jemand sagt, warum.«

Brigitte Ederer verlässt München schnell. Und sie hat eine Idee, wie ihre Zukunft in Wien aussehen könnte.
»Ich wollte mir einen Jugendtraum erfüllen, den ich mir dann Gott sei Dank nicht erfüllt habe. Ich wollte mir ein Gasthaus kaufen. Ich wollte eigentlich schon als Kind immer ein Gasthaus haben. Und ich habe nach meiner Rückkehr nach Wien wirklich vier, fünf Monate ganz intensiv versucht, mir diesen Traum zu erfüllen. Ich war auch ganz nah dran, aber es ist nichts daraus geworden. Heute bin ich dankbar dafür. Aber damals war es gut, da war ich beschäftigt.«

Was wäre Ihre Funktion im Gasthaus gewesen? Ich habe gelesen, Sie können nicht kochen.
»Nein, ich kann nicht kochen. Ich wollte Eigentümerin und Schmähführerin sein. So habe ich mir das vorgestellt.«

Sie hätten dort sitzen wollen?
»Sitzen nicht, sondern begrüßen. Sitzen kann ich auch nicht. Aber die Leute begrüßen, Schmähführen, den neuesten Tratsch

aus Wien austauschen, eine Drehscheibe sein, das hätte ich gerne gemacht.«

Aus der Wirtinnenkarriere wird nichts, aber immer wieder wird Brigitte Ederer als Kandidatin für alle möglichen politischen Funktionen genannt. Von der Wiener Bürgermeisterin bis zur SPÖ-Präsidentschaftskandidatin ist fast alles dabei.

Wie viele Angebote hat es wirklich gegeben?
»Kein einziges.«

Hätte Sie denn irgendeine Funktion gereizt?
»Es ist das erste Mal, dass ich das so sage, weil es vorbei ist. Ja, gereizt hätte es mich sicher. Aber ich habe immer gleichzeitig gewusst, dass mich niemand fragen wird.«

Was hätte Sie denn gereizt?
»Bundespräsidentin hätte mich noch am wenigsten gereizt. Weil ich glaube, dass ich das einfach nicht bin. Aber ja, wenn es die richtige Funktion gewesen wäre, dann hätte es mich möglicherweise schon gereizt. Nur habe ich gleichzeitig gewusst: Wenn man einmal weggeht, fragt einen niemand mehr. Die, die mich genannt haben, kamen eher aus Ihrer Profession. Aber es kam nicht von denen, die es entscheiden.«

Im Frühling 2016 wird der Name von Brigitte Ederer in fast jedem Medium genannt. Gemeinsam mit denen von Gerhard Zeiler und Christian Kern als mögliche SPÖ-Parteichefs. Nach acht Jahren an der Spitze von Partei und Regierung, nach der Flüchtlingskrise und dem desaströsen Abschneiden des SPÖ-Bundespräsidentschaftskandidaten ist der damalige Bundesparteivorsitzende und Bundeskanzler Werner Faymann arg in Bedrängnis geraten. Im Gegensatz zu all den Jahren zuvor äußert sich Ederer damals öffentlich zu SPÖ-Interna und spricht sich für Faymanns Ablöse aus.

Warum hatten Sie damals das Gefühl, dass Faymann nicht mehr der Richtige ist, um die SPÖ zu führen?
»Es ist in der Frage der Flüchtlingspolitik und dem Umgang mit Flüchtlingen gegipfelt. In dieser enormen Kehrtwendung, die er

vollzogen hat. Aber es war schon vorher so, dass man schwer erkennen konnte, was er eigentlich mit diesem Land vorhat und was und wie er gestalten möchte. Mir war das kaum noch zugänglich. Vielleicht hat man ihm ja unrecht getan, aber wenn man als Parteivorsitzender so viele Wahlen verliert, dann muss man irgendwann einmal auch einsehen, dass das mit einem selbst zu tun hat oder mit der Politik, die man macht. Und dann muss man Verantwortung übernehmen, auch wenn man nicht unmittelbar der Schuldige ist.«

Wenige Tage nach Ihren Äußerungen und wenige Tage vor seinem Rücktritt ist Werner Faymann beim Maiaufmarsch am Wiener Rathausplatz ausgepfiffen worden. Waren Sie damals dabei?
»Ja, aber ich habe nicht gepfiffen.«

Es war zwar klar, dass das eine schwierige Situation für die SPÖ-Parteispitze werden würde, aber diese Reaktion hat wohl kaum jemand kommen gesehen. Was haben Sie sich in dieser Situation gedacht?
»Dass das nicht in Ordnung ist von denen, die pfeifen. Ich war schon auch der Meinung, dass es vorbei war, aber am 1. Mai geht es um den Parteivorsitzenden und nicht um den Bundeskanzler. Den pfeift man am 1. Mai nicht aus. So was macht man nicht, hätte meine Mutter gesagt.«

Sie haben vorhin gesagt, man ist oft einsam, wenn man solche Funktionen innehat.
»Nein: Man ist immer einsam, wenn man solche Funktionen hat.«

Führt diese Einsamkeit vielleicht auch dazu, dass man schwerer erkennt, wie die Dinge wirklich liegen?
»Werner Faymann hat am Schluss vielleicht zu sehr auf den Boulevard gesetzt und nicht wirklich versucht, Dinge zu ändern oder anzugehen, die notwendig gewesen wären.«

Sie haben vorhin gesagt: Für Sie war die Kehrtwendung in der Flüchtlingspolitik ein zentraler Auslöser für Faymanns Krise als Parteichef. Darf man in der Politik seine Meinung nicht ändern?

»Natürlich darf man sie ändern, aber man kann sie nicht so schnell um 180 Grad ändern. Allein die Beurteilung des Viktor Orban war auf einmal eine ganz andere. Man hatte einfach nicht mehr das Gefühl, dass er noch den Überblick hat.«

Nach Faymanns Rücktritt gab es mehrere Möglichkeiten. Zwei Personen standen in der ganz engen Auswahl für den Parteivorsitz, nämlich Gerhard Zeiler und Christian Kern. War Christian Kern die beste Wahl?
»Damals schon.«

Sie waren einmal Parteisekretärin. Was hätten Sie ihm damals geraten?
»Als Parteisekretärin hätte ich ihm geraten, dass er im Jänner 2017 wählen lässt. Ich war damals in Wels bei der Präsentation des Plan A. Den hätte man nehmen müssen und wählen. Stichwort: »Ich bin nicht legitimiert.«

Damals war die FPÖ in allen Umfragen auf Platz eins. Das hätte aus Sicht der SPÖ auch schiefgehen können.
»Das hätte man wettgemacht, da bin ich ganz sicher. Als Parteisekretärin hätte ich ihm gesagt: ›Du, wir müssen jetzt wählen.‹ Der heutige Bundeskanzler Kurz hat zuwege gebracht, dass man den Eindruck hat, er weiß, was er will. Ob er so viel verändern will, kann ich nicht beurteilen. Aber es schaut so aus. Veränderung und etwas bewegenwollen ringt den Leuten schon Achtung ab. Sogar, wenn sie mit den Inhalten nicht einverstanden sind. Das ist das eine. Und das Zweite ist, dass im Wahlkampf der SPÖ auch handwerkliche Fehler gemacht wurden. Ich glaube nach wie vor, dass es zu lange zu wenig um ein Team gegangen ist. Dabei waren da zwei wunderbare Frauen, Gesundheitsministerin Rendi-Wagner und Bildungsministerin Hammerschmid. Wenn Sie den Plan A durchblättern, gibt es kein Bild von einem anderen Minister. Es gibt nur Kern und sonst niemanden. Und das gilt auch für die Zusammenarbeit mit der ÖVP. Wahrscheinlich hat Christian Kern auch Leute wie Wolfgang Sobotka vor den Kopf gestoßen, indem er den Journalisten erzählt hat, dass Sobotka im Ministerrat Landeshauptmann Pröll kontaktiert. So etwas darf man wahrscheinlich einem Minister nicht antun.«

Wer war für Sie der beste Bundeskanzler, den die SPÖ je hatte?
»Franz Vranitzky. Ihn habe ich ja hautnah erlebt, und mit ihm habe ich auch heute noch Kontakt.«

Warum?
»Vranitzky hatte in schwierigen Situationen eine Ruhe, die beeindruckend war. Wenn ich das Gefühl hatte, wir lösen uns jetzt auf oder die Republik ist am Ende, dann ist er immer ruhiger geworden. Ich habe mir oft gedacht: ›Was ist mit ihm los? Weiß er überhaupt, worum es da geht?‹ Diese Ruhe und Überlegtheit war wirklich beeindruckend.«

Die SPÖ hatte eine ganz große Frauenkämpferin in ihren Reihen, nämlich Johanna Dohnal. Fast alle Toppositionen – vom Parteivorsitzenden über den Klubobmann im Nationalrat bis hin zum Bürgermeister von Wien – waren aber in der SPÖ immer mit Männern besetzt. Warum ist das so?
»Im Gegensatz zu anderen Parteien, tut sich die SPÖ schwer damit, Toppositionen auch Frauen zuzutrauen.«

Ist die SPÖ männerdominierter, als man glaubt?
»Das weiß ich nicht. Die FPÖ ist sicher männerdominierter. Bei der ÖVP weiß ich es nicht. Die haben einen bürgerlichen Zugang zu Frauen und Frauengleichberechtigung. Ich glaube, es fällt der SPÖ schwer, sich vorzustellen, dass Spitzenpositionen auch von Frauen ausgeübt werden können.«

In Deutschland gibt es wohl keine Maturantin und keinen Maturanten, die sich bewusst daran erinnern können, dass es einmal einen männlichen Bundeskanzler gab. Junge Deutsche kennen nur Angela Merkel. In Österreich gab es noch nie eine Frau an der Spitze der Regierung oder der Republik. Ist das Zufall, oder hat das schon etwas mit der österreichischen Gesellschaft zu tun?
»Zweiteres.«

Und womit hat es zu tun?
»Ich antworte wieder mit meiner Mutter. Bei der Bundespräsidentschaftswahl 1998 gab es ja keinen SPÖ-Kandidaten. Meine Mutter wollte von mir wissen, wen ich wähle. Da habe ich

gesagt: Ich werde Gertraud Knoll wählen. Darauf hat sie mir geantwortet: ›Eine Frau als Bundespräsidentin? Aber die kann das doch nicht.‹ So hat nicht nur meine Mutter gedacht. Ich glaube, dieses Land kann sich kaum vorstellen, eine derartige Spitzenfunktion einer Frau zu übergeben. Ich habe den Eindruck, dass da noch ein langer Weg zu gehen ist. Ich glaube, in den nächsten zehn Jahren kommt da keine Frau.«

Im Zusammenhang mit dieser Frage wird immer darüber diskutiert, ob ein Land – egal, ob das die USA sind oder Österreich – reif ist für eine Frau an der Spitze. Wann ist ein Land reif?
»Offensichtlich haben die Vereinigten Staaten gut damit leben können, dass sie acht Jahre lang mit Barack Obama einen Farbigen als Präsident gehabt haben, aber sie haben nicht ertragen, dass sie eine Frau als Präsidentin bekommen. Das sagt eh alles.«

Als 2000 die schwarz-blaue Regierung kam, hat sich Brigitte Ederer für einen freiwilligen beruflichen Wechsel entschieden. Nachdem ÖVP und FPÖ 17 Jahre später neuerlich eine Regierung bilden, kommt es für Ederer zum unfreiwilligen Rückzug aus einer Funktion. Sie wird vorzeitig aus dem Aufsichtsrat der ÖBB abberufen.
»Das ist wie ein roter Faden in meinem Leben: Ich bin immer irgendwo früher verabschiedet worden.«

Das sehen Sie wirklich als roten Faden in Ihrem Leben?
»Ja. Hannes sagt immer: Nein, das stimmt nicht. Aber es stimmt.«

Kam das überraschend?
»Nein, überraschend war es nach diesem Wahlergebnis nicht. Und ich war ja auch im Komitee für Bundespräsident Van der Bellen. Ich habe damit gerechnet. Die Frage war, wie man das gemacht hat. Und so macht man das nicht. Ich bin mit meinem Mann beim Frühstück gesessen und wir haben das Morgenjournal gehört. Das war ein paar Tage nach der Angelobung und Herr Bundesminister Hofer war zu Gast. Auf die entsprechende Frage der Journalistin hat er klargemacht, dass ich nicht Aufsichtsratsmitglied bleiben werde.«

Da hat es zuvor kein Gespräch gegeben?

»Nein, nichts, null. Ich habe ihm dann einen Brief geschrieben. Daraufhin hat er geantwortet und im Jänner haben wir dann geredet.«

Mit dem Mann, mit dem Brigitte Ederer beim Frühstück sitzt, mit Hannes Swoboda, ist sie seit fast 40 Jahren zusammen. Geheiratet haben sie aber erst, nachdem sie bereits ein Vierteljahrhundert das Leben geteilt haben.

»Ich habe immer gesagt, ich möchte mich nicht scheiden lassen. Daher habe ich erst geheiratet, als klar war, dass wir uns wahrscheinlich nicht scheiden lassen werden.«

Politik lässt Politiker ja nur selten los. Am Wochenende nicht, im Urlaub nicht. Ist es leichter, wenn zwei Politiker miteinander leben, weil sie den Job des anderen besser verstehen? Oder ist es noch schlimmer, weil man noch mehr über Politik redet?

»Nein. Über Politik reden wir auch heute noch. Vor allem über Außenpolitik. Ich habe das Privileg, dass ich Kurzfassungen von dem bekomme, was andere Leute tagelang lesen müssen. Wir haben auch Interessen und Freunde weit weg von der Politik. Es ist nicht so, dass Politik ständig unser Leben dominiert hat. Aber natürlich hat man ein ganz anderes Verständnis füreinander. Das ist so, wie wenn beide in einer Topposition in den Medien sind. Da ist einmal der eine stärker gefordert, dann der andere. Und natürlich gibt es da auf beiden Seiten mehr Verständnis.«

Sie haben in Interviews immer wieder gesagt, dass die Tatsache, dass Sie keine Kinder haben, der Preis für Ihre Karriere ist. Das ist eine ungewöhnliche Aussage. Heißt das, Politik und Kinder passen schwer in ein Leben?

»Ich habe von jungen Frauen deshalb schon mehrfach heftigste Rückmeldungen bekommen, wie ich so etwas sagen kann. Daher lege ich Wert darauf, dass es sich nur für mich nicht ausgegangen ist. Mein Mann hat aus erster Ehe eine Tochter. Ich hätte das mit meinen Ansprüchen, mich um Kinder so zu kümmern, wie ich finde, dass man sich um sie kümmern muss, nicht vereinbaren können. Das ist der Preis, den ich bezahlt habe. Die Kinderlosigkeit macht mir weniger. Aber dass ich keine Enkel habe, das schon. Mein Bruder hat Enkelkinder. Zwei Mädchen und einen Buben. Um die kümmere ich mich gerne. Ich hole sie vom Kindergarten ab und unternehme etwas mit ihnen. Alle drei sind ungefähr im selben Alter. Das ist goldig. Aber am Ende sind es halt doch nicht meine eigenen Enkelkinder.«

Was finden Sie schöner am Omasein als am Mamasein?
»Man hat viel mehr Zeit. Wenn sie sagen »Ich will nicht, dass du telefonierst«, dann schalte ich das Handy einfach ab. Und diese Fragerei und diese Neugier. Was die Kinder alles sehen, was ich nicht sehe ...«

Was machen Sie am liebsten miteinander?
»Der Kleine fährt so gerne mit dem Zug, mit dem Railjet oder mit dem ICE. Ich fahre irrsinnig oft mit ihm mit dem Zug nach Wiener Neustadt und zurück, oder nach St. Pölten und zurück.«

Und was machen Sie dort?
»Nichts. Wir fahren mit Railjet, das liebt er. Da essen wir Würstel im Zug. Dann steigen wir in Wiener Neustadt aus und nehmen den nächsten Regionalzug und fahren wieder zurück nach Wien. Wirkliche Achtung habe ich von dem jungen Mann erst erfahren, als er bemerkt hat, dass ich die Chefin vom Chef der ÖBB bin. Und jetzt hat er einmal zu mir gesagt: ›Wieso bist du nicht mehr die Chefin?‹ Das beschäftigt ihn sehr.«

Was haben Sie geantwortet?
»Ich habe ihm gesagt, da waren Wahlen, und es haben die anderen gewonnen. Und die haben gesagt, ich muss gehen.«

Sie beschreiben sich ja selbst als harmoniesüchtig. Ist man da in der Spitzenpolitik wirklich gut aufgehoben?
»Außer mir sagt niemand, dass ich harmoniesüchtig bin. Aber ich glaube, dass ich sehr wohl an dem Kompromiss arbeite und sehr wohl versuche, Leute einzubinden und eine gemeinsame Lösung zu finden. Es gibt nur bei mir schon einen Punkt, an dem ich dann sage: So, jetzt reicht's aber. Wenn ich es dreimal probiert habe und es gibt Widerstand, wo man nicht mehr erkennen kann, warum da Widerstand ist, dann kann ich auch anders.«

Sie sagen auch über sich, dass Sie jähzornig sind. Das steht ein bisschen im Widerspruch zur Harmonie.
»Ja, ich bin jähzornig, aber es wird im Alter besser. Und ich möchte gerne einmal eine weise alte Frau sein, die nicht verbittert ist.«

Sehen Sie denn die Gefahr, dass Sie verbittern?
»Ja.«

Warum?
»Wenn man sich ungerecht behandelt fühlt. Und auch, wenn man findet, dass man nicht wertgeschätzt wird. Dass die viele Arbeit, die man getan hat, nicht gesehen wird. Es ist nicht einfach, aber ich glaube, ich bin auf einem guten Weg, dass ich nicht verbittere. Ich krieg jedenfalls nicht die Rückmeldung, dass ich das bin.«

Benita Ferrero-Waldner

»In Österreich traut man den Frauen noch nicht so viel zu«

Als sich die Fernsehkameras und Fotoapparate am frühen Abend des 25. April 2004 auf die kleine Bühne im Festsaal des Kursalons Hübner am Rande des Wiener Stadtparks richten, fangen sie nur Jubel und lachende Gesichter ein. Auf den ersten Blick sieht alles nach einer Siegesfeier aus, aber es ist keine. Im Gegenteil.

Benita Ferrero-Waldner hat zwar mit 47,6 Prozent der Stimmen das mit Abstand beste Ergebnis erreicht, das einer Frau jemals bei einer Bundespräsidentenwahl in Österreich gelungen ist, aber 200.000 Österreicher mehr haben sich an diesem Tag für Heinz Fischer entschieden und ihn damit zum Bundespräsidenten gewählt. »Be-ni-ta, Be-ni-ta!«, rufen die ÖVP-Anhänger im Chor. Wolfgang Schüssel lobt seine Kandidatin für ihren Einsatz. »Ich bin stolz auf unsere Außenministerin«, sagt er und wird in seiner Rede immer wieder durch Applaus unterbrochen. Transparente, Blumen, Fröhlichkeit.

Nur zwei Menschen auf dieser Bühne sieht man die Enttäuschung an. Benita Ferrero-Waldner und ihrem Ehemann. »Ich war an diesem Abend am Boden zerstört«, sagt sie 14 Jahre später. Und dass es lange gedauert habe, diese Niederlage zu verkraften.

Durchhalten, aushalten, sich nichts anmerken lassen. Das ist so etwas wie das Erbe ihres Vaters. Er war Dentist in Oberndorf bei Salzburg und für die Tochter in vielerlei Hinsicht ein Vorbild.

»Mein Vater war im Krieg Soldat in Finnland. Anfangs ging es ihm noch relativ gut, obwohl es immer eisig kalt war und sie alle kaum brauchbares Schuhwerk hatten. Er konnte als Dentist arbeiten. Später haben sie ihn nach Leningrad, ins heutige St. Petersburg, direkt an die Front versetzt. Dort war er im Sanitätseinsatz und ist auf eine Mine gestiegen, als er mit einem Kollegen eine Bahre trug. Der Kollege war sofort tot, mein Vater wurde schwerst verletzt. Über Nacht ist er mit dem Zug nach Riga transportiert worden, er hat später immer gesagt, das sei die schlimmste Nacht seines Lebens gewesen. Er hatte wahnsinnige Schmerzen. Man muss sich das vorstellen: Ein Bein war fast vollständig vom Körper getrennt, ist nur mehr gebaumelt, und das andere war auch schwer verletzt. Es gab keine Antibiotika, keine Medikamente, kein Morphium. Er wollte nur eines: sterben.«

Er überlebt, aber mit 26 Jahren ändert sich das Leben für immer.
»Mein Vater war sehr sportlich und schlank, aber nicht besonders groß. Vor dem Krieg hat er Leichtathletik gemacht und Fliegengewicht beim Boxen. Das war dann natürlich alles vorbei. Meine Mutter, die in Salzburg gearbeitet hat, ließ ihn ins Lazarett in ihre Nähe überstellen. Dort konnten sie sich sehen, und dann haben sie geheiratet. Mein Vater war zu diesem Zeitpunkt noch im Rollstuhl. Zwei Jahre hat es gedauert, bis er mit einer Prothese überhaupt wieder halbwegs gehen konnte.«

Für die drei Jahre nach Kriegsende geborene Benita gehört die Behinderung des Vaters zum Alltag. Jeden Morgen bringt sie ihm die Prothese ans Bett. Bis heute merkt man ihr die Bewunderung für seine Fähigkeit an, dem Schmerz und der Einschränkung keinen Platz im Leben zu lassen.
»Mein Vater hatte ja immer Schmerzen. Die russische Tretmine, in die er geraten ist, hatte Splitter in den ganzen Körper gesprengt. Und immer wieder ist irgendwo irgendetwas herauseitert. Vor allem im Sommer. Mein Vater ist in seiner Praxis den ganzen Tag gestanden. Den Schemel hat er fast nie benützt. Die Schmerzen kamen oft plötzlich, dann eiterte wieder ein Splitter heraus und er musste ihn herausschneiden lassen. Diese Selbstdisziplin hat mich sehr geprägt. Und eigentlich hat er sie auch von mir erwartet, mehr als von meinem Bruder. Ich war immer die Disziplinierte, die Stärkere, mein Bruder war der Weichere.«

Der Vater und seine Vorbildwirkung spielen in Ferrero-Waldners Erzählungen immer wieder eine Rolle. Mehr noch als die Mutter, die ihren Beruf aufgegeben hat, um ganz für Benita und ihren sechs Jahre jüngeren Bruder da zu sein.

»Meine Mutter war eine sehr sensible Frau. Sie war oft bedrückt, aber sehr feinfühlend und herzlich. Sie hat Kleider genäht, nur für mich, deshalb war ich eigentlich immer gut angezogen, auch in Zeiten, wo wir noch nicht so viel hatten. Mein Vater hat oft bis spät in die Nacht gearbeitet. Er kam nur schnell zum Essen und ging dann gleich wieder hinunter in die Ordination. Wir haben oben im Haus gewohnt. Und so war meine Mutter oft allein. Mein Vater war eifersüchtig, wenn sie zu Freundinnen fuhr oder zu ihrer Schwester nach Salzburg. Er wollte sie am liebsten immer zu Hause wissen. Insofern war ich auch sehr behütet: Wenn ich nach Hause kam, war sie da. Ohne dass sie dann viel mit mir gemacht hätte. Ich musste ja ohnehin lernen. Aber sie war immer da.«

Das war also kein Leben, das Sie als erstrebenswert erachtet haben?
»Überhaupt nicht.«

Hat es Sie abgeschreckt?
»Nicht abgeschreckt, aber ich habe gemerkt, dass meine Mutter oft deprimiert war. Und das will man ja nicht. Erst als mein Bruder nach Innsbruck ging, um Medizin zu studieren, fing sie wieder an, zu arbeiten. Bei meinem Vater in der Praxis. Von da an ging es ihr gut, sie brauchte eben Menschen um sich. Sie war immer eine wunderbare, sehr sensible Mutter. Das Sensible habe ich von ihr.«

Schon früh interessiert sich die junge Benita für die weite Welt, aber zunächst bleibt es noch bei der Sehnsucht nach der Ferne. Die Familienreisen führen nach Italien, in die Schweiz und nach Deutschland. Mit 16 geht sie nach England.

»Für ein Monat, aber das war schon sehr wichtig. Vor allem für diesen strengen Vater, der immer Angst um seine Tochter hatte. Das war schon großzügig. Später ging ich dann zwei Monate nach Frankreich und später noch zwei in die französische Schweiz.«

Dass Reisen einmal einen so zentralen Stellenwert in ihrem Leben einnehmen könnte, zeichnet sich längst noch nicht ab, denn eigentlich scheint der Berufswunsch schon früh festgezurrt zu sein.

»Ich wollte Ärztin werden, weil mein Vater Dentist war, weil die Ordination, der weiße Kittel immer zu meinem Leben gehörten. Jedes Krankenhaus hat mich fasziniert, allein der Geruch. Ich habe immer gesagt: ›Vati, da riecht es so gut.‹ Also, es waren alle davon überzeugt und ich selber auch, dass ich Ärztin werden würde.«

Alle bis auf eine. Die Kunstprofessorin fragt bei der Maturafeier, was sie denn nach dem Schulabschluss nun vorhabe.

»Ich antwortete: ›Ich werde Medizin studieren. Ich habe schon ein Zimmer in Wien.‹ Und da sagte sie zu meiner Überraschung: ›Medizin? Aber du bist doch die geborene Diplomatin!‹ Fragen Sie mich nicht, warum Sie darauf gekommen ist, aber dieser Satz ist mir nicht mehr aus dem Kopf gegangen. Den ganzen Sommer habe ich darüber nachgedacht. Die Matura war im Juni, Zeit war also genug. Ich hatte ja keine Ahnung, was man tun müsste, um Diplomatin zu werden, also ging ich zu diesen Beratungsstellen und habe gesagt: Ich mag auch Sprachen sehr gerne. Aber man riet mir, auf keinen Fall Sprachen alleine zu studieren, sondern Jus als Basis zu nehmen, was ich eigentlich nie vorgehabt hatte.«

Auch der Vater rechnet in diesem Sommer fix damit, dass die Tochter Medizin studieren wird. Als sie mit der Änderung ihrer beruflichen Pläne herausrückt, ist er zunächst wenig begeistert.

»Ihm blieb der Mund offen. Er war streng, aber immer gerecht und er hat mich sehr geliebt. Außerdem hatte die ganze Sache einen Vorteil für ihn, eine Art Zuckerl: Ich konnte zum Studium in Salzburg bleiben. Und das war natürlich wichtig für meinen Vater: ›Die Benita bleibt zu Hause. Sie geht nicht nach Wien.‹ Diese Aussicht hat ihn schließlich überzeugt. Nach zwei, drei Tagen sagte er: ›Aber fertig machen musst du es.‹ Also, von zu Hause kam schon auch ein Leistungsdruck.«

Immer schon, auch in der Schulzeit?

»Ja, schon. Er hat einfach erwartet, dass ich gute Noten habe und überall gut abschneide.«

Wie vom Vater erwartet, zieht Benita Waldner das Studium durch und promoviert mit 22 an der Universität Salzburg. Dass sie doch nicht, wie ursprünglich geplant, nach Wien an die Diplomatische Akademie geht, liegt an Wolfgang, einem Kunstlehrer im bayrischen Freilassing nahe der österreichischen Grenze. In ihn verliebt sie sich während des Studiums und heiratet ihn schließlich. Gereist wird dann doch nicht im Auftrag des diplomatischen Dienstes, sondern der Privatwirtschaft. Sie steigt zur Leiterin einer Exportabteilung auf. Das Reisen und auch die Ehe haben sie freier gemacht, erzählt sie. Nach einigen Jahren regt sich ein Kinderwunsch, aber nur bei einem der Ehepartner.

»Für mich war es immer selbstverständlich, er hat sich wahrscheinlich immer gedacht: ›Eigentlich will ich keine Kinder.‹ Wir haben es aber nie ausgesprochen, es war nie ein Thema. Wir haben uns sechs Jahre gekannt, dann haben wir geheiratet und langsam haben meine ersten Freundinnen Kinder bekommen. Da habe ich gesagt: ›Das wäre doch jetzt der richtige Zeitpunkt.‹ Aber er wollte nicht. Ich hätte ihn natürlich betrügen können, ich habe ja die Pille genommen. Aber das wollte ich nicht, weil ich mir gedacht habe: Ein Kind, das nicht von seinem Vater geliebt wird, das ist etwas Furchtbares. So hat also die Zerrüttung unserer Ehe begonnen. Sie wurde später deshalb ja auch annulliert.«

Die Scheidung 1983 bringt auch eine völlige berufliche Neuorientierung. Es geht nun doch in den diplomatischen Dienst. Mit 35 macht sie nach 13 Jahren in der Privatwirtschaft das Préalable, die Diplomatenprüfung. Die ersten Stationen im Auslandsdienst sind Madrid und Dakar. 1987 wird sie nach Paris versetzt.

»Ich kam im Mai nach Paris und war wirklich glücklich darüber. Es war ein wunderbarer Posten. Eine Bekannte von mir, eine Musikprofessorin, die ich noch aus meiner Zeit in Madrid kannte, organisierte immer wieder Ausflüge oder Veranstaltungen für Diplomaten. An einem Wochenende, an dem gerade meine Eltern da waren, die mich nur zwei Mal in Paris besuchen konnten, gab sie einen kleinen Empfang. Wir waren zuvor in der Oper, in Schwanensee, und kamen danach alle gemeinsam dorthin. Meine Freundin hatte auch Kollegen eingeladen. Unter anderem einen Spanier, der nur wenige Monate nach mir nach Paris gekommen war, Francisco Ferrero Campos. Er war Literaturprofessor – und Francisco wurde später mein Mann.«

Paris ist privat wie beruflich eine wichtige und prägende Zeit in ihrem Leben. Aber auch in Österreich wird sie gebraucht – von ihrer Familie.

»Mein Vater hörte erst mit 70 auf, zu arbeiten. Es ging ihm gut, er hat sich noch eine kleine Praxis eingerichtet, weil er für die Familie noch weiterarbeiten wollte. Eines Nachts stürzte er allerdings über ein ausziehbares Nähkästchen im Wohnzimmer. Man weiß nicht: Hatte er einen Schlaganfall und ist deshalb gefallen. Oder ist er gefallen und hatte dann einen Schlaganfall. Er war auf einmal halbseitig gelähmt und meine Mutter musste ihn, soweit sie konnte, versorgen. Ihn aus dem Bett heben und so weiter. Mein Vater war dann plötzlich harsch zu ihr, was er zuvor nie war. Und das hat meine feinfühlige, sensible Mutter furchtbar gekränkt. Dabei war sie selbst schon schlecht beisammen. Sie hatte elf Jahre zuvor Brustkrebs, ursprünglich im Frühstadium diagnostiziert. Sie war dann operiert worden und alles schien in bester Ordnung. Plötzlich brach jedoch der Krebs wieder voll aus. Damals hat man viele Untersuchungen nicht gemacht, die man heute machen kann und die ihr vielleicht das Leben verlängert hätten.«

Als ihr Bruder, mittlerweile selbst Arzt, merkt, dass es der Mutter immer schlechter geht, lässt er zusätzliche Untersuchungen durchführen. Und ruft danach seine Schwester in Paris an.

»Er sagte: ›Benita, komm, Mutti ist schwerst krank. Es gibt überhaupt keine Chance mehr. Wir werden sie auch nicht operieren, es würde nichts mehr bringen.‹ Ich habe dann mit dem Botschafter, meinem Chef, gesprochen und bin nach Salzburg gefahren, habe die Mutter die letzten zehn Tage noch gepflegt. Und da hat irgendwann mein Vater, der auf dem Diwan lag, sich zum Teil wenig bewegen konnte, gefragt: ›Sag einmal, Benita, du bist zu einer Zeit hier, zu der du überhaupt noch nie da warst. Ist die Mutti krank?‹ Da musste ich es ihm sagen: ›Ja, sie ist sehr krank.‹ Ich konnte ihm das nicht verheimlichen. Er hat das zwar irgendwie mitbekommen, aber im Moment nicht realisiert. Erst als sie dann nicht mehr da war. Er konnte auch nicht zum Begräbnis. Danach hat er sich fallen lassen. Meine Mutter ist am 29. Februar gestorben und er am 28. April. Also nur zwei Monate später. Für mich war das ein ›annus horribilis‹, dieses 1992. Dann gab es nur noch meinen Bruder.«

Aber auch er stirbt drei Jahre später mit 43 Jahren an Gehirnhautentzündung.
»Seitdem habe ich eigentlich keine unmittelbare Familie mehr.«

Viele Menschen sagen ja, erst wenn die Eltern tot sind, ist man wirklich erwachsen. Haben Sie das auch so empfunden?
»Sie haben vollkommen recht. So ist es. Ich habe mir damals gedacht: So, die Nächsten sind wir. Vorher hatte ich immer das Gefühl: Wir sind die Jungen. Und plötzlich steht man mit dem Rücken zur Wand.«

Sie fasst den Plan, zurück nach Österreich zu gehen. Gemeinsam mit ihrem zukünftigen Ehemann Francisco Ferrero Campos überlegt sie, was er in Wien tun könnte. Ob es für ihn vielleicht eine Gastprofessur oder eine Dozentenstelle in ihrer Heimat gäbe. Aber dann bekommt sie einen Anruf aus dem Kabinett des damaligen Außenministers Alois Mock. UNO-Generalsekretär Boutros Boutros-Ghali lasse anfragen, ob sie Protokollchefin bei der UNO in New York werden wolle.
»Wir haben uns schon gefragt: Was machen wir jetzt? Aber dann hat Francisco schnell gesagt: Wenn ich nach Österreich gegangen wäre, könnte ich genauso gut nach New York gehen. Also okay. Gehen wir nach New York.«

Zuvor wird aber noch geheiratet. Aus Benita Waldner wird Benita Ferrero-Waldner. Nach österreichischem Namensrecht hätte sie eigentlich Benita Ferrero Campos-Waldner heißen müssen, weil ihr Mann einen Doppelnamen trägt. Nach spanischem Benita Waldner de Ferrero. Sie entscheidet sich für einen Namenskompromiss. Mit dem im Gepäck geht es schließlich nach New York. Dass die Zeit bei den Vereinten Nationen nur eineinhalb Jahre dauern würde, lässt sich da freilich noch nicht absehen. Im April 1995 bekommt sie einen Anruf aus Wien. Andreas Khol, damals Klubobmann der ÖVP, ist am Apparat und bietet ihr im Namen des frisch gewählten Bundesparteiobmanns Wolfgang Schüssel an, Außenministerin zu werden.

»Ich dachte mir: Um Gottes willen, ich war doch nie in der Politik! Und ich habe schon gewusst, dass das hart ist. Obwohl es, wenn man es dann selbst erfährt, noch viel härter ist. Ich habe gesagt: ›Ich bin nicht sicher, ob ich das kann‹, und dass ich zumindest jetzt einmal mit meinem Mann reden müsse. Da hat Khol gemeint: ›Oje!‹ Er dachte wohl automatisch, dass da nie etwas daraus werden würde. Ich rief also meinen Mann an, der gerade an der Columbia University war, das war knapp vor Mittag. Ich sagte: ›Stell dir vor, man hat mir angeboten, Außenministerin zu werden. Ich muss sofort mit dir reden. Treffen wir uns zu Mittag.‹ Mein Mann hatte bei diesem Telefonat gerade einen Kaffee in der Hand, den er gleich verschüttete. Wir haben uns dann in einem Restaurant in der Nähe der UNO getroffen. Und mein Mann hat gesagt: ›Ja, wenn du das wirklich willst, dann gehen wir halt zurück.‹«

Wirklich, so schnell?
»Ja, sofort.«

Wie lange hatten Sie selbst Zeit, zu überlegen?
»Ich hatte eigentlich fast gar keine Zeit. Khol sagte: ›Kommen Sie sofort nach Österreich. Ich biete Ihnen an: Bleiben Sie eine Woche bei mir zu Hause, das wird jetzt hin und her gehen, die Regierung wird umgebildet. Und sagen Sie niemandem, wo Sie sind und was Sie hier tun.‹ Ich bin also sofort nach Wien geflogen und habe niemandem etwas gesagt. Ich habe bei Andreas Khol in einem Gästezimmer gewohnt und erinnere mich, dass er gemeint hat: ›Das Einzige was ich Ihnen mitgebe: Sie dürfen auf keinen Fall positiv zur Atompolitik stehen, weil das hier in Österreich tödlich ist.‹ Und dann habe ich zu Schüssel gesagt: ›Nummer 2 kann ich mir vorstellen, denn inhaltlich habe ich viel Wissen, aber Nummer 1 traue ich mir nicht zu, weil ich zuvor noch nie politisch tätig war.‹ Und so wurde ich tatsächlich Staatssekretärin.«

Woher kannten Sie Wolfgang Schüssel?
»Ich kannte ihn flüchtig aus Paris. Als er einmal da war, habe ich ihn als Diplomatin betreut und zu verschiedenen Terminen begleitet. Er hat dann sehr viel später erzählt, dass er eigentlich durch etwas anderes auf mich aufmerksam wurde. Ich war ja auch Weltausstellungsbeauftragte und habe sehr für den Zuschlag der Weltausstellung für Österreich gekämpft. Dann aber hat die Volksbefragung in Wien ein Nein ergeben. Ich war entsetzt, musste dieses Nein aber in Paris erklären. Er hat dann zu mir gesagt: ›Die anderen haben sich alle geweigert, hinzugehen, aber du hast es gemacht und ihnen erklärt, warum das jetzt nicht geht. Und da hab ich mir gedacht: Die Frau hat Mut.‹«

Das heißt aber, Sie waren in der ÖVP eigentlich gar nicht vernetzt?
»Nein, das Einzige, was ich gemacht habe, ist, dass ich mich im Außenministerium politisch bekannt hatte. Da habe ich gesagt: Ich gehöre zur ÖVP-Fraktion. Aber sonst gar nichts. Im Gegenteil: Als ich dann von Schüssel geholt wurde, haben einige ÖVP-Funktionäre sofort hinterfragt: ›Ja, was will denn die?‹«

Sie waren fast 50, als Sie in die Politik gegangen sind. Welche Erfahrungen aus Ihrem Berufsleben haben Ihnen in diesem doch völlig anderen Metier genützt?
»Sicher, dass ich in der Wirtschaft schon viel verhandelt hatte. Ich war ja sehr oft als Exportleiterin allein unterwegs. Ich habe mit einem Iraner einmal einen großen Vertrag ausverhandelt etc. Das hat mir sehr geholfen. Und ich habe auch die Menschen immer gemocht. Ich hatte nie Angst vor Menschen. Aber was mir wirklich Probleme bereitet hat, das waren das Parlament und die Presse. Ich hatte in gewisser Weise Hemmungen vor der Presse, und die Journalisten merken das sofort. Ich war damals nicht so outgoing. Das ist heute anders. Ich habe heute auch viel mehr Selbstsicherheit. Ich bin plötzlich in eine neue Funktion hineinkatapultiert worden.«

Wie viel hat Politik mit Inhalten zu tun? Und wie sehr geht es um Macht und um Machtspiele?
»Es geht immer auch um Macht. Natürlich geht es zuerst um Inhalte, es ist eine Selbstverständlichkeit, dass man sich mit

den Inhalten befasst. Und dann geht es viel um die Frage, was der Politiker nach außen zeigt und wie er auftritt. Es geht fast immer mehr um die Performance, immer mehr um Kommunikation. Die Art und Weise, wie man mit den Leuten umgeht. Das war genau das, was ich von früher nicht kannte. Und kein Mensch hilft dir. Entweder du bist ein Naturtalent wie Sebastian Kurz, oder du lernst es, wenn du in den ÖVP-Gremien hochkommst oder in anderen Ausschüssen. Oder du wirst hineingeworfen wie ich – und musst bereits am dritten Tag eine Einstandsrede im Parlament halten.«

Was sind die größten Hürden, wenn man quereinsteigt?
»Eine große Hürde ist der Neid der Kollegen, die von unten kommen und die sich lange hochdienen. Wenn dann plötzlich irgendjemand dahergeschneit kommt und eine Position einnimmt, die viel höher ist. Das tut vielen weh.«

Wie bekommt man das zu spüren?
»Anfeindungen, Intrigen, Gerede. Aber da muss man eben durch.«

Knapp fünf Jahre ist Benita Ferrero-Waldner Staatssekretärin unter dem damaligen Außenminister Wolfgang Schüssel. Dann kommt die Nationalratswahl 1999. Die ÖVP fällt vom zweiten auf den dritten Platz zurück. Die Partei diskutiert drei Varianten: den Weg in die Opposition, eine Neuauflage der Großen Koalition oder eine Zusammenarbeit mit den Freiheitlichen. Vor dem Parteivorstand am Tag nach der Wahl gibt es nur eine ÖVP-Politikerin, die sich öffentlich kritisch gegenüber einer Regierungsbeteiligung der FPÖ äußert: Benita Ferrero-Waldner. Ausgerechnet die Skeptikerin wird dann Außenministerin unter der ersten schwarz-blauen Regierung, muss diese Regierungsbeteiligung verteidigen und gegen die EU-Sanktionen ankämpfen.

»Ich habe nicht damit gerechnet, dass ich Außenministerin würde. Schüssel hat mich gefragt – typisch für ihn direkt vor dem Bundesparteivorstand. Wirklich sehr geschickt – und hat gesagt: ›So, du wirst meine Außenministerin. Jetzt kennst du alles, das ist überhaupt kein Problem.‹ Das war vielleicht eine Viertelstunde davor. Ich habe gefragt: ›Jetzt? Unter diesen Umständen?‹ Ich wusste ja, dass es schwierig werden würde. Und er antwortete: ›Du wirst das gut machen. Ich habe schon mit Robin Cook *(damals britischer Außenminister, Anm.)* telefoniert und habe ihm erzählt, dass ich dich wahrscheinlich zur Außenministerin machen werde. Er hält das auch für eine gute Idee.‹«

Das heißt: Sie sind eigentlich gar nicht gefragt worden?
»Na ja, das war die Art, wie ich gefragt wurde. Ich hätte höchstens: ›Nein, das mach ich nicht‹, sagen können. So sind wir dann in die Sitzung hineingegangen. Die anderen haben sich wahrscheinlich auch gedacht: ›Kann die das?‹. Die ÖVP-Kollegen sind ja oft so. Aber dann war's schon geschehen.«

Wenn man sich 18 Jahre nach der legendären Angelobung in der Hofburg die mittlerweile historischen Bilder ansieht, die versteinerte Miene des damaligen Bundespräsidenten Thomas Klestil, dann hat man den Eindruck, dass keiner der zwölf Ministerinnen und Minister von dieser Situation so peinlich berührt ist wie Ferrero-Waldner.
»Ich kannte Klestil natürlich sehr gut, weil er ja früher unser Generalsekretär war. Und der Generalsekretär des Außenministeriums war uns allen immer ein wichtiger Mann, er war auch ein guter Mann. Also, dass das so stattfinden würde, habe ich nicht erwartet.«

Auch nicht an diesem Morgen, als die Stimmung schon so negativ war?
»Nicht in dieser Form. Da war ich eigentlich schon sehr peinlich berührt. Unglücklich. Konfus irgendwie.«

Sie wurden an diesem Tag für die bis dahin höchste Funktion Ihrer Karriere angelobt. Es war also trotzdem kein schöner Tag?
»Nein. Es war kein schöner Tag, aber – und da kommt jetzt wieder mein Wille durch – ich habe mir gedacht: Ich habe A gesagt, jetzt muss ich auch B sagen. Aber die Angelobung ist nicht in der Form verlaufen, wie wir es uns gewünscht hätten.«

B zu sagen, bedeutet zunächst, die Regierungsbildung zwischen ÖVP und FPÖ zu erklären.
»Dass das nicht einfach sein würde, war klar. Vor allem, weil Haider auch dauernd diese Sprüche losgelassen hat. Ich habe

am Anfang circa 30 Interviews pro Tag gegeben, und zwar Medien in der ganzen Welt. Am Anfang natürlich eher noch gehemmt, aber dann habe ich die Argumente in- und auswendig gekannt, sie internalisiert – und war auch überzeugt davon.«

Sie haben in Ihrem Buch (»Benita – Wo ein Wille, da ein Weg«, Böhlau Verlag) *angedeutet, dass man Ihnen signalisiert hat, Sie als Frau könnten besser vermitteln als ein Mann. Wie ist man auf die Idee gekommen?*

»Weil man einer Frau gegenüber nicht so auftreten kann wie einem Mann gegenüber. Am Anfang gab es unglaubliche Skepsis. Diese Skepsis hat man mir allerdings nicht immer offen gezeigt. Da ist viel hinterrücks gelaufen. Aber ich habe sehr feine Sensoren, ich habe das immer alles mitbekommen. Und dann kam mein Vater durch, das Gefühl: ›Ich werde das durchstehen, ich werde es euch zeigen.‹ Mein Mann hat auch gesagt: ›Schau, wenn es nicht ist, dann gehen wir eben wieder. Was kann dir schon passieren? Sie werden dich nicht umbringen.‹ Das hat mir schon geholfen. Aber trotzdem war es sehr hart. Da gab es Kollegen unter den Außenministern, die haben mich vorher zur Begrüßung geküsst, und plötzlich taten sie, als würden sie mich nicht kennen. Das war lächerlich.«

Also, diese Reaktionen haben Sie damals schon überrascht?

»Ja, natürlich. Da sind ja ganz eigenartige Dinge passiert. Gerüchteweise hörte ich, man wolle mir vor der Außenministerratssitzung in Brüssel zur Begrüßung nicht mehr die Hand geben. Das hätten sich einige vorher ausgemacht. Da habe ich beschlossen, dass ich beim Betreten des Saales in einer Hand meine Tasche trage und in der anderen die Akten – so konnten sie mir gar nicht die Hand geben, weil keine frei war. Dann aber kam alles anders. Als ich reinkam, war der Saal ziemlich leer. Ich setzte mich, und nach und nach kamen die Kollegen herein, einige zu spät. Niemand musste mir so die Hand reichen, niemand sprach mit mir, weil die Kameras liefen.«

»Sie wurden da für die Politik einer anderen Partei verantwortlich gemacht. Wie sind Sie damit umgegangen?

»Am Anfang war es schockierend. Wir haben einander im kleinen Kreis zugeredet. Elisabeth Gehrer hat gesagt: ›Das müssen wir jetzt durchstehen.‹ Und dann habe ich mir gedacht: Na gut, mitgehangen, mitgefangen. Deshalb habe ich es auch mit einer gewissen Distanz mir selbst gegenüber sehen können, mich selbst beobachtend. Mir war am wichtigsten, zu zeigen, dass Österreich ja nicht undemokratisch geworden ist. Dabei habe ich Haider natürlich nicht geliebt. Am Anfang hatte ich überhaupt Angst vor ihm. Er war ja hart im Auftreten und ein sehr guter Rhetoriker.«

Wie viel Kontakt hatten Sie zu ihm?
»Den ersten unmittelbaren Kontakt hatten wir bei einer Fernsehsendung zum Euro. Da musste ich als Staatssekretärin den Euro verteidigen und er war dagegen. Ich habe mich mit meinen Leuten wirklich gut vorbereitet und die Diskussion dann auch gewonnen. Da war er sehr anständig. Er hat hinter den Kulissen in sehr positivem Ton gesagt: ›Sie sind ja wirklich eine Europäerin.‹ Und plötzlich war meine Angst weg. Da habe ich mir gedacht: Der ist ja gar nicht so unangenehm. Er ist auch nur ein Mensch.«

Aber gerade zur Zeit der Sanktionen war Haider natürlich auch im Ausland immer so etwas wie der unsichtbare Gast, vor allem in Brüssel. Sie wurden ja auch dauernd auf ihn angesprochen.
»Natürlich. Sonst hatte man ja eigentlich nichts gegen uns. Oder konnte nichts gegen uns haben. Einmal habe ich bei einer Pressekonferenz gesagt: ›He is only the provincial governor.‹ Und das hat ihn dann doch geärgert. Er hat mir, recht verspätet allerdings, einen Brief geschrieben, in dem er sich über diese Aussage beschwerte. Damit hatte er sozusagen seine Pflicht erfüllt, mir seinen Ärger mitzuteilen. Aber er war nicht wirklich unangenehm. Weil er ja gewusst hat, dass ich auch ihn verteidigte, wenn ich die Regierung verteidigte.«

Nach sieben Monaten und dem Bericht eines dreiköpfigen sogenannten Weisenrates werden die Maßnahmen der EU-14 zurückgenommen. Der Status Österreichs in Europa normalisiert sich, die bilateralen Kontakte und die Zusammenarbeit in Brüssel ebenso. Und spätestens ein Jahr nach der Aufhebung der Sanktionen gegen Österreich stehen mit den Terroranschlägen in New York und den darauf folgenden Kriegen in Afghanistan und dem Irak außenpolitische Herausforderungen in ganz anderer Dimension im Fokus der europäischen Politik.

Benita Ferrero-Waldner bleibt auch nach der Nationalratswahl 2002 Außenministerin. Je näher die Bundespräsidentenwahl 2004 rückt, desto öfter wird ihr Name im Zusammenhang mit einer ÖVP-Kandidatur für die Nachfolge von Thomas Klestil genannt. Zunächst neben den Namen von zwei anderen ÖVP-Spitzenpolitikern: dem der steirischen Landeshauptfrau Waltraud Klasnic und dem des niederösterreichischen Landeshauptmannes Erwin Pröll.

»Pröll wollte selbst auch, aber er hat dann offensichtlich Umfragen gemacht, und diese Umfragen dürften gezeigt haben, dass er das nicht gewinnen konnte. Sonst wäre ich wahrscheinlich nie aufgestellt worden. Wahrscheinlich hat man in der ÖVP gemerkt, dass man einen Kandidaten braucht und ich das gerne machen wollte.«

Das haben Sie Wolfgang Schüssel gesagt?

»Ja, aber ich gebe ganz ehrlich zu: Ich bin nicht nur gefragt worden, sondern ich wollte das selbst wirklich gerne. Ich habe wirklich Gott und die Welt gekannt. Und ich habe mit sehr vielen bedeutenden Persönlichkeiten eine hervorragende Beziehung aufgebaut. Das heißt, ich dachte, ich könnte für Österreich viel Positives bewirken.«

Am 9. Jänner 2004, sechs Tage nachdem die SPÖ Heinz Fischer offiziell zu ihrem Präsidentschaftskandidaten gekürt hat, stimmt der ÖVP-Vorstand einstimmig für Ferrero-Waldner als Kandidatin für die Hofburg.

»Meine Kandidatur wollten nicht alle in der Partei, sie haben das aber nicht nach außen gezeigt. Das war ja das Schlimme. Wenn damals einer aufgestanden wäre und gesagt hätte: ›Sie ist eine gute Außenministerin, sie soll Außenministerin bleiben‹ – aber das hat niemand gesagt. Das hat man sich nicht getraut. Und das schätze ich nicht. Ich schätze ein offenes Wort, auch wenn es mir wehtut. Ich habe Standing Ovations von der Partei bekommen, und dann haben nicht alle mitgezogen. Das hat mich wirklich schwerst gekränkt. Ich nehme an, dass niemand geglaubt hat, dass ich es gewinnen kann, außer ich selbst.«

Wie kommen Sie darauf? Warum glauben Sie das?
»Die Unterstützung war nicht perfekt.«

Inwiefern?
»Es waren vor allem drei Bundesländer – Niederösterreich, Oberösterreich und die Steiermark –; die ausgelassen haben. Die drei größten ÖVP-Bundesländer. Sie haben gesagt, dass sie mich mit voller Kraft unterstützen, in Wirklichkeit wurde dort offensichtlich zu wenig gemacht. Wäre das anders gelaufen, hätte ich diese Wahl gewinnen können. Und, ehrlich gesagt, habe ich schon damit gerechnet.«

Sie haben also geglaubt, dass Sie diese Wahl gewinnen und Bundespräsidentin werden?
»Ja, und zwar bis zum Schluss.«

Der Wahlkampf dreht sich vor allem um das Thema Erfahrung. Ferrero-Waldner stellt ihre außenpolitischen Stärken in den Vordergrund, Fischer seine innenpolitischen. Beim Wahlkampfauftakt verspricht die ÖVP-Kandidatin, sich als Bundespräsidentin nicht in die Tagespolitik einmischen zu wollen. Und sie sagt: »Ich werde kämpfen bis zum Umfallen.« Tatsächlich bringen diese intensiven Monate Ferrero-Waldner an ihre Grenzen. Emotional wird es besonders belastend, als zwei Monate vor dem Wahltag zunächst per Brief und dann per Fax eine Morddrohung im Außenministerium einlangt. Beide Drohungen kommen nicht an die Öffentlichkeit, in ihren Erinnerungen veröffentlicht sie den Wortlaut der Schreiben erstmals:

»Gnädige Frau, hiermit habe ich die hoch geschätzte Aufgabe, Ihnen in aller Form mitzuteilen, dass Sie den Opernball in diesem Jahr nicht lebend verlassen werden. Ich werde lächelnd auf der Feststiege auf Sie zugehen und Sie werden nicht merken, dass ich Ihr Mörder bin. Dann wird Sie sehr rasch der Tod auf der Treppe ereilen.«

»Sehr geehrte Frau Doktor,
wie schon gesagt, werde ich Sie töten. Dafür habe ich mir den

Opernball ausgesucht, möglichst vor laufender Camera. Mit der Ermordung am Opernball werden Sie auf alle Fälle in die Geschichte eingehen, wenn auch nur in die Geschichte des Opernballes. (...) In der sicher entstehenden Panik werde ich vielleicht sogar entkommen, falls nicht, werden wir in einem Blutbad untergehen. Ich übe schon im Frack vor dem Spiegel, eine verrückte Szene. Bis dann, Ihr Mörder.«

Was also tun? Die Teilnahme am Opernball abzusagen, kommt nicht in Frage. Schließlich erwartet die Außenministerin mehrere Gäste aus dem Ausland. Auch den Rat, eine schusssichere Weste unter dem Ballkleid zu tragen, nimmt sie mangels Umsetzbarkeit nicht an.

»Ab diesem Zeitpunkt wurde ich rund um die Uhr von der Cobra bewacht. Auch die Thujenhecke vor unserem Haus mussten wir umschneiden lassen, damit es freie Sicht gab. Die war zwar ohnehin nicht schön, aber diese Morddrohung war selbstverständlich ein Schock für uns.«

Noch härter wird der Ballabend.

»Ich glaube, das war der schwierigste Moment, auch für meinen Mann, der dann auf der Feststiege sogar vorangegangen ist. Es war die härteste Situation, weil sie lebensbedrohend hätte sein können. Natürlich hätte man mich ermorden können. Da waren so viele Kameras, so viele Blitzlichter. Man konnte gar nichts sehen. Im Nachhinein war es wie in einem James-Bond-Film. Die Cobra-Beamten waren alle als Ballgäste und Kellner verkleidet, sie hatten sogar Maschinengewehre dabei, in so etwas wie Musikkästen versteckt. Was ich nicht gewusst habe, war, dass drei Rettungswagen für mich bereitstanden. Ich muss ehrlich sagen: ›Gott sei Dank hatte ich davon keine Ahnung.‹«

Auch die Öffentlichkeit erfährt nichts von dieser Bedrohung. In den Zusammenfassungen des Opernballes in den österreichischen Tageszeitungen am nächsten Tag findet sich nur der Satz: »Außenministerin Ferrero-Waldner wurde von Sicherheitskräften streng abgeschirmt.«

»Wir waren nur ein einziges Mal tanzen an diesem Abend, und das auch nur für die Kameras. Danach gingen wir wieder zurück in die Loge und haben uns nicht mehr wegbewegt. Ich habe mich an diesem Abend wahnsinnig zusammengerissen und setzte mein berühmtes Kampflächeln auf.«

Was wirklich hinter den Drohungen steckt, wird nie geklärt.
»Es kann jeder gewesen sein. Ein Verrückter, die Opposition, die eigenen Leute, ich habe keine Ahnung. Es wurde nie geklärt. Die Polizei hat es damals jedenfalls ernst genommen.«

Im Werben um Unterstützer für die Bundespräsidentenwahl stellen sich gleich drei ehemalige weibliche Präsidentschaftskandidatinnen auf die Seite des männlichen Kandidaten Heinz Fischer: Freda Meissner-Blau, Heide Schmidt und Gertraud Knoll. Der Sprecher von Ferrero-Waldners Personenkomitee, Kurt Bergmann, nennt das damals »grotesk«.

Müssen Frauen Frauen wählen?
»Nicht unbedingt, aber genau die drei, die so gegen mich waren, haben bei ihren eigenen Wahlkämpfen gesagt, dass es Zeit für eine Frau an der Spitze ist. Sie waren dann gegen mich, weil sie ideologisch anders ausgerichtet waren. Dann hätten sie sagen müssen: Wir sind grundsätzlich für eine Frau, aber ideologisch können wir nicht für diese sein. Aber nein. Da haben sie 100.000 andere Argumente gebracht.«

Aber nur Frau zu sein, genügt nicht?
»Richtig. Frau zu sein, genügt nicht. Natürlich genügt es nicht, das ist klar.«

Ferrero-Waldner kämpft noch am Tag vor der Wahl um Stimmen. In der Lugner City, im Donauzentrum und im Tiergarten Schönbrunn.
»Es war ein äußerst anstrengender Wahlkampf. Ich habe alle Energie hineingesteckt, die ich aufbringen konnte. Und ich kann viel Energie haben, wenn ich will. Zum Schluss war ich wirklich sehr müde. Die letzte Woche war ein Wahnsinn.«

Auch zum Schluss glaubt sie noch daran, ihr Ziel zu erreichen. Der Mann an ihrer Seite nicht. Er hält schriftlich fest, dass er an einen

Wahlsieg von Heinz Fischer glaubt, und deponiert den Zettel im Safe.
»Mein Mann ist ein hervorragender Beobachter. Er sagt oft wenig, aber bemerkt viel.«

Was hat er beobachtet?
»Wahrscheinlich, dass viele wirklich gar nicht wollten, dass ich Bundespräsidentin werde. Einfach, dass es sich eben nicht ausgeht. Er hat das aufgeschrieben, mir aber Gott sei Dank kein Wort gesagt, um mich nicht zu deprimieren.«

Es ist 11.01 Uhr an diesem 25. April 2004, als das Ergebnis der Trendgemeinde St. Ilgen in der Obersteiermark bekannt wird. Dort ist man schon früh mit der Wahl fertig. Von den 180 gültigen Stimmen entfallen 106 auf Heinz Fischer, 74 auf Benita Ferrero-Waldner.

»Da hat mich Werner Fasslabend, mit dem ich immer ein gutes berufliches Verhältnis hatte, angerufen und gesagt: ›Benita, ich glaube, es wird nicht reichen.‹ Ich war schwer enttäuscht.«

Schon als die erste Hochrechnung um 17 Uhr veröffentlicht wird, ist klar: Es hat wirklich nicht gereicht. Im weißen Kostüm, perfekt frisiert und mit einem etwas reduzierteren Lächeln als sonst steht Benita Ferrero-Waldner nun auf der Bühne des Kursalons Hübner und wird von der ÖVP-Spitze, den Parteianhängern und Wahlkampfhelfern gefeiert.

»Ich habe in dieser Situation nur geschaut, dass ich meine Fassung bewahre. Weil ich wirklich sehr, sehr enttäuscht war. Mein Mann hat versucht, mir Stütze zu geben. Im Nachhinein habe ich oft gedacht: In der ÖVP war man wohl der Ansicht: ›Wunderbar, sie hat gute Zahlen erreicht, das ist ideal für die Partei. Mehr wollen wir gar nicht.‹«

Wer darf in so einer Situation, außer Ihrem Mann, noch an Sie heran? Auch jemand aus der Politik?
»Nein. Ich glaube, niemand anderer. Aber Maria *(Rauch-Kallat, Anm.)* war immer sehr anständig zu mir. Das muss ich wirklich sagen. Sie hat mir während des Wahlkampfes psychologische Unterstützung gegeben.«

Die Niederlage habe sie nur sehr langsam verarbeitet, erzählt sie heute. Zeit dazu hat sie ohnehin kaum. Einen Tag nach der verlorenen Wahl geht es schon wieder nach Brüssel zum Außenministerrat. Die Vorstellung, Staatsbesuche an der Seite des neuen Bundespräsidenten zu absolvieren, fällt ihr schwer.

»Das war natürlich anfangs eine sehr harte Situation, obwohl sich Präsident Fischer ordentlich benommen hat. Ehre, wem Ehre gebührt.«

Im darauffolgenden Sommer erhält die Bundesregierung die Einladung, eine Frau als Mitglied der neuen EU-Kommission unter José Manuel Barroso zu nominieren. Benita Ferrero-Waldner wird am 22. November 2004 Österreichs erste EU-Kommissarin, zuständig für Außenbeziehungen und Europäische Nachbarschaftspolitik. Die Londoner »Financial Times« kommentiert diese Besetzung so: »Ihre Ernennung ist der letzte Akt in einer schwierigen persönlichen Beziehung mit der Europäischen Union, die im Jahr 2000 acht Monate dauernde diplomatische Sanktionen gegen Österreich verhängt hat, nachdem Jörg Haiders Freiheitliche Partei in eine Koalitionsregierung eintrat. Während der diplomatischen Isolation war Frau Ferrero-Waldner das lächelnde Gesicht des österreichischen Trotzes.«

Die Fotos, die in diesen Brüsseler Jahren von Ferrero-Waldner gemacht werden, zeigen sie mit den ganz Großen der politischen Weltbühne: mit der damaligen US-Außenministerin Hillary Clinton, dem chinesischen Ministerpräsidenten Wen Jiabao, UNO-Generalsekretär Ban Ki Moon, Russlands Außenminister Sergej Lawrow, mit dem britischen Premierminister Tony Blair, dem französischen Staatspräsidenten Nicolas Sarkozy, der ukrainischen Ministerpräsidentin Julia Timoschenko und dem ehemaligen deutschen Außenminister Frank-Walter Steinmeier, der mittlerweile Bundespräsident ist.

»Diese neue Funktion war fantastisch. Man lebt in diesem großen Haus, im ›Berlaymont‹, in der Kommission in Brüssel, arbeitet wie eine Irre und hat die ganze Welt für sich. Ich war ja Kommissarin für alle Länder mit Ausnahme der AKP-Staaten, also Afrika, Karibik, Pazifik, und der neuen Kandidatenländer. Der Rest gehörte zu meinen Agenden. Also von Russland nach China, von China nach Zentralasien, von Zentralasien nach Großbritannien. Das hat mich wirklich fasziniert.«

In vielen Ländern Europas, auch in Österreich, muss die EU immer wieder als Sündenbock herhalten. Sie waren Außenministerin und EU-Kommissarin – Sie haben diesen Reflex aus nächster Nähe beobachtet. Wie erklären Sie sich das?
»Es ist eben so viel einfacher für jeden Regierungschef oder Minister, zu sagen: ›Ich habe etwas in Brüssel vorgeschlagen, aber die wollten das nicht.‹ Oder: ›Ich wollte das, aber die wollten das nicht.‹ Dabei hat natürlich jeder in Brüssel mehr oder weniger zugestimmt. Die meisten Entscheidungen sind einstimmig. Also: Diejenigen, die dann oft nicht zu ihren Entscheidungen stehen wollen, tragen die Entscheidungen meistens mit.«

Sind diese Staats- und Regierungschefs in Brüssel auch so laut wie zu Hause?
»Manchmal, nicht immer. Bundeskanzler Schüssel hat immer wieder mal zu mir gesagt: ›Sickere hinaus.‹ Ich wusste, was das heißt. Das heißt: ›Rede jetzt mit der Presse. Und sag ihnen dies oder jenes.‹ Das war aber selten. Die meisten stehen irgendwann auf, machen ihre Pressekonferenz und erzählen, was sie durchgesetzt haben, was sie erreicht haben, oder wie negativ die Position der anderen ist. Und damit ist natürlich eine Kakophonie ersten Ranges gegeben. Dabei sollte das ja ein Konzert sein. Ich war daher immer dafür, dass es eine gemeinsame EU-Kommunikation geben sollte, die den anderen eigentlich zuvorkommt. Leider haben wir das aber nie geschafft. Schade. Weil das richtig wäre. Man müsste sagen: Es hat unterschiedliche Meinungen gegeben, aber nach langer Diskussion haben wir uns gemeinsam auf Folgendes geeinigt – und da müssten eigentlich alle dahinterstehen.«

Warum ist das Interesse so gering, das durchzusetzen? Denn eine gemeinsame Kommunikation gibt es ja bis heute nicht, im Gegenteil.
»Zum einen ist zu wenig Geld da, weil Kommunikation Geld kostet. Zum anderen ist es ein politisches Problem. Man kann natürlich den Regierungschefs oder den Ministern nicht verbieten, ihre eigenen Pressegespräche zu machen.«

Die EU hat derzeit zweifellos eine Krise mit sich selbst. Einerseits der bevorstehende Brexit, dann die Solidaritätskrise nach der

Flüchtlingsbewegung. Die EU ist sehr mit sich selbst beschäftigt und in ihrer Handlungsfähigkeit dadurch stark eingeschränkt. Hatten Sie selbst auch irgendwann einmal Ihre Krise mit Europa, das Gefühl, dass das nicht mehr Ihr Projekt ist?
»Nein, eigentlich nicht. Ich wollte immer eine starke Union, eine politische Union. Weil ich gedacht habe, es geht nur so. Du musst natürlich manchmal auch Ambitionen zurücknehmen und kannst nicht alles durchsetzen. Aber wenn du nicht stark bist, hat das Folgen. Ich war ja laufend in den Ländern außerhalb der EU. Dann sieht man, wie wenig sie wahrgenommen wird, wie wenig sie wirklich anerkannt wird. Zum Beispiel in Indien. Da kam Tony Blair als Vertreter der EU, als turnusmäßiger Vorsitzender des EU-Rates, und die Inder haben auf Plakate geschrieben: ›Welcome, Tony Blair.‹ Die Union, der Kommissionspräsident, wir alle standen im Schatten und wurden gar nicht wahrgenommen.«

Es ist nach wie vor so, dass Personen im Zentrum stehen. Seit vielen Jahren natürlich vor allem die deutsche Bundeskanzlerin.
»Auch, weil sie eine stärkere Persönlichkeit ist.«

Zur Zeit der Sanktionen hatte die EU 15 Mitgliedsstaaten, jetzt sind es 28, nach dem Austritt der Briten werden es wieder 27 sein. Ist die EU zu schnell zu stark gewachsen?
»Ja, ich glaube, es ist zu schnell gegangen. Das haben wir Österreicher auch bemerkt. Aber wir konnten uns nicht ausreichend dagegenstemmen. Bei Bulgarien und Rumänien zum Beispiel haben wir gewusst, dass die noch lange nicht reif sind. Aber die Franzosen und die Deutschen haben damals so gedrängt. Leider, es war manches einfach nicht aufzuhalten.«

Als die EU-Kommission nach fünf Jahren neu besetzt wird, bekommt Ferrero-Waldner Hinweise, die darauf hindeuten, dass die Bundesregierung sie nicht mehr nominieren wird.
»Man hat mir von der ÖVP signalisiert: Ich sollte ins Europäische Parlament. Und damit war klar, dass man mich als Kommissarin nicht mehr wollte. Ich habe jedoch geantwortet: Ich will lieber exekutiv arbeiten, das entspricht mehr meiner Natur. Wenn, dann will ich etwas gestalten, dann stehe ich auch da-

hinter und führe das auch durch. Aber man wollte mich offensichtlich ins Europäische Parlament abschieben.«

Als Delegationsleiterin?
»Ja, als Leiterin der österreichischen ÖVP-Delegation. Wobei ich wusste, dass Othmar Karas da war. Und ich wusste auch, dass das Arbeitsverhältnis zwischen Othmar Karas und Ursula Stenzel sehr schwierig gewesen war. Sie hatte ja die Wahlen gewonnen, aber er war der wirkliche Delegationsleiter. Das konnte nicht gut gehen. Ich wollte mir das nicht antun. Ich wollte weder in den Nationalrat noch ins Europäische Parlament. Denn dort hast du eine Minute, drei Minuten, fünf Minuten Redezeit, und musst in tausend Gremien sitzen. Und das habe ich Josef Pröll *(zum damaligen Zeitpunkt ÖVP-Bundesparteiobmann, Anm.)* damals gesagt, als er mir diesen Vorschlag nahegebracht hat. Ich sagte: ›Nein, dafür stehe ich nicht zur Verfügung. Sucht euch jemanden anderen, der den Wahlkampf anführt.‹ Offensichtlich hatte man in der ÖVP gesehen, dass ich eine gute Wahlkämpferin war und mit den Menschen gut kann.«

Nach diesem Gespräch hört Ferrero-Waldner lange nichts aus Wien. Dort tut sich mittlerweile ein Koalitionszwist um die Kommissionsfrage auf. Die ÖVP hat das Vorschlagsrecht und setzt sich für den ehemaligen Vizekanzler Wilhelm Molterer ein. Wochenlang wird auch über viele andere Namen spekuliert, bis ausgerechnet die SPÖ die Verlängerung von Ferrero-Waldner vorschlägt. Tatsächlich einigen sich die Regierungsparteien auf den damaligen Wissenschaftsminister Johannes Hahn. Die Entscheidung wird Ferrero-Waldner dann von Bundeskanzler Faymann mitgeteilt, und nicht von der eigenen Partei. »Stellen Sie sich das vor«, sagt sie heute.

Es ist die zweite Enttäuschung innerhalb weniger Wochen, denn auch aus der parallel laufenden Bewerbung um die Position der Generaldirektorin der UNESCO wird nichts.

»Ich bekam mehrere Aufforderungen, mich zu bewerben. Auch Boutros Boutros-Ghali, mein früherer Chef, den ich sehr geschätzt habe, weil er ein besonders aufrechter und klarer Mann war, humorvoll und klug, hat mich intensiv ermutigt. Wir haben uns in Paris getroffen und er hat gesagt: ›Schauen

Sie, offiziell darf ich Sie ja nicht unterstützen, weil ich Ägypter bin‹ – es gab ja einen ägyptischen Kandidaten, den Mubarak unbedingt durchsetzen wollte –, ›aber machen Sie das.‹ Ich hatte Bedenken, weil ich spät dran war mit der Bewerbung, aber er meinte: ›Ich bin damals auch sehr spät angetreten als Kandidat für den UNO-Generalsekretär. Das ist oft gar nicht von Nachteil.‹ Er riet mir also dazu und versprach, mich indirekt zu unterstützen. Ich habe das *(dem damaligen Außenminister, Anm.)* Spindelegger mitgeteilt. Seine Antwort war nicht negativ, aber er hat mich kaum aktiv unterstützt. Und so kann man nicht gewinnen. Abgesehen davon, dass ich eben spät angetreten bin und auch nicht das Lobbying betreiben konnte, wie manche andere. Ich war unter anderem in Washington und habe mit Hillary Clinton gesprochen, die ich gut kannte. Hillary hat nur gelächelt, aber nicht klar Stellung bezogen. Das hat mich zwar verunsichert, aber ich habe trotzdem darauf gehofft, die Kandidatur zur UNESCO-Generaldirektorin zu gewinnen. Cristina Kirchner *(Präsidentin von Argentinien, Anm.)* hat mir wohl ihre Unterstützung zugesagt, ließ aber dann gegen mich stimmen. Sie hat sich allerdings später bei mir dafür entschuldigt.«

Bei der Wahl der UNESCO-Generaldirektorin hatten die Europäer vor allem ein gemeinsames Ziel: den ägyptischen Kandidaten Faruk Husni zu verhindern. Nach dem dritten Wahlgang war er aber immer noch im Rennen. So wie Ferrero-Waldner auch. Diese bekommt dann einen überraschenden Anruf. Bernard Kouchner, der französische Außenminister, ist am Apparat.

»Mit ihm hatte ich immer ein gutes berufliches Verhältnis. Er hatte mir von Anfang an die Unterstützung Frankreichs zugesichert, und plötzlich rief er mich an und fragte: ›Wann wirst du dich endlich zurückziehen?‹ Genau mit diesen Worten. Da war ich wirklich entsetzt.«

Am Tag nach dem dritten Wahlgang gibt Außenminister Spindelegger per Aussendung bekannt, dass Ferrero-Waldner ihre Kandidatur zurückzieht: »Im übergeordneten Interesse der Organisation und der europäischen Einheit«, heißt es offiziell. Zwei Tage später wird die bulgarische Diplomatin Irina Bukova gewählt.

Diese Zeit war also auch eine Aneinanderreihung von menschlichen Enttäuschungen für Sie?
»Ja, das war sie. Deshalb habe ich auch lange gebraucht, bis ich mein Buch geschrieben habe. Weil ich mit feiner Klinge schreiben wollte. Mit wenig Emotionen. Und Emotionen gab es damals viele, da haben Sie recht.«

Sie haben einmal in einem Interview gesagt: Man brauche keine dicke Haut in diesen Funktionen. Bei allem, was Sie erzählen, kann ich mir das nicht vorstellen. Braucht man die wirklich nicht?
»Vermutlich wollte ich ausdrücken, dass ich keine dicke Haut habe. Heute würde ich sagen: Man bräuchte eine dicke Haut. Ich habe sie nur nie gehabt. Ich habe in solchen Situationen manchmal Magenbeschwerden bekommen. Jetzt habe ich überhaupt keine Magenschmerzen mehr. Das war nur manchmal der negative Stress. Ich arbeite heute auch noch sehr viel, aber es ist positiver Stress. Ich mache das, was ich mache, gerne, und solange ich das aushalte, ist es in Ordnung.«

Im Dezember 2009 endet mit dem Ausscheiden aus der Europäischen Kommission die politische Laufbahn von Benita Ferrero-Waldner. Eine Karriere, die als Quereinsteigerin begann und die sie bis fast ins höchste Amt der Republik geführt hat.

Haben Sie den Eindruck, dass Sie Macht gehabt haben? Dass Sie mächtig waren?
»Als Kommissarin war ich sicher mächtiger denn als Außenministerin. Man kann in seinem Bereich doch einiges tun und ist dann auch dafür verantwortlich. Man hat echte Entscheidungsmöglichkeiten und Entscheidungsspielraum. Und die Freiheit, manches selbst zu gestalten und durchzusetzen.«

Definieren Frauen Macht anders als Männer?
»In gewisser Weise schon. Für mich hat Macht immer Gestaltungsmöglichkeit bedeutet. Auch Mitverantwortung. Und ich wollte diese Verantwortung übernehmen und das, was ich gestalten konnte, auch im Team ausüben. Das ist weiblich. Man kann natürlich bestimmte Dinge nicht immer ganz klar aussprechen, aber ich habe immer versucht, meinen Prinzipien

treu zu bleiben. Ich glaube, das ist auch sehr wichtig. Das machen Frauen meiner Ansicht nach mehr als Männer.«

Wie definieren Männer in Ihren Augen Macht?
»Da geht es oft um Dominieren, Druck auf die anderen auszuüben, die anderen zu beherrschen, ihre Meinung durchzusetzen. Natürlich ist das nicht immer so, aber ich habe auch das erlebt.«

Ist es für Frauen leichter, Macht abzugeben?
»Wahrscheinlich. Weil wir noch nicht daran gewöhnt sind, Macht zu haben. Aber auch das kommt darauf an. Ich würde sagen: Wir lernen langsam, mit der Macht umzugehen.«

Sind Frauen in Machtpositionen gleich akzeptiert wie Männer?
»Ich wurde zwar in meine Protokoll-, Regierungs- und Kommissionsfunktion von Männern bestellt, aber trotzdem werden Frauen nicht immer gleich akzeptiert. Am Anfang schon gar nicht. Das habe ich selbst auch erlebt: Mindestens die ersten sechs Monate musste ich in jeder Funktion einfach durchtauchen. Wenn ich die Sachen gut gemacht habe, wurde ich dann langsam akzeptiert.«

Keine Frau war dem Bundespräsidentenamt näher als Sie. Auch danach hat es keine Frau in die Hofburg geschafft. Woran, glauben Sie, liegt das?
»Ich glaube, dass man in Österreich den Frauen einfach noch nicht so viel zutraut. Ich glaube schon, dass Frauen in der hohen Politik noch sehr einsam sind. Dass sich viele fragen: Kann sich eine Frau wirklich in dieser sehr männerbetonten Sphäre behaupten? Aber es werden heute, Gott sei Dank, immer mehr Frauen in politische Positionen nominiert und nach und nach ändert sich die Einstellung ihnen gegenüber.«

Es gab mittlerweile aber schon viele Frauen in nicht typisch weiblichen Ressorts: es gab mehrere Innenministerinnen, eine Finanzministerin, mehrere Außenministerinnen, jetzt auch eine Wirtschaftsministerin. Trotzdem: Muss ein Land reif sein, um eine Frau an der Spitze zu haben?

»Offensichtlich schon.«

Und Österreich ist nicht reif?
»Ich glaube, noch nicht. Österreich ist immer noch ein sehr wertkonservatives Land. In vielen Dingen.«

Sie sind Ihr ganzes Leben lang politisch beurteilt worden, kategorisiert. Die meisten Österreicher glauben wohl zu wissen, wer Sie sind. Wer weiß das wirklich?
»Vielleicht mein Mann.«

Und wie sind Sie wirklich?
»Eher zurückhaltend. Sicher ambitioniert. Vielseitig. Ich liebe das Außerordentliche, das ein bisschen Exotische. Alles, was so ganz normal ist, ist mir fad. Daher lebe ich wahrscheinlich immer noch in Spanien. Ist auch exotisch, ist anders. Und sonst? Wie bin ich sonst? Ich lese gerne. Oder würde gerne viel mehr lesen. Ich würde gerne mehr in Konzerte, ins Theater gehen, in die Oper.«

Sind Sie jemals unkontrolliert? Das kann man sich nämlich gar nicht vorstellen.
»Ja, schon. Aber nicht oft. Ich bin eher moderat.«

Sie sind seit 14 Jahren nicht mehr in der österreichischen Innenpolitik, Sie leben und arbeiten in Madrid. Wenn Sie die Politik in Österreich heute aus der Distanz beobachten: Hat sie sich verändert?
»Ja, die Politik hat sich überall verändert.«

Inwiefern?
»Sie ist digitalisierter geworden, moderner. Und sie ist zum Teil populistischer geworden, aber ich freue mich, dass sie jünger und mutiger geworden ist. Das zu sehen, tut gut.«

Würden Sie unter diesen Umständen, wie sie jetzt vorliegen, noch einmal in die Politik gehen wollen?
»Nein.«

Warum nicht?

»Erstens bin ich nicht mehr so jung und es ist noch schwieriger geworden in der Politik, etwas durchzusetzen, umzusetzen, zu gestalten. Es ist ein harter Job, würde ich sagen. Man hat immer sehr starken Gegenwind durch die anderen Parteien und es wird nicht mehr darauf geachtet, was jemand für sein Land tut, sondern man bemüht sich, mit Untergriffen den politischen Gegner aus dem Feld zu stechen.«

War es für Sie persönlich richtig, dass Sie damals in die Politik gegangen sind?
»Ja.«

Sie bereuen es nicht?
»Nein, ich bereue es nicht. Aber ich freue mich, dass ich heute Expolitikerin bin. Ich muss ehrlich sagen: Ich finde es mutig, heute in die Politik zu gehen. Und wünsche mir, dass mehr dazu bereit wären und dass wir die Politiker besser bezahlen würden, damit sie auch aus einer verantwortungsvollen, gut bezahlten Position aus der Wirtschaft in die Politik kommen können. Und dass die Durchlässigkeit stärker wird, sodass man auch wieder in einen Beruf zurückgehen kann.«

Bei der Bezahlung hat man oft eher das Gefühl, dass es in die umgekehrte Richtung geht. Dass sich Politiker selbst etwas wegnehmen, um bei der Bevölkerung gut anzukommen.
»Das ist für mich Populismus. Das halte ich für falsch. Man muss auch den Menschen klar sagen, wie die Realität ist. Und jeder, der vernünftig ist, wird einsehen, dass Manager eines Unternehmens im Verhältnis zu Politikern viel mehr verdienen und Politiker eigentlich dasselbe verdienen sollten.«

Das sagt aber niemand laut.
»Ja, ich weiß. Aber schreiben Sie es. Das meine ich wirklich. Ich habe, als ich Politikerin war, immer gesagt: Das werde ich einmal aussprechen, wenn ich nicht mehr Politikerin bin, denn niemand soll glauben, ich sage das zu meinen Gunsten. Ich sage es generell, weil ich glaube, dass dann mehr geeignete Persönlichkeiten aus vielen Berufen bereit dazu wären, für eine bestimmte Zeit Verantwortung für ihr Land zu übernehmen.«

Waltraud Klasnic

»Wenn man die Politik ernst nimmt, dann hat man Mensch zu sein«

Im Schloss Eggenberg in Graz soll an diesem 17. Juli 1998 europäische Politik gemacht werden. Österreich hat zum ersten Mal den EU-Vorsitz inne, und die steirische Landeshauptstadt ist an diesem Wochenende Gastgeberin für die Umweltminister aus den EU-Mitgliedsstaaten und aus den Kandidatenländern. Man serviert Steirisches: Zur Vorspeise gibt es Sülzchen vom Freilandhendl mit Kernöldressing, zum Styria Beef wird eine Kürbiskernroulade aufgetragen und zum Abschluss gibt es Schilchercremeschnitte. Die steirische Landeshauptfrau Waltraud Klasnic sitzt bei diesem Abendessen neben der Umweltministerin aus Deutschland. Und die heißt im Jahr 1998 Angela Merkel. Die spätere deutsche Bundeskanzlerin verliert ihre Tischnachbarin an diesem Abend jedoch früher als geplant. Klasnic muss die Tafel nach einem Anruf vorzeitig verlassen.

In einem Bergwerk in der Obersteiermark war an diesem Nachmittag eine Grube eingestürzt. Der junge Bergmann Georg Hainzl ist seit Stunden in der Jausenkammer gefangen. Nun kommt die Nachricht, dass nach einem Schlammeinbruch auch die Suchmannschaft verschüttet wurde. Das Unglück von Lassing wird als das folgenschwerste in die österreichische Bergwerksgeschichte eingehen. Die folgende Nacht und die nächsten Tage des Wartens werden zu einem Wendepunkt im Leben der Waltraud Klasnic. Einem Leben voll unerwarteter Wendungen.

Waltraud Klasnic wird wenige Monate nach dem Zweiten Weltkrieg geboren. Zu diesem Zeitpunkt hat ihre Mutter bereits vier Kinder. Ein fünftes großzuziehen, kann sie sich nicht vorstellen.
»Sie hat keine Chance gesehen, wie das gehen könnte. Sie wusste einfach nicht, wie es weitergehen soll. Ihr Arzt hat ihr zu Beginn der Schwangerschaft die Abtreibung verweigert und ihr stattdessen drei Adressen von Familien genannt, die sich ein Kind gewünscht haben.«

Die zweite dieser Adressen wird für das Kind das neue Zuhause. Aus Waltraud Tschiltsch – so lautet ihr Geburtsname – wird Waltraud Mlinaritsch. Das ist der Name ihrer Adoptiveltern, die sich scheiden lassen, als sie sechs Jahre alt ist. Dass sie ein Adoptivkind ist, weiß sie da noch nicht.
»Ich war neun oder zehn Jahre alt und, wie so oft, alleine zu Hause. Ich bin immer neugierig gewesen, habe daher im Kasten gekramt und eine Blechkassette gefunden. Darin waren die Scheidungspapiere meiner Adoptiveltern – und da habe ich auch gelesen, dass ich einmal einen anderen Namen hatte und so weiter. Ich habe dann am Abend meine Mutter gefragt, was das alles bedeutet. Und sie hat geantwortet: ›Das erzähle ich dir, wenn du einmal selbst Kinder hast. So habe ich dann noch viele Jahre warten müssen.‹«

Sie hat es Ihnen wirklich nicht erzählt, als Sie gefragt haben?
»Nein, sie hat es mir nicht gesagt. Erst, als ich selbst einen kleinen Sohn hatte.«

Aber das war mehr als zehn Jahre später. Waren diese großen Fragen nicht immer präsent?
»Ja, natürlich. Man sucht automatisch. Und dieses Suchen prägt – und hat auch in meinem späteren Leben viel Einfluss gehabt. Dass ich die anonyme Geburt einführen wollte und eingeführt habe, hat natürlich damit zu tun.«

Haben Sie Ihre leibliche Mutter jemals kennengelernt?
»Ja, ich habe sie 1967 kennengelernt. Da war ich 22. Meine Adoptivmutter war im Februar gestorben. Im Juni habe ich mich auf die Suche gemacht. Ich habe zuerst den Vater ausfindig

gemacht, er war der sozialdemokratische Bürgermeister von Gleisdorf. Und er hat mir dann erzählt, dass es sechs oder sieben Geschwister gibt, zum Teil Halbgeschwister. Am 15. August habe ich meine leibliche Mutter das erste Mal gesehen. Ich habe sie bei einer Schwester in Oberösterreich getroffen. Ich hatte damals schon zwei kleine Söhne. Einen habe ich am Arm getragen, den anderen hatte ich an der Hand. Sie kam, schaute mich an und sagte: ›Was weinst denn, i bin eh scho do.‹«

Das klingt nicht sehr herzlich.
»Verunsichert. Ich glaube, sie war einfach sehr verunsichert. Heute würde ich das so beschreiben. Meine Aufregung an diesem Tag spüre ich noch immer, wenn ich daran denke.«

Haben Sie den Kontakt zu Ihrer leiblichen Mutter dann aufrechterhalten?
»Ja. Ich habe dann meine Geschwister kennengelernt, es war ja eine Riesenfamilie. Für mich war das ungewohnt, weil ich als Einzelkind aufgewachsen bin. Viele Jahre später ging es meiner Mutter dann sehr schlecht. Sie hatte einen Schlaganfall, dazu kamen einige andere Krankheiten und sie war deshalb in einem Pflegeheim in Kreuth in Bayern untergebracht. Da hat dann die Frau meines Bruders zu mir gesagt: ›Du könntest dich ja auch um sie kümmern, sie ist ja auch deine Mutter.‹ Ich habe darauf geantwortet: ›Wenn ihr sie zu mir bringt, werde ich das tun.‹ Dann haben sie meine Mutter zu mir gebracht. Liegend. Ich war damals Vorsitzende in einem Pflegeheim in Graz, dort haben wir sie untergebracht. Eine meiner Schwestern hat für die Wäsche und die finanzielle Verantwortung gesorgt. Ich wollte damit nichts zu tun haben. Nach vier Jahren war sie so weit, dass man sie wieder aufrecht sitzend und gehend nach München zurückbringen konnte. Dort ist sie dann in einem anderen Pflegeheim gestorben.«

Ist diese Frau Ihre Mutter für Sie, emotional gesehen?
»Nein, ist sie nicht. Emotional gesehen ist die Mutti meine Mutter, also meine Adoptivmutter. Das ist die Frau, die mich lieb gehabt hat, die mich großgezogen hat, die aus mir das gemacht hat, was ich heute bin.«

Wann immer über die Kindheit von Waltraud Klasnic geschrieben wird, fallen die Ausdrücke »arm« oder »ärmlich«.

»Ich habe das nicht so empfunden, weil ich an sich ein nicht materiell, aber mit Liebe verwöhntes Kind war. Ich wurde immer sehr gut behandelt. Auch von anderen. Die Mutter einer Mitschülerin, eine Fleischhauermeisterin, ist zum Beispiel einmal in die Schule gekommen und hat eine große Stange Extrawurst mitgebracht. In der Mitte war ein Loch, da war Senf drinnen. Jeder von uns Kindern hat ein Radl bekommen, so eine breitere Spalte. Und dann ist sie zurückgegangen und hat gesagt: ›Du kriegst ein zweites, weil du bist ein armes Kind.‹ War ich ja auch. Aber eben nur im materiellen Sinn.«

Die Mutter arbeitet »unendlich viel«, wie Klasnic heute sagt, und hält ihre Tochter dazu an, selbst schon in frühen Kinderjahren anzupacken.

»Die Mutti hat Bedienungsposten gehabt. In Graz im Parkhotel hat sie Geschirr abgewaschen. Und Samstag, Sonntag dann noch in einem anderen Gasthaus, beim Gruberwirt, wo ich dann auch mit zehn Jahren eingestiegen bin. Man kann nicht früh genug lernen, zu arbeiten – das hat sie mir mitgegeben.«

Was haben Sie dort gearbeitet?

»Zuerst habe ich Brezeln verkauft, später durfte ich das Besteck waschen und einwickeln. Das war schon eine Vertrauensfrage, es musste ja ganz sauber sein. Der nächste Schritt war, Suppe und Salat anzurichten. Dann kamen schon Reis, Kartoffeln und Beilagen. Und zum Schluss durfte ich auch die Mehlspeise anrichten. Das war dann schon ein Aufstieg.«

Das heißt, Sie haben täglich nach der Schule im Gasthaus gearbeitet?

»Ja, am Nachmittag, weil ich ja dafür ein Mittagessen bekommen habe. Und am Samstag und am Sonntag natürlich auch. Die Frau Gruber hat mir schon Geld dafür gegeben. Und für mich war das viel Geld. Ich habe an einem Wochenende bis zu 20 Schilling verdient.«

Nach der Scheidung der Eltern waren Sie eigentlich allein mit Ihrer Mutter. Gab es je so etwas wie eine Vaterfigur?

»Eigentlich nicht. Ich glaube, ich habe die auch gar nicht gesucht. Weil, die Mutti hat mich eigentlich eher festgehalten und geklammert. Ich war ja das Einzige, das sie hatte. Ich kann das schon verstehen. Im Rückblick denke ich mir: Ich habe auch ganz gut verstanden, ihr zu vermitteln, dass ich sie auch so brauche.«

Aber das hat nicht so ganz gestimmt, oder?
»Ich hatte als Kind manche gute Idee, um die Mutter um den Finger zu wickeln. Das war ziemlich ausgeprägt bei mir.«

Inwiefern haben Sie sie um den Finger gewickelt?
»Na ja. Geschichten wie: ›Ich habe Kopfweh, ich kann nicht in die Schule gehen.‹ Ich hatte alle möglichen Ausreden, und die Mutti hat mir blind vertraut. Um halb acht in der Früh war ich krank, um halb neun bin ich dann schon mit dem Radl irgendwo unterwegs gewesen. Brave Kinder sehen anders aus. Aber ich hatte das Glück, gut zu lernen. Das heißt, ich hatte keine Schwachstellen, außer beim Zeichnen und vielleicht beim Handarbeiten. Ansonsten war ich eine gute Schülerin.«

Nach der Schulpflicht hat Waltraud Klasnic zwei Berufsziele: Sie möchte entweder Lehrerin oder Fürsorgerin werden. Tatsächlich beginnt sie eine Lehre im Fachhandel, aber dann kommt wieder alles anders und sie landet, wie sie es selbst nennt, »ohne Beruf im Berufsleben«.

»Im Juli war Schulschluss. Ich habe dann mit der Lehre begonnen. Im Kindermodengeschäft Gerstner in Graz. Ich musste all das machen, was Lehrlinge halt damals zu tun hatten: zustellen, putzen, Sachen besorgen – aber nicht verkaufen, das hat die Chefin selber gemacht. Dann ist aber meine Mutti krank geworden, ich musste mit der Lehre aufhören und Geld verdienen beginnen.«

Arbeit bekommt sie im selben Geschäft. Frau Gerstner, die »gnä' Frau«, wie sie genannt wird, bietet Klasnic an, bei ihr zu bleiben.
»Ich habe um sechs Uhr früh ihr persönliches Zimmer aufräumen dürfen. Dann bin ich in die Werkstatt, dort musste alles vorbereitet werden für die Heimarbeiter. Um die Mittagszeit,

wenn es kein Hausmädchen gab, habe ich das Essen vorbereiten dürfen. Am Nachmittag durfte ich ins Geschäft und dort habe ich schnell gelernt und mich gut entwickelt. Man hat mir dann schon zugetraut, die Babyausstattung zu verkaufen. Ich war immer freundlich, aber habe es auch verstanden, den Menschen zu vermitteln, dass sie dies oder jenes auch noch brauchen könnten.«

Wo wollten Sie damals, als 15-, 16-jähriges Mädchen, hin? Wo haben Sie sich später gesehen, als erwachsene Frau?
»Mir hat das beim Gerstner wirklich gut gefallen, ich habe mich dort sehr wohlgefühlt. Aber ich habe dann relativ jung meinen späteren Mann kennengelernt. Ich habe mit siebzehneinhalb Jahren geheiratet und mit 18, mit 20 und mit 23 Jahren jeweils ein Kind bekommen.«

Warum sind Sie so früh eine Ehe eingegangen? War es auch ein bisschen der Wunsch, sich von der Mutter zu emanzipieren?
»Nein, ich bin ja weiterhin zu Hause geblieben. Aber im Grunde genommen, wenn man es heute anschaut, war ich natürlich immer allein. Meine Mutter hat unendlich viel gearbeitet. Ich hatte Freundinnen, aber das war alles. Ich würde nicht sagen, dass ich von irgendwo wegwollte, aber ich wollte vielleicht nicht mehr allein sein. Und außerdem war ich verliebt.«

Mit ihrem Mann gründet Klasnic nicht nur eine Familie, sondern auch ein Unternehmen, das sie lange gemeinsam führen.
»Auch mein Mann war nicht mit materiellen Gütern überschüttet. Das heißt, wir haben bei null begonnen. Wir haben einem Transportunternehmer, dem es gesundheitlich nicht mehr gut ging, zwei Konzessionen abgekauft. Konzessionen für zwei LKW. Eigentlich alles auf Schulden, aber es ist gegangen. Mein Mann ist gefahren. Die Mutti hat damals noch gelebt und mir mit den Kindern geholfen. Zwei waren schon auf der Welt. Als sie überraschend gestorben ist, hat die Welt natürlich anders ausgeschaut. Da war ich drei Jahre zu Hause, nur zu Hause. Dann ist mein Schwiegervater mit seiner Frau zu uns gezogen. Sie war wesentlich jünger, 30 Jahre jünger als er. Also ungefähr so alt wie ich. Sie hatte auch zwei Kinder, 1961 und 67 geboren. Unsere Kinder

sind 63, 65 und 69 geboren. Ich habe dann gefunden: Zwei Frauen in einem Haushalt, das muss nicht sein. Da kann eine ruhig etwas anderes tun. Und ich war eben die andere.«

Die Familie lebt in Weinitzen, einem kleinen Ort nördlich von Graz. Da und dort fällt Waltraud Klasnic auf, dass man etwas anders machen könnte und ihrer Meinung nach auch sollte. Es ist das Jahr 1970. Ein neuer Bürgermeister soll gewählt werden, und diese Wahl wird zum Sprungbrett für Klasnics Weg in die Politik.
»Die Herren haben sich damals ziemlich um diesen Bürgermeisterposten gerauft. Und einer hat zu mir gesagt: Er möchte gerne Erster in der Partei werden, er werde mich mit in die Sitzung nehmen und ich möge ihn dort unterstützen. Die Herren haben mir dann Platz 8 auf der ÖVP-Gemeinderatsliste angetragen. Ich habe das, ohne viel zu überlegen, angenommen. Zwei Tage später hat mich ein anderer angerufen und hat gesagt: ›Das geht nicht: Ich bin auf Platz 14, wir zwei tauschen jetzt, weil so geht's nicht.‹ Ich habe ihm geantwortet, dass ich sicher nicht tauschen werde. Und so bin ich im Jahr 1970 die jüngste Gemeinderätin Österreichs geworden.«

Dass die ÖVP Ihre Partei ist, war Ihnen immer klar?
»Ja, ÖVP war für mich klar, obwohl ich dazusagen muss, dass meine Mutti immer zu mir gesagt hat: ›Wer arbeitet, wählt rot.‹ Punkt. Und dann wurde das nicht weiter diskutiert. Aber ich hatte für mich immer das Gefühl, dass ich in der Volkspartei zu Hause bin.«

Klasnic geht nicht nur in den Gemeinderat, sondern gründet am 8. März 1970 auch eine Ortsgruppe der Frauenbewegung.
»Das war schon damals der Internationale Frauentag, aber ich habe das nicht gewusst.«

Was hat Sie dazu motiviert, das zu machen?
»Die Erkenntnis, dass Frauen den Alltag ganz anders erleben als Männer. Vor allem in einer kleinen Gemeinde: Gibt es einen Kindergarten? Wie kommen die Kinder in die Schule? Das sind große Fragen. Und damals waren es vor allem Fragen, die sich nur Frauen gestellt haben.«

War Ihnen die Politik damals auch zu männlich?
»Nein, ich hatte einfach den Eindruck, dass ich etwas einbringen kann. Ich habe in diesem ersten Jahr viel lernen müssen. Im ersten Jahr macht man viele Dinge, die man vielleicht nicht machen sollte. Diese Erfahrung des Gemeinderatseins hat mir in meinem späteren politischen Leben sehr geholfen. Ich hatte dadurch einfach ein Fundament.«

Viele haben dieses Fundament nicht. Viele steigen quer ein. Macht es das leichter, weil man unbefangen interne Regeln und Zwänge negieren kann? Oder fällt einem das eher auf den Kopf, wenn man Politik nicht von der Pike auf lernt?
»Egal, welche Vorbildung man hat: Irgendwann muss man zur Kenntnis nehmen, dass Politik ein großes Ganzes ist und man selbst eines von vielen Rädchen. Dieses Rädchen muss auch funktionieren. Wenn es nicht funktioniert, dann passt auch das große Ganze nicht. Ich gebe schon zu, dass ich selbst nicht nur ein kleines Rädchen sein wollte, sondern schon ein bisschen mehr, und darum habe ich mich auch massiv bemüht. Einen gesunden Ehrgeiz habe ich immer gehabt, und ich habe ihn immer noch.«

Das Ziel ist klar definiert: In die Landespolitik soll es gehen. Von 1974 an ist die junge Gemeinderätin unterwegs im ganzen Land, hält Referate und erweckt schließlich die Aufmerksamkeit und das Interesse der Landespartei. 1977 kommt das Angebot zum ersten Karrieresprung.
»Josef Krainer, der damals noch nicht Landeshauptmann, aber schon Parteiobmann war, hat mich am Bundesparteitag in Linz zur Seite genommen und gesagt: ›Sie, nur damit Sie es wissen: Im Oktober wird die Edda Egger zurücktreten und dann gehen Sie statt ihr in den Bundesrat.‹ Ich habe ihm darauf geantwortet: ›Das will ich nicht. Ich möchte in den Landtag. Es ist nicht mein Ziel, nach Wien zu gehen.‹ Und ich höre seine Antwort heute noch: ›Auf einem Tablett werden wir Ihnen das Mandat nicht nachtragen.‹ Da habe ich gewusst: Jetzt habe ich irgendwas falsch gemacht.«

Klasnic weiß, dass sie sich diese Chance nicht entgehen lassen sollte und nimmt das Bundesratsmandat an, obwohl es sie eigentlich weiterhin nicht in die Bundeshauptstadt zieht.

»Ich erinnere mich, wie ich mit einem älteren Kollegen, Otto Hofmann-Wellenhof, damals nach Wien gefahren bin. Es war November, in Wien war's neblig, geregnet hat's, und ich habe nicht einmal gewusst, wo das Parlament ist. Er hat mich wirklich mitbetreut und ich vergesse nie, wie er zu mir gesagt hat: ›Merk dir das, im Juni geh ich mit dir in den Volksgarten, und wenn du die Rosen dort blühen siehst, dann wird dir Wien gefallen.‹ Ich habe mich im Bundesrat gut eingelebt, habe mich dort recht wohlgefühlt. Ich glaube, ich habe auch ganz gute Arbeit gemacht. Und dann ist er an einem Junitag mit mir in den Volksgarten gegangen. Er hatte recht. Dann hat mir Wien gefallen. Wann immer ich bis heute mit jemandem nach Wien fahre, der noch nie da war, der sich nicht auskennt, muss derjenige mit mir in den Volksgarten gehen.«

Vier Saisonen kann Klasnic die Rosen im Volksgarten als Bundesrätin besuchen, dann geht es zurück nach Graz. 1981 wird sie als Landtagsabgeordnete angelobt. Übrigens am selben Tag wie ihr Nach-Nachfolger als Landeshauptmann, Hermann Schützenhöfer. Zwei Jahre später wird Klasnic Dritte Landtagspräsidentin und 1988 zieht sie als Landesrätin für Wirtschaft, Tourismus und Verkehr in die Landesregierung ein. Bis dahin eine absolute Männerdomäne.

»Ich war ja nicht einmal Wirtschaftsbundvorsitzende. Das ging damals ja meist Hand in Hand. Aber erstens haben wir zu Hause ein kleines Unternehmen gehabt und zweitens war es ohnehin hoch an der Zeit, dass eine Frau so eine Funktion kriegt.«

Das sagen Sie. Aber haben das die Männer, die diese Funktion möglicherweise auch angestrebt haben, auch so gesehen?
»Landeshauptmann Krainer hat da, glaube ich, nicht gefragt, sondern er hat einfach entschieden. Er hat mir vertraut. Und er hat mir eine Chance gegeben.«

1993 wird Klasnic Landeshauptmann-Stellvertreterin. Dass sie später auch Krainers Nachfolgerin werden wird, ist zu diesem Zeitpunkt noch nicht absehbar. Noch nicht einmal am Tag der historischen Wahlniederlage im Jahr 1995. Aus einem Dreiparteienlandtag wird am 17. Dezember ein Fünfparteienlandtag, weil die Grünen und das Liberale Forum einziehen. Damit einher gehen schwere Verluste der ÖVP. Sie verliert acht Prozentpunkte und bleibt nur knapp stimmenstärkste Partei. Nach 15 Jahren als Landeshauptmann zieht sich Josef Krainer noch am Wahlabend zurück. Das »Ende einer Ära«, wie es überall genannt wird, trifft auch die Parteikollegen unvermittelt.

»Es gibt die sogenannten Sitzungen am Tisch, und an diesem Tisch hat Krainer Gerhard Hirschmann gefragt, ob er sein Nachfolger werden will. Ich war dabei, als er ihm das angeboten hat. Daher bin ich in dieser Nacht mit der Gewissheit nach Hause gefahren, dass Hirschmann Landeshauptmann wird.«

Aber bekanntlich kommt es anders.

»Am nächsten Tag, am Montag, gab es um halb elf eine ÖVP-Sitzung im Krainer-Haus in Andritz. Ich stand dort im Foyer, der Landeshauptmann kam herein, nahm mich auf die Seite und sagte: ›Hirschmann macht es nicht. Du musst es machen.‹ Und dann hat die Sitzung begonnen. Da waren vielleicht drei Minuten dazwischen. Der Landeshauptmann hat mich vorgeschlagen, ich bin hinausgegangen, 28 Leute haben abgestimmt: 27 haben Ja gesagt, einer Nein.«

Was haben Sie in dieser Zeit des Wartens gemacht?
»Ich habe in dieser Zeit mit niemandem gesprochen. Ich wusste natürlich: Wenn ich jetzt Nein sage, hat eine Frau lange keine Chance mehr. Es ist mir schon auch um mich gegangen, ich habe mich schon darüber gefreut und ich habe es mir auch zugetraut, aber die ganze Tragweite habe ich in diesem Moment wahrscheinlich noch nicht ganz gesehen.«

Hatten Sie da nicht das Bedürfnis, zumindest ein paar Stunden darüber nachzudenken, ob Sie dieses Angebot annehmen wollen?
»Wenn jemand in der Politik Hauptverantwortung übernehmen will, dann kann man nicht immer ein paar Stunden nach-

denken. Man muss entscheiden. Man kann Ja sagen, und wenn man das nicht kann, dann soll man es lassen. Das sehe ich heute noch so.«

Ein halbes Jahrhundert nach der Gründung der Zweiten Republik rückt also erstmals eine Frau an die Spitze einer Landesregierung. Wie historisch das wirklich ist, zeigt sich auch in der wochenlangen Diskussion darüber, wie die Nachfolgerin von Josef Krainer nun anzusprechen ist. Klasnic entscheidet sich gegen eine spezielle Anrede. Sie wolle »Frau Landeshauptmann« oder einfach »Frau Klasnic« genannt werden, sagt sie.

»Für mich war das überhaupt kein Thema. Ich hatte eine gute Gesprächsbasis mit meinem Stellvertreter, aber Landeshauptfrau-Stellvertreter wollte er nicht sein. Die Verfassung hat das ja auch nicht vorgesehen. Ich habe die Position des Landeshauptmannes übernommen und dann wieder zum Landeshauptmann kandidiert. Für mich war das keine Frage. Das hat sich inzwischen geändert, Gabi Burgstaller und Hanni Mikl-Leitner haben anders entschieden. Für mich persönlich war meine Entscheidung richtig, und ich würde sie heute genauso wieder treffen.«

Wäre die Anrede »Landeshauptfrau« 1995 in der Steiermark denn akzeptiert worden?
»Es hat schon genug Diskussionen gegeben. Man musste sich erst daran gewöhnen, dass eine Frau ganz vorne ist. Das Thema hat sich wirklich nicht gestellt, weil ich vieles andere erfahren, lernen, besprechen, organisieren musste. Das war ein Nebenschauplatz.«

Als Gabi Burgstaller acht Jahre danach keinen Zweifel daran gelassen hat, dass sie Landeshauptfrau genannt werden möchte, haben Sie sie da ein wenig beneidet?
»Das war meine geringste Sorge. Jeder soll sagen, was er gerne möchte. Ich habe auf Titel nie Wert gelegt.«

Sie sagen, man musste sich erst daran gewöhnen, dass nun eine Frau an der Spitze des Landes steht. Wie haben Sie gemerkt, dass es da sozusagen Anpassungsschwierigkeiten gegeben hat?

»Ich glaube, dass man sich mit mir schon ein bisschen schwerer getan hat. Nicht, weil ich eine Frau bin, sondern weil ich einen anderen Stil in der Gesprächsführung oder auch in der Entscheidungsfindung hatte. Unser Team war gewohnt, dass es hieß: ›So, das machst du jetzt.‹ Mit leiser und mit lauter Stimme. Und ich bin gewohnt, dass ich ›bitte‹ sage. Aber wenn ich ›bitte‹ sage, dann heißt das trotzdem, dass man das jetzt machen soll. Und das haben sie alle nicht kapiert. Das wollten sie nicht wahrhaben. Ich habe erst nach einigen Monaten gemerkt, dass da irgendetwas mit der Führung nicht ganz funktioniert. Daher habe ich jemanden gebeten, mit den Kollegen direkt ein Gespräch zu führen. Sinngemäß ist dann herausgekommen: ›Sie soll uns sagen, was sie will, und nicht: Bitte.‹«

Das heißt, man hat eigentlich auf Befehle gewartet?
»Meine Aussagen waren wahrscheinlich wirklich zu wenig klar. Ich habe daraus dann schon gelernt und habe meinen Stil ein bisschen verändert. Beim ›Bitte‹ und ›Danke‹ bin ich aber geblieben.«

Haben Frauen eher ein Problem damit, sich zu einer Machtposition zu bekennen, und dazu, dass sie Macht anstreben?
»Man soll zum Wort Macht kein gestörtes Verhältnis haben und man soll sich auch dazu bekennen, dass man etwas verändern will. Ob das jetzt Frau oder Mann ist, ist egal. Mir hat einmal eine alte Dame gesagt: ›Vom Kopf abwärts sind die Menschen verschieden.‹ Der Zugang ist häufig ein anderer, davon bin ich überzeugt, aber ich habe nie einen Grund gesehen, nicht Frau sein zu wollen. Und wenn ich zurückdenke, waren die Jahre in der Politik die besonderen Jahre meines Lebens. Ich sage: die besonderen, ich sage nicht: die schönsten.«

Wenn man Charakterisierungen über Sie liest, dann kommt fast immer irgendwo das Wort Gefühle vor. Man sagt Ihnen nach, dass Gefühle in Ihren Entscheidungen immer eine große, wenn nicht die größte Rolle gespielt haben. Das würde man zum Beispiel bei den Herren Pühringer, Pröll und Häupl, die alle sehr lange Landeshauptmänner waren, nicht sagen. Ist das eine falsche Außensicht?
»Nein, das ist ganz in Ordnung. Ich mag ja mein Gegenüber, und ich vertraue meinem Gegenüber. Das ist ein Urvertrauen,

das ich eigentlich allen Menschen entgegengebracht habe. Ich nehme Anteil am Schicksal. Einmal hat einer unserer führenden Herren gesagt: ›Das ist ja furchtbar, sie kümmert sich immer um den Einzelnen, immer um das Kleine.‹ Und wenn ich heute zurückschaue, muss ich sagen: Es ist viel Großes gelungen, aber die Kleinen sind in meiner Zeit nicht auf der Strecke geblieben. Vor zwei, drei Jahren habe ich einen Herrn im Rollstuhl getroffen, und er hat gesagt: ›In Ihrer Zeit haben wir im Behindertenbereich einen großen Aufschwung gehabt, weil Sie haben sich um uns gekümmert.‹ Mehr braucht man nicht.«

Nie muss sich Klasnic in ihrer gesamten Amtszeit wohl intensiver und unmittelbarer um Menschen kümmern, als im Sommer 1998, nach dem Bergwerksunfall in Lassing.

»Wir sind in Eggenberg beim Essen mit den EU-Umweltministern gesessen, und um ungefähr 22 Uhr kam der Anruf, dass nicht nur ein Bergarbeiter verschüttet ist, sondern dass etwas zusammengebrochen ist – und dass jetzt insgesamt elf Mann vermisst werden. In diesem Moment habe ich mich bei meiner Nachbarin Merkel entschuldigt und verabschiedet und wir sind nach Lassing gefahren. Ich habe zu Hause noch schnell eine Hose und feste Schuhe geholt, um Mitternacht waren wir dann dort. Der Rest war eigentlich die längste Nacht, die man sich vorstellen kann. Wir haben in einem Gasthaus gewartet. Dort waren vielleicht 50 Leute: Ehefrauen, Mütter, Kinder. Und alle haben gehofft, dass sich im Bergwerk was tut. Vor der Tür rechts stand das Rote Kreuz mit einer großen Ausstattung. Die Medien waren da. Und das Wichtigste war, zu versuchen, diesen Menschen in ihrer verzweifelten Situation Antworten zu geben. Sie zu beruhigen, weil versprechen kann man nichts. Da hat die Mutter um den Sohn gezittert, die Frau um den Mann, die Verlobte um den Bräutigam.

Ich kann mich erinnern, dass wir um fünf oder sechs Uhr früh wieder nach Graz gefahren sind. Eigentlich nur zum Umziehen. Um halb elf am Vormittag waren wir wieder zurück. Man spürt in so einer Situation, dass es mehr gibt als uns Menschen, eine höhere Kraft. Da ist der Sohn eines Vermissten herumgelaufen und hat den Vater gesucht. Und am nächsten Tag habe ich dessen Frau getroffen, die zu mir gesagt hat: ›Können

Sie mir sagen, wo mein Mann ist?‹ Und ich hatte keine Antwort. Einfach keine Antwort. Das begleitet einen schon.«

Wie konnten Sie dann helfen, nachdem ja die Hoffnung, jemanden noch lebend zu bergen, mit jedem Tag geringer wurde?
»Das eine ist die menschliche Zuwendung für die Angehörigen, für die Freunde, für die Menschen, die dort zu Hause und verzweifelt sind – es sind ja dann auch die Häuser ins Rutschen geraten. Aber dann waren auch Entscheidungen zu treffen. Es mussten Geräte bestellt werden, es mussten Menschen verständigt werden. Der Tag nach dem Unglück war ein Samstag. Es hieß, dass ein sehr wichtiges Gerät nicht mehr von Deutschland über die Grenze nach Österreich gebracht werden dürfe, weil es am Samstag ein LKW-Fahrverbot gibt. Da habe ich gesagt: ›Der fährt jetzt!‹ Das heißt, ich habe in dieser Situation Gesetze gebrochen. Sie haben mich überhaupt nicht interessiert. Wenn es um ein Menschenleben geht, brauche ich kein Gesetz.«

Das Gerät kommt an diesem Samstag durch, aber schon im Laufe des Tages ist erstmals zu hören, dass es für die Verschütteten möglicherweise keine Hoffnung mehr gibt. Am selben Abend heißt es: Jetzt kann nur noch ein Wunder helfen. Dieses Wunder bleibt viele Tage lang aus. Die Bohrungen am Krater werden immer wieder unterbrochen, weil Einsturzgefahr besteht oder es das Wetter nicht zulässt. Und dann kommt der 26. Juli. Der neunte Tag nach dem Unglück.

»Ich war an diesem Nachmittag bei der Familie von Georg Hainzl. Seine Braut war schwanger, ich habe mit ihr und mit den Eltern geredet. Danach bin ich zum Pfarrer gefahren. Der Bürgermeister war auch dort. Wir saßen an einem Tisch und der Pfarrer sagte: ›Wir müssen ein Requiem planen.‹ Und genau während dieses Gesprächs ist der Anruf gekommen, dass Klopfzeichen zu hören sind. Auf einmal, nach so langer Zeit, war wieder Hoffnung da. Wir sind dann noch gemeinsam in die Kirche hinein, haben miteinander gebetet, und sind hinuntergefahren. Man hat dann vorgeschlagen, dass es zuerst eine Sitzung geben soll, in der besprochen wird, wie es weitergeht. Ich habe gesagt: ›Es gibt jetzt sicher keine Sitzung. Jetzt wird gehandelt.‹ Als wir am Unglücksort waren, saß neben mir am Boden ein eher kleinerer

Mann, der mich angefleht hat, dass wir ihn hinunterlassen. Das war eine ganz schwierige Situation für mich, denn wenn schon elf unten sind, kannst du ja nicht zu jemandem, den du gar nicht kennst, sagen: ›Fahr runter.‹ Es gab aber einen Rotkreuzarzt, der ihn kannte. Ihn habe ich gefragt, ob wir es ihm zutrauen können, und er hat Ja gesagt. Dann haben wir ihn hinuntergelassen. Er war klein und schmal. Der Schacht war ja so eng. Die Freundin von Georg Hainzl war auch da, und man hat dann gesagt, sie solle etwas hinunterrufen in den Schacht, weil der Hainzl Kraft brauche. Ich stand neben ihr, sie schaute mich an und fragte mich: ›Was soll ich denn sagen?‹ Ich hab es eigentlich auch nicht gewusst und hab geantwortet: ›Sagst: Ich liebe dich.‹ Und da hat sie sich hinuntergebeugt und hinuntergeschrien: ›Schurl, ich hob di gern!.‹ Es hat niemanden gegeben, den das nicht bewegt hat. Als es kurz darauf geheißen hat, dass man eine Jacke braucht für ihn, sind die Jacken nur so geflogen.

Und dann ist er raufgekommen. Ich seh den Helm noch vor mir, den hat er aufgehabt, und das dunkle G'sichterl. Und er hat gesagt: ›Vota, i bin scho do.‹ Dann sind sie mit ihm sofort in den Jumbo, in den Katastrophenzug, der aus Graz bereitstand. Mir wird heute noch kalt, wenn ich daran denke, wie langsam der weggefahren ist. Sie mussten so langsam fahren, damit er keine Erschütterungen spürt. Es war ganz finster, und auf einmal haben die Leute von sich aus begonnen, ›Großer Gott, wir loben dich‹ zu singen. ›Großer Gott, wir loben dich.‹ Da haben natürlich auch alle anderen Angehörigen geglaubt, dass man die übrigen Verschütteten noch finden kann, aber das ist nicht mehr gelungen.«

Haben Sie das auch noch geglaubt?
»Gehofft habe ich schon. In dem Moment, wo man einen kriegt, glaubt man das natürlich.«

Sie haben dort einen Satz gesagt, der immer wieder zitiert wurde, nämlich: »*Der Herrgott hat entschieden, es fehlen die Worte.*« *War das schwer, diese Sprachlosigkeit auszudrücken? Von Politikern erwartet man ja eigentlich, dass sie Antworten haben.*
»Man muss einfach erkennen, dass man selbst nicht immer alles kann. Da kann man dann nur hoffen, dass der Herrgott

entscheidet. Und auch wenn es so entschieden wird, dass es furchtbar wehtut, muss man diese Entscheidung zur Kenntnis nehmen. Das wollte ich damit sagen.«

Die Ereignisse in Lassing haben ja nicht nur die Menschen im Ort beschäftigt, sondern auch die ganze Steiermark, ganz Österreich. Für diejenigen, die bei diesem Unglück jemanden verloren haben, war das natürlich traumatisch, aber es war auch eine sehr schwere Zeit für alle anderen, die das miterlebt haben. Wie haben Sie das eigentlich verarbeitet?

»Indem ich einfach mich zu den Menschen dazugesetzt habe. Und das nicht nur in den darauffolgenden Wochen, sondern auch später, und zwar Jahre danach, zum Teil bis heute.«

Die zehn verschollenen Bergleute, die Georg Hainzl zu Hilfe kommen wollten, können nie geborgen werden. Im Jahr 2000 werden sie offiziell für tot erklärt. In einem Gerichtsverfahren werden drei der fünf Angeklagten aus der Geschäftsführung des Bergwerks verurteilt. Nach fast 100 Jahren wird der Talkabbau in Lassing mit dem Grubenunglück eingestellt.

Sie haben einmal gesagt: »Zuerst bin ich Mensch, dann bin ich Politikerin.« Das hat wohl auch mit der Zeit damals in Lassing zu tun. Haben Sie den Eindruck, dass diese Einstellung eine Mehrheitshaltung in der Politik ist?

»Ich glaube schon. Jeder geht als Mensch in die Politik. Manches wird dann schon verschüttet. Aber wenn man die Politik ernst nimmt, dann hat man Mensch zu sein. Sonst wäre es besser, man würde nicht in die Politik gehen.«

Gibt es Menschen in der Politik, bei denen Sie sich denken, es wäre besser gewesen, wenn sie nicht in die Politik gegangen wären?

»Es gibt immer solche und solche Menschen. Ich versuche bei jedem das Gute zu finden. Und das habe ich auch in meiner aktiven Zeit gemacht, und ich muss Ihnen sagen: Ich habe viel mehr Gutes erfahren als Schlechtes.«

Zwei Jahre nach der Katastrophe von Lassing stellt sich Waltraud Klasnic der Wiederwahl. Man muss nicht lange warten an diesem

15. Oktober 2000, um zu wissen, wie diese Wahl ausgegangen ist. Die ÖVP erzielt einen Erdrutschsieg und gewinnt mehr als elf Prozentpunkte dazu. Klasnic schafft die absolute Mehrheit in der Landesregierung, im Landtag schrammt sie knapp daran vorbei. Es sei ihr persönlicher Sieg, wird an diesem Abend analysiert. Der Sieg der Spitzenkandidatin, auf die der Wahlkampf komplett zugeschnitten war. Der »Sieg der Landesmutter«. Eine Bezeichnung, die ihr bis zum Ende ihrer Amtszeit anhaftet.

Sie haben drei Kinder. Hat die das nicht manchmal gestört, dass man Sie regelmäßig zur Mutter von über einer Million Steirern erklärt hat?
»Nein, die Kinder hat das überhaupt nicht gestört. Und mich stört das Wort Mutter heute noch nicht. Ob Mutter oder Landesmutter, das ist ein Ehrentitel.«

Haben Sie sich so empfunden? Als Mutter der Steiermark?
»In welcher Aufgabe ich auch immer bin, und das ist manchmal schon besonders belastend, identifiziere ich mich voll und ganz damit. Im Guten und im weniger Guten. Und wenn etwas gelingt, dann glaube ich, dass ich mit dabei war beim Gelingen. Aber genauso fühle ich mich mitverantwortlich, wenn etwas nicht gelingt.«

War dieser Wahlsieg der größte Moment Ihrer Karriere?
»Nein, es war wahrscheinlich die größte Überraschung. Man hat ja Begleiter und Menschen, die einen beraten, die helfen, zur Seite stehen. Und die haben am Tag vorher noch zu mir gesagt: ›Na, hoffentlich geht's gut.‹ Im Grunde genommen haben sie mich spazieren geschickt. Sie kannten die Daten, sie haben das natürlich schon geahnt. Ich habe es wirklich nicht gewusst. Ich muss aber dazu sagen, dass die Leute fünf Jahre später, als wir den ersten Platz verloren haben, genauso nett und lieb waren wie 2000. Da habe ich keinen Unterschied gemerkt.«

Ihr Start 1995 war nicht leicht. Man hat Sie immer wieder gefragt, ob Sie sich zutrauen, in die Schuhe von Josef Krainer hineinzuwachsen. War dieser Wahlsieg auch eine Genugtuung für Sie persönlich?
»Es war vielleicht die Bestätigung dafür, dass es doch kein so großes Risiko war, sich für eine Frau entschieden zu haben.

Aber ja, ich habe mich sehr gefreut, das ist schon so. Ich werde das auch nie vergessen. Aber mir allein ist das sicher nicht zuzuschreiben.«

Sie kennen ja beide Gefühle an einem Wahlabend. Sie kennen das Gefühl des großen Erfolgs, und Sie kennen auch das Gefühl der Niederlage. Das haben Sie fünf Jahre später dann erfahren. Was hat Sie stärker geprägt?
»Ich glaube, es ist die Niederlage, aus der man lernt und die man für die Zukunft nutzen muss. Das sage ich heute im Rückblick. Nach diesen besonderen Jahren meines Lebens, wie ich das vorher genannt habe, nach der nicht gelungenen Wahl und dem persönlich ausgesprochenen Rücktritt, habe ich die Chance gehabt, noch etwas aus meinem Leben zu machen. Nämlich eine echte Aufgabe zu übernehmen. Gebraucht zu werden.«

Aber noch davor, im Jahr 2004, muss die ÖVP entscheiden, wen sie ins Rennen um die Nachfolge von Thomas Klestil als Bundespräsident schickt. Monatelang wird über drei Namen spekuliert: Erwin Pröll, Benita Ferrero-Waldner und eben Waltraud Klasnic.

Sie wurden lange und hartnäckig als Kandidatin gehandelt. Sie haben aber selbst nie gesagt, ob Sie überhaupt Interesse gehabt hätten. Wollten Sie kandidieren?
»Wenn ich jetzt sage, dass ich es nicht wollte, stimmt es nicht. Aber mir war eigentlich sehr klar, dass es einiges an Zusatzvoraussetzungen gebraucht hätte.«

Welche?
»Sprachen. Sprachen waren schon ein Thema. Ich hatte nie die Chance, sie zu lernen. Ich habe mich bei Englisch bemüht, aber da ist eben die Perfektion nicht vorhanden. Ich erinnere mich an Begegnungen damals, wo ich gefragt wurde, ob ich das machen möchte oder nicht. Und ich habe weder Ja noch Nein gesagt. Und damit habe ich möglicherweise jemanden anderen, der kandidieren wollte, gestört. Das hat mich aber nicht sehr bewegt. Ich habe es offengelassen. Ich glaube, dass es oft im Leben so ist, dass man eine Stufe zu hoch fällt. Und daher sage ich aus heutiger Sicht, es war richtig so, wie es war. Und der Ord-

nung halber: Man hat mich auch nicht gefragt, ob ich Bundespräsident werden will. Da müsste ja der Parteiobmann fragen, und das hat er nicht gemacht. Es schmeichelt natürlich, wenn einem die Leute sagen: Du hättest es machen sollen. Aber das ist Geschichte.«

Benita Ferrero-Waldner hat dann kandidiert und auch sehr gut abgeschnitten, aber eben nicht gewonnen. Die drei ÖVP-regierten Bundesländer Niederösterreich, Oberösterreich und die Steiermark haben mehrheitlich Heinz Fischer gewählt. Ferrero-Waldner sagt: In diesen drei Bundesländern sei man zu wenig für sie gelaufen.

»Bundespräsident Heinz Fischer ist ein Grazer und hat unendlich viele Kontakte im Land gehabt. Es wäre schön, wenn sie es geschafft hätte, ich hätte mich gefreut, aber ich muss auch sagen: Ich selbst habe nie in meinem Leben den Fehler woanders gesucht als bei mir.«

Je näher die Landtagswahl 2005 rückt, desto schwieriger wird es für Waltraud Klasnic, im Wahlkampf in die Offensive zu gehen und eigene Themen zu setzen. Denn die Themen, die die Wahl schließlich entscheiden, werden von außen vorgegeben. Als der damalige ÖVP-Landesrat Gerhard Hirschmann zur steirischen Energieholding EStAG wechselt, bricht eine monatelange Debatte über Missstände im Unternehmen aus, die schließlich eskaliert. Klasnic setzt den früheren Wirtschaftsminister Johannes Ditz als Aufsichtsratspräsidenten ein. Dieser suspendiert den gesamten Vorstand, also auch Hirschmann. Das Ganze gipfelt schließlich in einem Zerwürfnis zwischen Hirschmann und seinem Exparteikollegen Herbert Paierl, der als Landesrat auch Eigentümervertreter der EStAG ist. Noch vor dem Wahltag tritt Paierl zurück. Hirschmann gründet eine eigene Liste, mit der er die ÖVP herausfordert.

Die Herren Hirschmann und Paierl waren lange Zeit wichtige Weggefährten für Sie. Beide haben Sie dann am Weg verloren. Warum eigentlich?

»Das können die beiden nur selber beantworten. Sie haben sich selbst verloren. Es gab eine Grundsatzzusage von mir für Gerhard Hirschmann, was immer er sich an Chance, an Veränderung wünscht, zu erfüllen. Und er hat gesagt, er möchte gerne in die EStAG. Daher habe ich selbstverständlich dafür gesorgt, dass das umgesetzt wird. Paierl war dann noch einige Zeit im Team, am Schluss hatten wir allerdings viele Diskussionen. Ich muss rückblickend sagen: Das war einmal ein gutes Team, sie haben großartige Arbeit geleistet. Sie haben der Steiermark vieles gegeben. Und wann immer ich heute einen von den beiden treffe, kann ich ihm die Hand geben. Ich kann für mich sagen: Es gibt niemanden, dem ich nicht die Hand geben kann. Gerhard habe ich einen Brief geschrieben, weil ich weiß, dass es für ihn auch nicht ganz einfach war. Diese Liste hat uns die entscheidenden Prozente gekostet. Und sie haben ihm nicht den Erfolg gebracht, den er erhofft hat. Aber man soll nach vorne schauen und nicht zurück. Für mich ist das abgeschlossen. Meine Bitterkeit ist weg.«

Aber sie war da?
»Ja, sie war da.«

Sind Hirschmann und Paierl die größten persönlichen Enttäuschungen für Sie gewesen?
»Weder noch. Persönliche Enttäuschungen gibt es andere.«

Josef Pühringer, der damals noch oberösterreichischer Landeshauptmann war, hat im Zusammenhang mit der Affäre Hirschmann einmal über Sie gesagt: »Sie ist das, was man einen guten Kerl nennt.«
Waren Sie manchmal ein zu guter Kerl?
»Da hat er schon recht. Das sagen viele. Heute noch sagt man zu mir: ›Du warst zu gut.‹ Nicht zu gut in Bezug auf die Leistung, sondern eben zu gutmütig, zu wenig streng, zu wenig scharf. Man kann Politik und Leben gestalten, indem man nur sich selbst sieht und fragt: ›Was tut mir gut?‹ Aber wenn ich Politik richtig sehe, dann muss ich nachdenken und fragen: ›Was tut dem gut, der mir gegenübersitzt?‹ Und das kann auch der Kollege auf der Regierungsbank sein. Und wenn man mir nichts anderes nachsagen kann, als dass ich zu gut war, in meinem Wesen, dann muss ich sagen: Das betrachte ich als Kompliment.«

Wann hatten Sie zum ersten Mal das Gefühl, dass es sich bei der Landtagswahl 2005 nicht mehr für den ersten Platz ausgehen könnte?

»Am 28. Oktober 2004. Ich war in Belgrad und nachdem ich in Wien angekommen war, bin ich ins Bundeskanzleramt zu Wolfgang Schüssel gefahren und habe zu ihm gesagt: ›Ich schaff das nicht. Das wird nicht gehen. Das schaffen wir so nicht.‹ Ich bin eigentlich davon ausgegangen, dass er sagen wird: ›Dann müssen wir über Alternativen nachdenken.‹ Tatsächlich hat er aber einen sehr klaren anderen Satz gesagt, nämlich: ›Wenn es jemand schafft, dann schaffst du es – oder es geht gar nicht.‹ Und dann habe ich wirklich ein ganzes Jahr lang ein Auf und Ab erlebt. Manchmal dachte ich, dass es gehen wird. Dann wieder nicht. Das war kein ganz leichtes Jahr. Und während ich im Jahr 2000 nicht erkannt habe, dass mein Umfeld schon heimlich jubelt, habe ich 2005 an ihren Mienen sehr wohl erkannt, dass sie große Sorgen haben. Aber es hätte auch nichts geholfen, wenn sie mir das so direkt gesagt hätten. Wir haben getan, was wir noch tun konnten.«

Zur Affäre EStAG und der Liste Hirschmann kommen im Jahr vor der Wahl noch weitere Stolpersteine hinzu: das Ende des Red-Bull-Projekts in Spielberg und die Causa Herberstein, in der die Subventionierung des dortigen Tierparks durch das Land Steiermark im Mittelpunkt steht.

»Im Laufe der 18 Jahre, in denen ich Teil der Landesregierung war, gab es 43 Anträge, die indirekt mit Herberstein zu tun hatten. Einen einzigen habe ich als zuständige Referentin eingebracht, da ging es um das Gironcoli-Museum. Und der zweite hat dann den Tierpark betroffen. Das war eine Attraktion in der Oststeiermark – und dort gibt es nicht so viele Attraktionen, die die Touristen in Scharen anziehen würden. Der Tierpark war damals fast 400 Jahre alt, der älteste Tierpark des Landes. Es gab ein Ansuchen und ich habe in einer sogenannten Sonderverordnung mitgeholfen, dass der Tierpark weiterbestehen kann, weil mir das wirklich ein Anliegen war. Nach damaligen Berechnungen hat der Tierpark dem Land maximal 150.000 Euro pro Jahr gekostet. Ich lade jeden ein, nachzuschauen, was das heute kostet, wo er dem Land gehört, nämlich ein Vielfaches. Ich habe auch in diesem Fall ein gutes Gewissen, ich wollte, dass der Tierpark erhalten bleibt. Hätte ich damals nicht meinen Kopf hingehalten, wäre der Tierpark unter Umständen nicht mehr da. Schade wär's für die Oststeiermark.«

Warum konnte der Konflikt um einen Tierpark aus Ihrer Sicht so eskalieren?
»Es gab zum Beispiel in einer großen Zeitung eine Fotomontage, in der man die Gräfin Herberstein und mich gemeinsam vor das Schloss gestellt hat. Und diese Fotomontage haben meine Mitbewerber als Plakat verwendet. Das muss man sich vorstellen: Aus einer Fotomontage ein Wahlplakat zu machen, das ist eigentlich eine große Leistung.«

Meinen Sie mit Mitbewerber die SPÖ?
»Ja. Es war gut gemacht, das muss man sagen. Aber ich bin gestolpert.«

Warum haben Sie die Fotomontage nicht geklagt?
»Es ist nicht die Aufgabe eines Politikers, zu klagen. Man hat Verantwortung, und wenn man die nicht mehr wahrnehmen kann, dann muss man einen neuen Weg gehen. Es war bitter, aber es ist vorbei. Es geht immer weiter.«

Am Wahltag, dem 2. Oktober 2005, muss Waltraud Klasnic nicht lange warten, bis sie weiß, dass ihre politische Karriere zu Ende geht. Die ÖVP verliert an diesem Sonntag 8,7 Prozentpunkte und wird von der SPÖ überholt. Die Liste Hirschmann schafft den Einzug in den Landtag mit zwei Prozent nicht einmal annähernd.
»Ich war bis zur letzten Stunde voll Hoffnung, aber dann, am Nachmittag, um zwei oder drei, als ich gesehen habe, was passiert, habe ich gewusst, was ich zu tun habe. Mir braucht niemand zu sagen, dass ich mich verabschieden soll. Ich erinnere mich, die Telefone sind heißgelaufen, auch Wolfgang Schüssel hat es gut gemeint mit mir, er hat gesagt: ›Dann werd wenigstens Landtagspräsidentin.‹ Aber ich hab gesagt: ›Ich sage, wann ich gehe. Und ich bin weg.‹«

Haben Sie diese Entscheidung also ganz alleine getroffen?

»In so einer Stunde schaut man sich an, und da muss niemand mehr etwas sagen. Das ist so logisch. Es gibt besonders gute Freunde, die dann meinen, sie müssen um 17 Uhr schon verkünden: ›Sie wird wohl wissen, was sie zu tun hat.‹ Aber macht nichts, ich mag sie trotzdem.«

Als Sie damals in die Parteizentrale reingekommen sind, wurden Sie bejubelt und man hat Ihnen angesehen, dass Ihnen das sehr nahegeht. Sie haben da sehr um Ihre Fassung gekämpft. Wie wichtig war Ihnen, dass man Ihnen möglichst nicht anmerkt, wie es Ihnen geht?
»Es ging da ja nicht nur um mich. Das Wahlergebnis hatte ja für viele Menschen gravierende Auswirkungen. Die hatten eine Karriereplanung und eine Vorstellung von dem, wie es weitergeht. Und sie haben gewusst: In dem Moment, in dem ich weg bin, ist auch ihr Leben verändert. Mein Kommentar war, das weiß ich heute noch: ›Ich habe die Hauptverantwortung, und Wählerin und Wähler haben immer recht.‹ Mein Umfeld war auch der Meinung, dass ich allein die Hauptverantwortung trage. Und war mir ganz dankbar für diese Aussage.«

Wie ist es nach diesem Sonntag für Sie weitergegangen?
»Ich musste zuerst einmal erkennen, dass von einem Tag auf den anderen alles weg ist. Nicht nur die Mitarbeiterinnen und Mitarbeiter, nicht nur das Auto, auch die Krankenkasse. Mein Sohn hat zu mir gesagt: ›Mama, du musst dich erstens jeden Tag schön anziehen, und zweitens gehst du jeden Tag in die Stadt.‹ Das war nicht einfach, weil ich auch Schuldgefühle hatte. Aber ich hatte da schon fünf Enkelkinder und immer irgendeines an der Hand. Dann war es gleich viel einfacher. Mein Sohn wollte verhindern, dass ich mich zu Hause einsperre. Und er hat recht gehabt.«

Wenn Sie zurückblicken, was war der größte politische Erfolg Ihrer Karriere?
»Das war 1996/97. Damals haben in der Steiermark binnen vier Wochen drei Mütter aus Verzweiflung ihre Kinder getötet. Ich bin nach Wien gefahren und habe Parteiobmann Schüssel und Justizminister Michalek vorgeschlagen, dass für Frauen, die verzweifelt und ohne Hoffnung sind, eine Möglichkeit geschaffen werden müsse, damit sie irgendwo sicher ein Kind zur Welt

bringen können, ohne dass es ihnen oder dem Kind danach schlecht geht. Herr Michalek hat mit dem Kopf genickt und gesagt: ›Darüber sollte man nachdenken.‹ Wolfgang Schüssel war wenig begeistert. Er hat das sehr vornehm ausgedrückt, aber war der Meinung, dass das nicht umsetzbar sei. 2001 ist es dann doch umgesetzt worden. In Österreich leben über 1.000 Kinder aus anonymen Geburten. Ich kenne keines persönlich, aber zwei Angehörige haben sich bei mir gemeldet. Einer hat zu mir gesagt: »›Wir werden unserem Kind einmal erzählen, dass Sie die Großmutter sind.‹ Es ist mir bewusst, dass ein Kind nach seinen leiblichen Eltern sucht. Und ich weiß, was es heißt, zu suchen. Wissen zu wollen, wer deine Eltern sind. Aber es gibt halt in diesem Fall nur zwei Möglichkeiten: Du lebst, oder du lebst nicht. Und dieses Leben ist das größte Geschenk.«

Was haben Sie in der Politik überschätzt?
»Ich habe überschätzt, was man alleine in der Spitzenpolitik tun kann. Denn alleine kann man natürlich nichts tun, man braucht immer das Ja von A, B und C. Ich denke nur an den Semmeringbasistunnel, das ist das heikelste Thema. Was dieses Projekt für einen Vorlauf hatte, kann man sich nicht vorstellen. Am 10. März 2005 ist der Semmeringbasistunnel unterschrieben worden – von Schüssel, Gorbach, Pröll und Klasnic. Ich höre 2024, 2026 wird er fertig. Wenn ich dann noch am Leben bin, werde ich einen Waggon mieten und Leute einladen, die mich bei dieser Fahrt begleiten.«

Was haben Sie unterschätzt?
»Wahrscheinlich habe ich unterschätzt, dass das, was gesagt wird, nicht immer das ist, was gemeint wird. Da ist oft ein Widerspruch und das habe ich nicht immer durchschaut.«

Landeshauptleuten sagt man ja nach, dass sie sich ganz gerne mit Ratschlägen zu Wort melden, vor allem, wenn es um die Bundespolitik geht. Sie waren eher immer zurückhaltend. War Ihnen nie danach, Ihre Meinung zu sagen?
»Ich habe schon gesagt, wenn ich eine andere Meinung hatte, aber nicht in der Öffentlichkeit. Das ist wahrscheinlich nicht medienkonform, aber es ist für mich der richtigere Weg.«

Sie sagen ja: Schweigen ist die schwierigste Tugend. Fällt es Ihnen letztlich doch schwer, zu schweigen?
»Ja, noch immer. Aber ich schweige auch nach wie vor, Sie haben von mir politisch nichts mehr gehört. Ich bin immer wieder im Parlament. Ich höre dann schon hin, und mir würde alles Mögliche dazu einfallen, aber es ist halt eine neue Zeit, und das muss man zur Kenntnis nehmen.«

Die neue Zeit hat zunächst Franz Voves zum Landeshauptmann gemacht. Für zehn Jahre. Dann hat Hermann Schützenhöfer der ÖVP den Landeshauptmann zurückgeholt, und zwar obwohl er hinter der SPÖ Zweiter geworden ist. Hat Sie das überrascht?
»Ich habe mich für Hermann Schützenhöfer gefreut und habe mit Respekt die Handlung des Herrn Voves zur Kenntnis genommen.«

Aber hat es Sie nicht erstaunt?
»Bei dem Ergebnis hat es viele Varianten des Rechnens gegeben. Die beiden Parteien haben sich auf diesen Weg geeinigt, und der tut der Steiermark gut.«

Wer Waltraud Klasnic heute trifft, trifft eine Frau mit einem vollen Terminkalender, die in der Früh auf dem Tablet die Zeitungen studiert und nach wie vor große und schwierige ehrenamtliche Aufgaben erfüllt. Und es fällt auf, dass sich diese Aufgaben fast alle um Themen drehen, mit denen sich nur die wenigsten beschäftigen wollen. Klasnic ist seit 2008 Vorsitzende des Dachverbandes Hospiz Österreich, seit 2016 auch Vorsitzende des Hospiz- und Palliativforums, gemeinsam mit der ehemaligen Wiener Stadträtin Elisabeth Pittermann. Sie war Opferschutzbeauftragte der katholischen Kirche, hat eine Kommission zur Aufklärung von sexuellem Missbrauch geführt, und seit 2017 ist sie Opferschutzbeauftragte des Österreichischen Skiverbandes.
»Ich hatte eigentlich nie das Gefühl, dass ich arbeite, sondern ich mache das, was ich mache, von Herzen gern. Und ich glaube auch, dass ich diese Arbeit brauche. Ich brauche Menschen, und das Gefühl, gebraucht zu werden, tut mir gut.«

Viele Menschen hätten eine große Scheu, stundenlang über Tabuthemen wie Missbrauch oder Tod zu sprechen. Warum haben Sie diese Scheu nicht?
»Um diese Aufgaben stellt sich niemand an, das stimmt. Aber solange man am Leben ist, kann und soll man für die Menschen ein Mensch sein. Wenn jemand sagt, er braucht mich, dann bin ich da.«

Aber da geht es schon um eine sehr spezielle Form des Gebrauchtwerdens. Sie führen stundenlange vertrauliche Gespräche mit Menschen, die sexuell missbraucht wurden und zum Teil jahrzehntelang darüber geschwiegen haben. Dafür benötigen andere eine jahrelange Ausbildung.
»Es gibt schon auch Momente, die mich ganz besonders beschäftigen. Wenn mir jemand so etwas erzählt und er erzählt das vielleicht wirklich das erste Mal in seinem Leben, dann muss dieser Mensch auch das Gefühl haben, dass er es mir gesagt hat und dass es bei mir bleibt. Dass ich diese Dinge also absolut vertraulich behandle. Dieses Vertrauen gibt unendlich viel Kraft, das gibt auch mir Kraft. Es ist nicht nur so, dass ich da etwas gebe. Ich bekomme ja auch etwas.«

Wissen Sie eigentlich, warum sich Kardinal Schönborn damals für Sie als Opferschutzbeauftragte entschieden hat?
»Ich war dort auch die zweite Wahl. Der Anruf ist gekommen, da war ich im Zug und konnte nicht reden. Als ich in Graz angekommen bin, wollte ich dem Kardinal sagen, dass ich erst einmal eine Nacht drüber schlafen möchte, aber das hat es nicht gespielt, weil er gesagt hat: Ich habe am Sonntag Fernseh-Pressestunde und ich brauche jetzt eine Zusage. Und dann habe ich zugesagt. Ich habe das in diesem Moment nicht sehr hinterfragt.«

Sowohl vonseiten der Kirche als auch beim ÖSV gab es Einwände gegen Ihr Engagement. Man hat in Zweifel gezogen, dass Sie alles auf den Tisch bringen wollen. Es hieß, Sie wollen das System möglicherweise nicht anpatzen. Treffen Sie derartige Vorbehalte?
»Freude hat man natürlich keine. Aber auch das legt sich. In der praktischen Arbeit hat sich ja gezeigt, dass diese Vorwürfe ins

Leere gegangen sind. Man muss den Menschen einfach beweisen, dass das nicht stimmt.«

Sind Sie da wirklich immer so gelassen? Gibt es nie Momente, in denen Sie auf den Tisch hauen und sagen: »Freunde, so nicht!«?
»Mein Kreislauf ist in manchen Momenten schon ziemlich in Schwung. Es tut auch manchmal weh, das muss ich schon sagen. Da frage ich mich dann: Wie komme ich eigentlich dazu?«

Spüren Sie bei diesen wirklich belastenden Themen und Aufgaben nicht auch Ihre Grenzen?
»Ja, das habe ich schon gehabt. Auch in der Opferschutzgeschichte hat es das gegeben. Da habe ich dann einen Psychiater angeschrieben und habe gesagt: Ich brauche nichts für die Kommission, ich brauche jemanden für mich. Und er hat zurückgeschrieben: ›Wann immer Sie mich brauchen, bin ich da.‹ Ich habe ihn nie gebraucht. Aber ich weiß, dass er da ist.«

Mit wem tauschen Sie sich sonst aus?
»Über manches kann man nicht reden und soll man auch nicht reden. Hätte ich zu Hause herumgejammert, dann hätte mein Mann gesagt: ›Bleib halt zu Hause.‹ Zu Recht, er hat ja auch gelesen, was in den Zeitungen über mich geschrieben wurde.«

Ich kenne niemanden in der Politik, der so oft auf den Glauben hinweist und den Gottesbegriff auch zum Thema macht, wie Sie. Woher kommt das?
»Ich bin davon überzeugt, dass es einen Herrgott gibt, der mich beschützt und begleitet. Wenn es einem nicht gut geht, dann muss man sich wo anhalten können. Und man muss auch zu jemandem Danke sagen können.«

Das heißt aber, Sie zweifeln nie an Gott? Und haben nie gezweifelt?
»An Gott zweifle ich nicht. Aber manchmal an den Menschen.«

Können Sie verstehen, dass es Menschen gibt, die überhaupt keinen Zugang finden zu Gott?
»Ja, das verstehe ich schon. Die haben vielleicht andere Erlebnisse, oder sie haben nie einen Zugang zu diesem Thema erfahren.

Wenn ich jetzt auf unser Gespräch zurückblicke, dann sehe ich schon: Ein großer Bereich in meinem Leben heißt Erfolg, heißt Glück, heißt den richtigen Menschen begegnet zu sein, heißt am richtigen Tag am richtigen Platz gewesen zu sein. Das ist doch nicht alles Zufall, das kommt doch nicht von selber. Also, bei wem bedanke ich mich dafür?«

Sie haben einmal gesagt, wenn Sie eine Biografie schreiben würden oder jemand über Sie eine Biografie schriebe, dann sollte diese Biografie »Ich habe mein Herz verbraucht« heißen. Ist das wirklich erstrebenswert, dass man sein Herz verbraucht? Da ist ja irgendwann nichts mehr da.

»Verbrauchen heißt ja nicht nur hergeben, das heißt ja auch, etwas nehmen. Ich krieg ja auch etwas zurück.«

Ja, aber wenn ich etwas verbrauche, ist es weg.

»Ja, aber die Flasche ist da, und ich kann wieder Wasser hineingeben.«

Das heißt, man kann es wieder auffüllen?

»Ja.«

Was hat Ihr Herz am meisten verbraucht?

»Das war die eine oder andere Enttäuschung in meinem Leben mit Menschen. Das hat Kraft gekostet, aber das ist in Ordnung.«

Ist Kümmern so etwas wie Ihr Lebensthema?

»Nein, mein Lebensthema ist ›da sein‹.«

Wo ist da der Unterschied?

»Kümmern kann ich mich auch um Dinge, die mich nichts angehen. ›Da sein‹ heißt, wenn jemand mich braucht, dann bin ich da.«

Ulrike Lunacek

»Ich habe verloren und ich habe gewonnen – ich habe beides erlebt«

In den Morgenstunden des 11. September 1973 ändert sich in Chile das Leben der Menschen binnen weniger Minuten – und für sehr lange Zeit. Der Präsidentenpalast des Sozialisten Salvador Allende wird seit sechs Uhr morgens bombardiert. Der Präsident nimmt sich das Leben. Tausende Gefolgsleute werden verhaftet. Nach dem Putsch regiert die Militärjunta von Augusto Pinochet das Land bis 1990 mit harter Hand. Politische Verfolgung, Folter, die Ermordung von Kritikern des Regimes und die Angst vor alldem gehören zum Alltag in der Zeit der Diktatur.

Dass diese Ereignisse die damals 16-jährige Ulrike Lunacek später einmal in die Politik führen würden, ahnt sie da noch nicht. Mit heutigem Blick ist aber klar, dass eine mehrmonatige Reise durch Südamerika, 1978, also fünf Jahre nach dem Putsch, zur Grundlage für ihre spätere Arbeit wird.

»Ein Freund wollte eine ehemalige Austauschstudentin aus Uruguay besuchen. Ich studierte damals Spanisch, kannte aus meinem eigenen Austauschjahr einige Leute aus Lateinamerika, und so haben wir entschieden, dass wir gemeinsam fahren. Wir waren sechs Monate lang mit dem Rucksack durch Peru, Bolivien, Paraguay und Brasilien unterwegs. Sehr abenteuerlich, auf Lastwägen, per Autostopp, manchmal mit Zug oder Bus. Nach diesem halben Jahr ist er dann zurück nach Österreich, und ich bin noch drei Monate alleine zurück über Paraguay nach Chile und Peru gereist. In Santiago de Chile habe ich in einer WG gewohnt, mit drei Männern und einer Frau, die alle Landwirtschaft studierten. Die Frau hieß Camila. Ihr Freund war wie sie unter Allende aktiv, ihn hatten sie gleich nach dem Putsch umgebracht. Er war im Gefängnis, ist gefoltert worden und daran gestorben. Ich wusste natürlich, dass in Chile eine Militärdiktatur herrscht, aber was das genau bedeutet, das wurde mir dort erst nach und nach klar. Camila war mir gegenüber anfangs ziemlich misstrauisch. Sie war skeptisch, was ich da eigentlich wollte. Ob ich nicht vielleicht von jemandem geschickt wurde, um sie auszuspionieren. Sie fasste aber dann Vertrauen zu mir, weil sie merkte, dass ich einfach nur naiv war.«

Hatten Sie in dieser Zeit nie Angst?
»Doch, einmal hatte ich sogar wirklich große Angst. Wir sind nach Pomaire, einem bekannten Keramik-Ort westlich von Santiago, gefahren. Am Weg zurück haben wir autogestoppt, und es hat uns ein Mann mit einem weißen Kastenwagen mitgenommen. Ich saß in der Mitte neben dem Fahrer, einem jungen, großen, blonden Chilenen. Rechts von mir saß Camila. Wie es halt so meine Art ist, habe ich begonnen, mich mit ihm zu unterhalten. Ich habe ihn gefragt, wie das denn jetzt so sei in Chile. Dass ja so viele Leute eingesperrt und umgekommen sind, und ob ihn das nicht störe. Er hat mir dann geantwortet, dass es unter Allende einfach nicht mehr gegangen sei, dass es nichts mehr zu kaufen gegeben habe. Und dass es schon gut sei, so wie es jetzt ist. Die Fahrt dauerte vielleicht eine halbe Stunde. Als wir ausgestiegen sind, schaute mich Camila kreidebleich an und sagte auf Englisch zu mir: ›Never do that again.‹ Ich wusste gar nicht, was sie meinte. Sie sagte: ›Du kannst doch nicht mit irgendjemandem über so etwas reden. Die finden raus, wo du wohnst und bei wem du wohnst. Das kann gefährlich werden.‹ Sie hat mich zwar nicht rausgeworfen, ich habe weiter bei ihnen gewohnt, aber ich hatte wirklich Albträume, dass die kommen und Razzia machen.«

Hat Sie diese Zeit verändert?
»Ja, sehr. Ich bin als jemand anderer zurückgekommen. Zurück in Österreich, habe ich z. B. erfahren, dass auch Deutsch-

land und Österreich Panzer nach Chile geliefert haben. Und ich dachte mir: Das geht so nicht. Wir können nicht hier bei uns gut leben und mit unseren Waffentransporten dazu beitragen, dass Menschen anderswo ins Gefängnis gesteckt oder umgebracht werden. Und ich wollte etwas tun, um die dramatischen Unterschiede zwischen Arm und Reich, die ich während meiner Reise gesehen hatte, kleiner zu machen. Ich wollte die Welt verändern.«

In den ersten Lebensjahren ist die Welt der Ulrike Lunacek eine kleine, enge. Wurfenthalgraben bei Gföhl im Waldviertel: dort hat sie ihre ersten Lebensjahre verbracht. Finster sei es dort gewesen, erzählt sie. Und dass die Enge auch medizinische Gründe gehabt habe.

»Ich bin mit einer Hüftluxation auf die Welt gekommen, und das wurde zuerst nicht erkannt. Als ich acht Monate alt war, haben sie mich für acht Monate in eine Gipshose gesteckt. Das hat aber auch nichts genützt. Daher musste ich mit drei Jahren in Wien an einer Hüfte operiert werden, und mit sechs Jahren an der anderen. Ich war das erste Mal im Krankenhaus, sechs Wochen lang von oben bis unten in Gips. Nur einmal pro Woche durften mich die Eltern besuchen. Für meine Mutter war es beim ersten Mal besonders schwierig, weil da mein Bruder gerade auf die Welt kam. Sie hatte also ein Baby und eine Dreijährige, die wieder gehen lernen musste.«

Hat diese frühe Einschränkung etwas mit Ihnen gemacht?
»Wenn du als Kind zwischen acht und sechzehn Monaten – in einem Alter, in dem Kinder anfangen zu stehen und zu gehen – in einer Gipshose steckst, und wenn du mit drei und sechs Jahren wochenlang in einem Gips liegst, dich fast nicht bewegen kannst, dann macht das schon etwas mit dir. Meine Interpretation ist, dass das der Grund ist, warum ich immer irgendwas tun muss. Und auch mein Bewegungsdrang rührt wahrscheinlich aus dieser Zeit.«

Ulrike Lunaceks Leben kreist die ersten 18 Lebensjahre um Molkereien. Der Vater, der an der Universität für Bodenkultur studiert hat, ist Leiter der Molkerei in Gföhl, dann Direktor des

Milchverarbeitungsbetriebes Amstetten, Generaldirektor der Niederösterreichischen Molkereien (NÖM) und schließlich Generaldirektor der Raiffeisen Warenzentrale. Für den Rest der Familie bedeutet das, mehrfach den Wohnort und das schulische und private Umfeld zu wechseln.

»Für mich war vor allem der Wechsel von Amstetten nach Wien im Jahr 1966 dramatisch. Die ersten drei Volksschuljahre hatte ich in Amstetten verbracht, ich hatte die ersten Freundinnen und Freunde, wir Kinder hatten an den Nachmittagen das ganze Areal der Molkerei für uns, also sehr viel Freiheit. Und meine Eltern haben mir von der Übersiedelung nach Wien nichts erzählt. Ich erfuhr das vom Kaplan am Schulausflug. Er hat das so nebenbei erwähnt, dass wir ja jetzt nach Wien gehen. Ich war total schockiert, bin nach Hause und habe nur geheult. Meine Mutter hat mir das dann bestätigt und hat gesagt: ›Ja, der Vati kommt in die NÖM, und wir gehen mit.‹ Für mich war das eine meiner ersten Erfahrungen, die mich schließlich zur Feministin gemacht haben. Weil, warum muss die ganze Familie mitgehen, nur weil der Vater einen anderen Job hat? Aber das war halt das Ehe- und Familienmodell der Fünfziger- und auch der Sechzigerjahre. Meine Mutter hatte aufgehört als Lehrerin zu arbeiten, als ich auf die Welt kam. Für sie war ganz klar, dass sie daheimbleibt und auf uns schaut. Und mein Vater hätte das auch nicht anders wollen. Und rein rechtlich hätte sie ja damals ohne seine Erlaubnis gar nicht arbeiten gehen dürfen.«

Dann also Wien. Wenn Ulrike Lunacek über diese Zeit spricht, dann merkt man ihr heute noch das Unbehagen an, das sie damals offenbar verspürt hat.

»Wien war grau, groß und hässlich. Ich habe sicher ein Jahr lang sehr oft am Abend geweint, und meine Mutter auch. Sie war – im Gegensatz zu meinem Vater – nicht aus Wien, und wir hatten in dieser Riesenstadt das Gefühl, eingesperrt zu sein. Das Areal der NÖM im 20. Bezirk, in deren Zentrale wir im 10. Stock wohnten, hatte damals sogar einen Garten, aber es war ein Garten mitten in der Stadt. Die NÖM hatte damals noch Pferde, mit denen sie die ersten paar Jahre noch die Milch auslieferten. Auf einem bin ich sogar einmal geritten. Aber das war kein Ersatz für das Gefühl, in einem kleinen Ort, in einer kleinen Stadt zu leben, wo man schnell einmal raus ins Freie kann. Ich habe diese Riesenstadt damals einfach nicht gemocht. Ich kannte ja auch niemanden. Wir waren vom Land, wir waren anders. Ich ging ein Jahr in die Volksschule in der Leopoldsgasse. Das war eine Klosterschule mit marineblauer Schuluniform. Diese Farbe mag ich bis heute nicht.«

Nach der ungeliebten Zeit in der Volksschule geht es ins Gymnasium. Lunacek ist eine gute Schülerin, interessiert sich für Sprachen und findet darin auch einen Hebel, das damals noch ungeliebte Wien zu verlassen. 1972 – Lunacek ist damals 15 Jahre alt – wird sie auf das Austauschprogramm AFS aufmerksam. In der siebenten Klasse soll es in die USA gehen.

»Die USA, das war für uns als Teenager die große Freiheit. Ich hatte mich beworben, nachdem meine Eltern mit Bauchweh Ja sagten. Es gab damals zwar ein Telefon, aber das war wahnsinnig teuer, kein E-Mail, kein Skype, nichts. Das hat ihnen natürlich Sorgen gemacht, vor allem meiner Mutter.«

Ulrike Lunacek landet dann nicht zwischen den Hochhäusern von Manhattan, sondern im tiefen Mittelwesten der USA.

»Iowa, von wegen große Freiheit! Es war eine Familie mit vier Kindern. Zwei Schwestern waren ein wenig älter als ich, die Zwillinge – Bub und Mädchen – ein Jahr jünger. Wir alle gingen in dieselbe Schule. In einer 13.000-Einwohner-Stadt mit 23 christlichen Kirchen. Der Ort war umgeben von Landwirtschaft, v. a. von Maisfeldern, und es wurde auch Schweine-Viehzucht betrieben. Und sonst nicht viel in dieser Gegend, noch dazu bretteleben, nichts zum Schifahren.«

Kannten Sie Ihre Gastfamilie vorher?
»Überhaupt nicht. Wir haben vorher Briefe geschrieben. Ich erinnere mich noch, wie die Mum damals die Kinder beschrieben hat: ›Es regnet zwar öfter bei uns, aber Regenschirme brauchen unsere Kinder nicht, weil sie gehen immer zwischen den Regentropfen.‹ Sie war also sehr humorvoll und witzig. Anfangs war ich schon ein bisschen enttäuscht, weil: Was ist Iowa? Aber mir hat all das Neue gefallen. In Österreich ging ich in eine Mädchenschule, und mir ging damals ab, dass ich kaum Burschen

kannte. Dass ich lesbisch bin, habe ich erst viel später erkannt. Was ich bis heute schätze: In diese Schule in Boone, eine Stadt in Iowa, gingen alle Kinder der Stadt. Egal, wie reich oder wie arm sie waren. Wie gescheit oder weniger gescheit – und entsprechend ihren Talenten konnten sie sich die Kurse aussuchen. Englisch und American History mussten alle belegen, und in der Früh vor dem Unterricht beten ebenfalls. Aber sonst konnte man sehr individuell entscheiden. Ich suchte mir z. B. einen Kurs aus, der sich mit internationaler Politik befasste. Ich habe dort – es war das Schuljahr 1973/74 – über die SALT-Talks *(Strategic Arms Limitation Talks, also Gespräche zur Begrenzung strategischer Rüstung, Anm.)* in Wien gehört. Wir haben über den Watergate-Skandal gesprochen, das Ende des Vietnamkrieges, das Impeachment von Nixon und über Waldheim als UNO-Generalsekretär. Das waren alles Dinge, von denen ich in meiner Schule in Wien nichts gelernt oder gelesen hatte. Auch das prägt bis heute mein Bild von den USA.«

Sie sagen: auch. Es gibt also eben auch die andere Seite? Eine, die diesem Bild entgegensteht?

»Natürlich. Die USA waren und sind in vielen Teilen des Landes unglaublich puritanisch. Die Schulbälle durften nur paarweise (Mädchen-Bursch) besucht werden, in Gruppen zu gehen war nicht erlaubt. Die Mädchen mussten warten, bis sie von einem Burschen gefragt wurden. Nur beim Christmas Dance durften die Mädchen die Burschen fragen. Ich war damals weder besonders fesch noch besonders beliebt, auch wenn ich aus dem Ausland war, und daher sehr bekannt in der Schule. Mich hat beim ersten Ball keiner gefragt, beim Christmas Dance habe ich dann einen Burschen gefragt, und beim dritten Ball im Frühling habe ich – gemeinsam mit einer meiner ›Schwestern‹ aus meiner Familie, die auch nicht dem sehr engen Schönheitsideal entsprach – beschlossen: wir suchen uns jetzt welche.«

Sie hatten vor Ihrer Zeit in den USA natürlich ein Bild von Amerika, wie jeder entsprechende Vorstellungen hat, bevor er noch das erste Mal dort war. Hat dieses Bild der Realität im Jahr 1973 entsprochen?

»Nein, gar nicht. Mein Bild war das von New York und Kalifornien. Dass es dazwischen auch was gibt, wusste ich zwar, aber ich konnte es mir halt nicht so recht vorstellen. Was mir aber sehr gefiel, war der Stellenwert des Schulsports. Dass wir gemeinsam mit dem Footballteam, dem Basketballteam oder Schwimmteam zu Begegnungen in andere Städte fuhren, um das eigene Team anzufeuern. Solche Gemeinschaftserlebnisse haben Spaß und Freude gemacht.«

Wenn man länger in einem Land lebt, dann versteht man dieses Land natürlich auch besser. Wenn Sie sich zum Beispiel die Wahl von US-Präsident Trump ansehen: Können Sie diese Entscheidung dann nachvollziehen?

»Ja, schon. Ich bin mit zwei meiner ›Schwestern‹ noch in Kontakt. Und die waren beide, obwohl sie aus einem streng republikanischen Haus stammen, sehr für Hillary Clinton. Einfach weil sie eine Frau ist, endlich einmal eine Frau. Die waren nach der Wahl auch sehr enttäuscht. Was wohl eine Rolle spielte: Dieses Gefühl amerikanischer Größe kam in den vergangenen Jahrzehnten abhanden, gerade dort, wo es Industrie gab. Dazu kam die Angst vor dem Verlust von Arbeitsplätzen. Wobei Trump ja nicht einmal dafür steht, dass er tatsächlich neue Arbeitsplätze schafft, das ist ja so absurd. Aber dieses Gefühl ›wir sind wieder wer‹, also ›America First‹, hat eine große Rolle gespielt. Natürlich hat Hillary Clinton auch Fehler gemacht, aber wer hat die nicht gemacht? Trump massenweise. Viel entscheidender war, dass sich viele einfach nicht vorstellen konnten und wollten, dass eine Frau Präsidentin wird.«

Welches Frauenbild haben Sie in den USA vermittelt bekommen?

»In meiner Familie drüben hat die Mutter den Ton angegeben. Die Rolle von Frauen war aber nicht wirklich ein Thema. Für mein Frauenbild war die Zeit allerdings deswegen wichtig, weil ich viel Selbstbewusstsein gewonnen habe – allein durch die Tatsache, mit 16 für ein Jahr weit weg von der vertrauten Umgebung zu sein, und dass ich bei vielen Auftritten über Österreich erzählen musste. Wo mich alle nach ›Sound of Music‹ gefragt haben, und ob ›Edelweiß‹, eines der Lieder aus diesem Film, unsere Nationalhymne ist.«

Als Austauschschülerin kommt Lunacek auch nach New York und fasst dort einen Berufswunsch: »Als wir vor der UNO gestanden sind, habe ich gesagt: ›Ich werde Dolmetscherin.‹«

Und dieses Ziel verfolgt sie dann auch, als sie wieder zurück in Österreich ist. Sie lernt den Stoff der siebten Klasse binnen drei Monaten nach und maturiert 1975. Danach will Lunacek weg aus Wien. Zum Sprachstudium zieht sie nach Innsbruck.

»Mich haben Sprachen immer fasziniert, schon als Kind. Die Frage, warum ich das eine verstehe und das andere nicht. Warum etwas so und nicht anders heißt. Ich hatte eine Tante in England und einen Onkel in Brasilien – Sprachen waren einfach immer da in meinem Leben; schon als kleines Kind bekam ich von meiner Tante Bilderbücher auf Englisch.«

Haben Sie sich in Innsbruck wohlgefühlt?
»Ja, sehr. Ich habe sogar angefangen, tirolerisch zu reden.«

Und die Berge? Es gibt Menschen, die aus Wien kommen und sich durch die Berge eingeengt fühlen.
»Das war bei mir ganz anders. Für mich bedeuten Berge Freiheit. Das war schon während meiner Kindheit in Wien so. Urlaub in den Bergen – das war die große Freiheit. Das hat mir an Innsbruck so gefallen. Ich habe mich nicht eingeengt gefühlt, im Gegenteil. Das waren wirklich tolle Jahre, Aufbruchsjahre. Da gab es die erste Unibewegung, erste feministische Anfänge, ein erstes Frauencafé, es gab eine österreichweite feministische Konferenz. Die ersten Jahre nach der Schule waren stark von diesem Gefühl der Freiheit geprägt. Weg aus Wien zu sein, selbstständig zu sein und nicht bei meinen Eltern zu wohnen.«

Haben Sie sich dieses Leben, diese Freiheit selbst finanziert?
»Meine Eltern hatten Bekannte in Innsbruck. Die hatten selbst keine Kinder, aber eine kleine Garconniere. Und dort konnte ich gegen Betriebskosten wohnen, das waren circa 200 Schilling. Das haben meine Eltern bezahlt und ich habe noch ein bisschen Geld dazubekommen, aber ich musste schon auch selbst verdienen, mit Zettel austragen und diversen anderen Dingen.«

Die fast neunmonatige Reise nach Südamerika 1978 ändert Lunaceks Blick auf ihre berufliche Zukunft: Sie will etwas verändern, da stellt sich die Frage: wie? Aus dem Ziel, Sozialarbeiterin zu werden, wird nichts, weil die Bewerbungsfrist für die Sozialakademie bei der Rückkehr nach Österreich schon um ist. Lateinamerika und die Anliegen von Frauen sind nun ihre Kernanliegen. Sie schreibt ihre Diplomarbeit und ist Anfang der 80er-Jahre Mitbegründerin des ersten Frauenhauses in Innsbruck.

»Es haben sich damals Vertreterinnen der autonomen feministischen Szene und der SPÖ zusammengetan, und wir haben gefunden: Wir brauchen jetzt ein Frauenhaus.«

Wie haben Sie dieses Projekt aufgestellt?
»Indem wir verhandelt haben. Mit der ÖVP, der Gemeinde, dem Bürgermeister und dem Land. Wir haben mit der Katholischen Frauenbewegung und den ÖVP-Frauen gesprochen. Auch da gab es einige, die der Meinung waren, dass dies nötig ist. Wir mussten aber schon viel Überzeugungsarbeit leisten, gegen den weit verbreiteten Vorwurf, dass wir ›die Familien zerstören wollen‹, weil wir die ökonomische Selbstständigkeit von Frauen betonten und die Möglichkeit, ›dass Frauen einen gewalttätigen Mann verlassen sollten‹. Johanna Dohnal, damals Staatssekretärin, hat das Ihre dazu beigetragen, dass wir 1981 eröffnen konnten, indem sie mit dem damaligen Landeshauptmann Wallnöfer verhandelte. Diese Szene ist übrigens sogar in einem Film festgehalten. In ›Home Sweet Home‹ von Susanne Riegler.«

Damals gab es noch keine Grünen. Wo war Ihre politische Heimat?
»Ich bin immer wählen gegangen. Bei der Bundespräsidentenwahl 1986 habe ich Kurt Steyrer gewählt, das weiß ich noch. Sonst habe ich ein paar Mal Weiß gewählt, weil ich gefunden habe, es gibt niemanden, der meine Anliegen vertritt. Ich konnte weder die ÖVP noch die SPÖ wählen, und die anderen sowieso nicht.«

Ulrike Lunacek arbeitet ein Jahr lang im Innsbrucker Frauenhaus als Sozialhelferin. Nachdem eine Mitarbeiterin des Frauenhauses die Telefonnummer des einzigen Arztes in Tirol bekannt gibt, der Abtreibungen vornimmt, kündigen Katholische Frauenbewegung und ÖVP-Frauen die Zusammenarbeit auf, Lunacek verliert den Job und geht zurück nach Wien.

Die folgenden Jahre sind beruflich bewegt. Sie arbeitet als Referentin für die Organisation Frauensolidarität, gibt Flüchtlingen Deutschunterricht, arbeitet als Journalistin für das Südwind-Magazin, versucht sich in Pantomime und baut das Theater Brett in Wien-Mariahilf mit auf. Ihr eigentliches Berufsziel, Dolmetscherin zu sein, ist zu diesem Zeitpunkt schon verblasst.

»Ich hatte schon während des Studiums ein Schlüsselerlebnis. Damals machte ich bei der spanischen Tochter der Keksfirma Bahlsen ein Praktikum in Burgos. Ich habe dort ein Monat lang wirklich viel übersetzt und dann haben sie mir angeboten, bei der Jahreskonferenz am Bodensee simultan zu dolmetschen. Wir saßen zu zweit in der Kabine und ich musste den Vortrag eines Philosophen übersetzen. Ich erinnere mich nicht mehr an viel, nur daran, dass er gesagt hat: Eine Gesellschaft sollte funktionieren wie ein Ameisenstaat. Dort würden nämlich die, die nichts arbeiten, rausgeworfen. Zuerst ist mir nicht eingefallen, was Ameisen auf Spanisch heißt. Und dann habe ich gemerkt, dass ich es fast nicht zusammenbringe, diesen Gedanken auszusprechen. Später, das war auch eine Auswirkung meiner Südamerika-Reise, habe ich erkannt, dass ich mein Berufsleben nicht damit verbringen kann, die Gedanken anderer Menschen durch mein Hirn zu jagen, ohne mich selbst dazu äußern zu können, wenn ich mit dem Gesagten nicht einverstanden bin.«

Der Wunsch, eigene Gedanken zu fassen und umsetzen zu können, führt Ulrike Lunacek schließlich zur Entwicklungspolitik, zur heutigen Südwind-Agentur.

»Die Südwind-Agentur *(damals Österreichischer Informationsdienst für Entwicklungspolitik, ÖIE, Anm.)* hat Initiativen gesetzt und NGOs vernetzt, die zu diesem Thema gearbeitet haben. 1994 war die große Weltbevölkerungskonferenz der UNO in Kairo. Ich hatte schon rund um Neujahr 1993/94 mit dem Diplomaten Wolfgang Petritsch *(damals interimistischer Abteilungsleiter für multilaterale Wirtschaftsangelegenheiten im Außenministerium, Anm.)* ausgehandelt, dass der 7-Punkte-Katalog der NGOs in das offizielle Regierungsdokument Eingang findet, und war dann auch eine von drei österreichischen NGO-Delegierten bei der Konferenz. Das war total spannend. Ich durfte selbst an den Verhandlungen teilnehmen. Es ging um die Besserstellung von Frauen wie etwa im Landbesitz- und Erbrecht, um den Zugang zu sicherer Abtreibung oder um Konfliktthemen wie ›civil unions‹. Darunter wurden eingetragene Partnerschaften von Lesben und Schwulen verstanden, dabei ging es eigentlich auch um heterosexuelle Lebensgemeinschaften.«

Lunacek entdeckt ihre Lust am Verhandeln und an Mitgestaltung und beginnt mit dem Gedanken zu spielen, auf andere Art politisch aktiv zu werden.

»Ich war damals, 1995, schon im Vorstand des österreichischen Lesben- und Schwulenforums. Wir organisierten eine Veranstaltung im Palais Auersperg und luden alle Parteien außer der FPÖ dazu ein. Das Thema war, wie man mehr Öffentlichkeit und mehr Rechte für Lesben und Schwule erreichen kann. Für die Grünen kam Terezija Stoisits, für die Liberalen Heide Schmidt, für die SPÖ die damalige Frauenministerin Helga Konrad, nur von der ÖVP kam niemand, aber Bernhard Görg saß im Publikum. Und ich moderierte. Eine meiner Fragen an die Diskutantinnen war, ob ihre Parteien bereit wären, bei der nächsten Wahl offen lebende Lesben und Schwule auf ihre Listen zu setzen. Ich erinnere mich gut daran, wie wir nachher – ohne die drei Politikerinnen – zusammensaßen und ich sagte: Das würde mich reizen!«

Die nächste Nationalratswahl liegt in diesem Juli 1995 eigentlich in weiter Ferne. Die letzte Wahl ist gerade erst zehn Monate her. Wenige Wochen nach der Veranstaltung im Palais Auersperg zerbricht die Bundesregierung aber an der Erstellung des neuen Budgets. Im Dezember wird wieder gewählt.

»Ich habe mir damals gedacht: Wenn ich es jetzt nicht mache, mache ich es vielleicht nie. Wer weiß, wo ich in vier Jahren bin. Meine Lebensgefährtin Rebeca und ich hatten damals schon Flugtickets nach Ecuador, weil sie dort einen Job in Aussicht hatte. Aber sie unterstützte mich bei meiner Entscheidung, zu kandidieren. Denn es war in Österreich einfach Zeit für offen lebende Lesben in der Politik. Der Einzige, der sich zu diesem Zeitpunkt geoutet hatte, war Günter Tolar. Sichtbare Lesben gab es überhaupt nicht. Von Johanna Dohnal wussten es viele, aber gesagt hat sie es öffentlich nie.«

Ulrike Lunacek kandidiert also am Wiener Landeskongress für die Landeswahlliste der Grünen. Im Rennen um Platz sechs unterliegt sie der Nationalratsabgeordneten Marijana Grandits und bekommt den Platz dahinter.

»Das wäre eine Solidaritätskandidatur gewesen. Aber dann kam Terezija Stoisits zu mir und fragte mich, ob ich in der folgenden Woche nicht beim Bundeskongress kandidieren möchte. Sie sagte: ›Du wärst die einzige Neue. Wir treten ja alle noch einmal an, weil die Wahl so unverhofft kommt.‹ Es war klar, dass es jetzt um ein echtes Mandat ging, nicht nur um Solidarität. Ich habe dann auf einem sogenannten Männerplatz kandidiert – und habe sieben Männer geschlagen.«

Mit welchen Argumenten?

»In meiner Rede habe ich vor allem über meine internationale Kompetenz gesprochen, meine Erfahrungen bei der Bevölkerungskonferenz, das Frauenthema – und dann natürlich, dass ich offen als Lesbe antrete. Mit einer Selbstverständlichkeit. Denn es braucht neben gleichen Rechten auch Sichtbarkeit. Und ein Motto: It's normal to be different. Es ist normal, anders zu sein. So habe ich den Platz gewonnen.«

Das Ziel, als erste deklariert lesbische Nationalratsabgeordnete ins Parlament einzuziehen, verfehlt Lunacek allerdings. Das sicher geglaubte Mandat geht sich nicht aus, weil die Grünen vier Abgeordnete verlieren und sich nur knapp im Nationalrat halten können.

»Am Wahlabend war ich schon enttäuscht. Wir Grüne sind gerade noch ins Parlament reingekommen, und ich gerade nicht. Ich stand dann vor der Entscheidung, ob ich bei den Grünen weitermachen will oder nicht. Peter Pilz wollte mich überreden, im folgenden Jahr für den Wiener Landtag zu kandidieren, aber ich wusste, dass das nichts für mich ist, und habe abgelehnt. Das war der kurze Zeitraum, in dem Pilz mich geschätzt hat. Das hat dann bald aufgehört.«

Drei Monate nach der für die Grünen schwierigen Nationalratswahl stellt sich die Partei neu auf. Christoph Chorherr folgt Madeleine Petrovic als Bundessprecher. Ulrike Lunacek wird als Bundesgeschäftsführerin bestellt.

»Ich würde niemandem raten, so eine wichtige Funktion in einer Partei zu übernehmen, die du nicht kennst. Noch dazu nach einer ziemlichen Niederlage. Ich habe mir damals zwar zugetraut, das zu schaffen, aber es waren die zwei härtesten Jahre meines Lebens.«

Was war so hart?
»Ich kannte die Partei nicht. Ich wusste nicht, wer gegen wen ist, und wo ich in diesem Spiel stehe. Wir hatten gerade eine Wahl verloren und dadurch mehr Schulden als Einnahmen. Wir mussten Leute entlassen. Für mich war das besonders schwer, weil ich noch nie Personal unter mir hatte. Daher musste ich mich auf andere verlassen, die mir zum Teil falsche Ratschläge gaben. Und zu alldem kam, dass wir eigentlich völlig demotiviert waren.«

Wie haben Sie sich und die anderen dann wieder motiviert?
»Es ist schon auch vieles gelungen in dieser Zeit. Wir sind zum Beispiel erstmals in die Landtage in Niederösterreich und Oberösterreich eingezogen. Aber es war für mich so beinhart, weil ich nicht wusste, wem ich vertrauen kann. Dann kam noch dazu, dass Christoph Chorherr als Bundessprecher mir an einem Sonntagabend per Telefon mitteilte, dass er am nächsten Tag im Morgenjournal seinen Rücktritt ankündigen werde. Da musste ich überlegen, was das für mich bedeutet. Ich wollte jemanden zur Nachfolge, der oder die das politische Management beherrscht. Jemanden, der diesen Haufen von Grünen mit all ihren Unterschieden zusammenhalten kann, und das dann ordentlich nach außen vertritt. Da kam für mich nur Michaela Sburny infrage, die damals noch Landesgeschäftsführerin in Niederösterreich war und dort die Landtagswahl schlagen musste – mit Erfolg, übrigens. Ich blieb dann also noch einige Monate länger. Aus Loyalität, nicht aus Überzeugung.«

Wäre Ihnen diese Funktion leichtergefallen, wenn Sie die Strukturen besser gekannt hätten, oder ist das Parteimanagement einfach nichts für Sie?
»Nein, ich bin das nicht. Ich hätte mir das damals schon denken können, aber ich wollte es probieren. Jetzt weiß ich: Ich

bin keine gute Managerin. Vor allem intern eine Partei führen, das kann ich nicht. Ich kann auch auf den politischen Gegner hinbeißen, wenn ich will, aber eigentlich möchte ich inhaltlich etwas weiterbringen und mich nicht auf reine Parteiinteressen konzentrieren.«

Sie sagen, es war für Sie selbstverständlich, als offene Lesbe in der Öffentlichkeit zu stehen. Sie haben sich 1995 dazu entschieden. Damals war das singulär für Österreich, aber heute sind Outings auch nicht viel häufiger. Warum ist das so?
»Natürlich ist es in Parteien, die gegenüber Lesben und Schwulen offener sind, leichter. Auch in Parteien, die eine progressivere Frauenpolitik haben. Aber schon in der SPÖ war es nicht leicht. Und in der ÖVP noch einmal schwieriger. In der FPÖ geht es fast gar nicht. Obwohl wir wissen, dass es überall Lesben und Schwule gibt.«

In Deutschland gab es einen homosexuellen Vizekanzler, der mit seinem Mann auf Staatsbesuch gefahren ist. Berlin hatte lange einen offen schwulen Bürgermeister. Wäre das in Österreich denkbar?
»Österreich ist kein besonders liberales Land, noch nie gewesen, und es gibt hier immer noch starke patriarchale Strukturen. Das hat auch viel mit dem Stellenwert der katholischen Kirche in Österreich zu tun, und der dort immer noch verbreiteten Homophobie. Man akzeptiert zwar mittlerweile, dass es Homosexualität gibt, aber das ist zu wenig. Sowohl Sichtbarkeit wie gleiche Rechte sollten Bestandteil jeder Gesellschaft sein. Im Vergleich zu den 1990er-Jahren ist Österreich heute schon um vieles offener, dazu haben auch mehrere sichtbar lebende Lesben und Schwulen, auch in der Politik, beigetragen.«

Kennen Sie Lesben oder Schwule aus anderen Parteien, von denen die Öffentlichkeit nichts weiß?
»Einige wenige kenne ich. Aber es ist in Parteien nicht anders als in Unternehmen. Viele fürchten sich vor Mobbing, vor blöden Bemerkungen, vor Nachteilen in der Karriere.«

Oft werden Coming-outs ja auch erzwungen, weil die Betroffenen erpresst werden. Warum ist man mit sexueller Orientierung erpressbar?

»Es wird in der Öffentlichkeit einfach nicht goutiert. Und da haben viele Angst, dass sie ihren Job verlieren könnten.«

Glauben Sie, dass ein Outing heute noch eine Existenz zerstören kann?
»Bei manchen vielleicht. Ich verstehe diese Ängste, aber ich sage immer: Wenn wir nicht offen dazu stehen, wenn wir nicht sagen, dass es normal ist, anders zu sein, dass es Homosexualität immer schon gegeben hat, in jeder Gesellschaft, überall auf der Welt – wer soll es dann sagen? Natürlich gibt es immer noch Menschen, die das anzweifeln, aber denen muss man sagen: Es ist so. Homosexualität ist keine Krankheit und deshalb auch nicht heilbar. Und für die, denen das wichtig ist: Homosexualität ist Teil der Schöpfung, sonst würde es sie nicht geben. Wenn wir selbst immer nur Angst haben und nicht offen dazu stehen, dann tun wir Menschen aus Gegenden, wo es viel schwerer ist, sich zu outen, nichts Gutes. Zwei Tage vor der Van der Bellen-Wahl hat ein schwuler Bekannter zu mir gesagt: ›Wenn der Hofer gewinnt, werde ich nicht mehr so offen leben wie jetzt.‹ Da habe ich ihm geantwortet: ›Wenn wir, die wir ein gutes Leben haben, die wir wohlsituiert sind und Vorgesetzte haben, die uns akzeptieren, anfangen, uns zurückzuziehen, was sollen denn dann die anderen tun? Wenn wir uns verstecken, geben wir auch den Heteros nicht die Möglichkeit, zu sehen, dass es uns immer und überall gibt. In jedem Sportverein, in jedem Ministerium, in fast jeder Familie.‹«

Ihre Lebensgefährtin Rebeca, mit der Sie seit 25 Jahren zusammen sind, kommt aus Peru. Hat die Vehemenz, mit der Sie für eine offene Haltung eintreten, etwas damit zu tun, dass ein Outing für eine Lateinamerikanerin viel schwerer war?
»Als Rebeca und ich uns 1989 kennenlernten, fand in Wien gerade die internationale Lesben- und Schwulenkonferenz statt, und ich habe für die Latinos gedolmetscht. Wir sind damals alle in das Konzentrationslager Mauthausen gefahren. Es gibt dort seit 1984 den Gedenkstein ›Rosa Winkel auf Marmor‹ für die homosexuellen Opfer. Den haben wir besucht. Viele, die in Mauthausen dabei waren, wurden aber auch 1989 noch verfolgt. Rebeca war Direktorin der einzigen Lesben- und Schwulenor-

ganisation in Lima. Die haben dort Todesdrohungen gekriegt. Rebeca ist trotzdem nicht weggegangen, sie ist geblieben. Damals habe ich ganz stark gespürt, wie gut wir es in Österreich eigentlich haben. Und ich dachte mir: Wovor soll ich mich denn fürchten? Sie merken eh, ich werde da sehr vehement. Dinge, die wir uns erkämpft haben, gibt man nicht auf, nur weil einige finden, dass es uns nicht geben darf. Gegen diese verinnerlichte Homophobie, die manche haben, können und müssen wir selbst viel tun. Da haben wir Verantwortung.«

Sie kommen aus einer sehr bürgerlichen Familie. Kennen Sie selbst nicht auch die Scheu, sich zu outen?
»Ich habe meinen Eltern immer viel über mich erzählt. Von Leuten, die mir wichtig waren, in die ich verliebt war. Nicht im Detail, aber grundsätzlich. Ich habe gefunden, das Wichtige in meinem Leben sollen sie wissen. Ich war auch immer überzeugt davon, dass sie gut reagieren werden. Sobald ich mir sicher war, dass ich lesbisch bin, habe ich es also meinen Eltern gesagt. Sie waren zuerst nicht erfreut, aber sie haben es hingenommen. Ihre Botschaft war: Wenn das jetzt so ist für dich, dann ist es halt so.«

Warum waren sie nicht erfreut?
»Für sie war natürlich die logische Konsequenz, dass ich keine Kinder haben werde. Und sie hätten gerne einen Ehemann für mich und einen Schwiegersohn für sich gehabt. Rebeca haben sie aber sehr gerngehabt. Wir waren sogar einmal alle gemeinsam drei Wochen in Peru und in Chile. Und Rebeca hat den Wahlabend 2017 bei meiner Mutter verbracht. Es war dann schon okay für sie, so wie es war.«

Wie sind Ihre Eltern damit umgegangen, dass Sie offen als Lesbe kandidiert haben?
»Sie waren damals, das war 1995, in Australien auf Urlaub. Es gab keine Handys, keine Mails. Ich hatte nur die Faxnummern der Hotels, in denen sie untergebracht waren. Mir war klar, dass ich ihnen das sagen muss. Der Name Lunacek war bekannt in ÖVP-Kreisen. Und sie sollten es auf keinen Fall von jemandem anderen erfahren. Also habe ich ihnen ein Fax ge-

schrieben und sie an eine Geschichte aus meiner Kindheit erinnert. Wir waren damals in einem noblen Restaurant essen, ich habe mir ein Hendl bestellt. Ich wollte, wie daheim, den Haxen in die Hand nehmen und ihn abnagen. Als ich meine Eltern gefragt habe, ob ich dürfe, hat mein Vater gesagt: ›Wenn du das ganz selbstverständlich machst, wird sich niemand aufregen.‹ Und als ich meinen Eltern dann meine Kandidatur per Fax mitgeteilt habe, habe ich geschrieben: ›Ihr habt meinem Bruder und mir beigebracht, dass wir Dinge, von denen wir überzeugt sind, auch tun und dazu stehen sollen. Ich kandidiere für die Grünen, und ich kandidiere offen als Lesbe.‹ Das war nicht einfach. Gleichzeitig habe ich mir gedacht: Was soll passieren? Ich wusste, dass sie mich lieben für das, was ich bin. Dass sie stolz sind auf mich. Am nächsten Tag in der Früh hat das Telefon geläutet. Mein Vater war am Apparat. Er hat gesagt: ›Gut, dass du das machst und dass du offen damit umgehst. Du musst dir den Rücken freihalten. Du darfst nicht erpressbar sein.‹ Das war wahnsinnig toll. Ich habe geweint und mich bedankt. Es ist für mich bis heute schön, weil ich weiß, dass das nicht leicht war für meinen Vater, diesen großzügigen Patriarchen mit dem manchmal polternden Auftritt. Als ich dann im Parlament war, hat er immer zu mir gesagt: Schade, dass er nicht mehr berufstätig sei, er würde mich so gerne seinen konservativen Kollegen gegenüber verteidigen. Das tat er auch. Das war eine große Stütze.«

Wie haben Sie die weltanschaulichen Gräben überwunden?
»Das war nicht immer leicht. Wir haben in früheren Zeiten heftigst diskutiert und auch gestritten. Wir haben diese Gegensätze nicht stehen gelassen. Das ging oft so weit, dass meine Mutter weinend gesagt hat: ›Streitet doch nicht immer.‹«

Haben Ihre Eltern Grün gewählt?
»Am Schluss schon. Mein Vater ist 2013 gestorben. Er war sehr stolz auf mich und hat Grün gewählt. Meine Mutter, die zu Ostern 2018 gestorben ist, hat immer gesagt: Schade, dass er nicht mehr erleben konnte, dass ich Vizepräsidentin im Europäischen Parlament geworden bin. Das hätte ihm sehr gefallen.«

Ulrike Lunacek ist eine der höchstrangigen Politikerinnen, die Österreich je in einer EU-Institution vertreten haben. Dabei hatte sie einen weiten Weg zu gehen, bis sie von der EU überzeugt war. 1994 stimmt sie beim Beitrittsreferendum noch gegen eine Mitgliedschaft Österreichs.

»Ich war damals noch nicht bei den Grünen, aber viele der Argumente, die von ihnen kamen, waren auch meine. Der Eindruck, dass die EU zu wenig demokratisch ist und die Wirtschaft zu viel Einfluss habe. Auch, dass das Parlament noch zu schwach war. Ich wollte aber vor allem nicht, dass die Regierung einen so großen Erfolg feiert. Es war eine Art Protesthaltung. Heute würde ich das nicht mehr so machen.«

Und was hat für Sie damals für den Beitritt gesprochen?

»Ich hatte das Gefühl, dass Österreich durchlüftet werden muss. Dass es ein Durchlüften von Haltungen und Einstellungen geben sollte. Dass die Enge in diesem Land ein bisschen weiter wird.«

Ist das wirklich gelungen?

»Jein. Ich war überzeugt davon, dass wir die EU von innen her ändern können. Das ist nicht so gelungen, wie ich es gerne hätte. Das Problem, das wir in Österreich haben – und in vielen anderen Ländern auch –, ist eine Spaltung der Gesellschaft: Auf der einen Seite stehen die besser Gebildeten, die mehr Einkommen haben, die sich in diesem Europa frei bewegen können und die auch sehr mobil sind. Auf der anderen Seite stehen die Globalisierungsverlierer, die keine gute Ausbildung haben oder arbeitslos sind und die einfach nicht das Gefühl haben, dass diese Europäische Union auch für sie da ist. Zwischen diesen Polen gibt es eine enorme Kluft, die nicht leicht geschlossen werden kann.«

1999 bewirbt sich Ulrike Lunacek erstmals um ein Mandat im Europäischen Parlament. Anders als bei anderen Parteien, entscheidet bei den Grünen der Bundeskongress über jeden einzelnen Listenplatz. Als Kandidaten stellen sich unter anderem der schon erfahrene Europaabgeordnete Johannes Voggenhuber, die Schauspielerin Mercedes Echerer und eben Ulrike Lunacek. Der damalige Bundessprecher Alexander Van der Bellen empfiehlt dem

Bundeskongress Voggenhuber als Spitzenkandidat und Echerer als Nummer zwei. Der Kongress folgt ihm, Lunacek ist enttäuscht. Tagelang wird sogar über ein mögliches Ende ihrer politischen Karriere spekuliert.

»Das war eine der bitteren Erfahrungen. Es gab einige in der Partei, vor allem Männer, die der Meinung waren, dass ich nach meiner Zeit als Bundesgeschäftsführerin nicht mehr das neue Gesicht bin, keine große Attraktion mehr sei. Aber ich habe mich natürlich viel besser ausgekannt in EU-Fragen und habe viel besser gewusst, worum es geht. Das war damals schon sehr kränkend. Mit Mercedes habe ich mich die Jahre hindurch eigentlich recht gut verstanden. Sie hatte es auch nicht leicht neben Johannes Voggenhuber.«

Ist das nicht zu viel an Basisdemokratie, dass wirklich über jeden einzelnen Listenplatz bei jeder Wahl abgestimmt wird und es daher für jeden Platz eine Kampfkandidatur gibt?

»Das ist schon beinhart. Ich habe verloren und ich habe gewonnen, ich habe beides erlebt. Das sind die härtesten Momente eines Politikerlebens. Du bist für so viele Konkurrentin oder Konkurrent. Du musst gegen Kolleginnen und Kollegen antreten, mit denen du dich gut verstehst. Auch solche, die du selbst im Parlament haben und mit denen du weiter zusammenarbeiten willst. Aber das spielt in diesem Moment keine Rolle. Du musst gewinnen wollen.«

Wie legt man so einen internen Wahlkampf an?

»Indem man sich selbst in den Vordergrund rückt, und das, wofür man steht und worin man gut ist. Du musst erklären können, was du besser kannst als die anderen und wofür es dich braucht. Das Problem ist nur, dass nicht nur nach diesen Kriterien entschieden wird. Da spielt vieles eine Rolle. Ich bin schon länger dafür, dass wir das ändern. Wir haben bei den Grünen immer sehr viele Leute, die viel wissen und gut sind – und alle wollen vorne sein. Das geht sich platzmäßig aber in der Öffentlichkeit nicht aus. Ich finde es schade, dass es weder Van der Bellen noch Eva Glawischnig gelungen ist, durchzusetzen, dass zumindest ein oder zwei Personen von der Parteispitze nominiert werden können.«

Zehn Jahre nach dem ersten Versuch kandidiert die nunmehr langjährige Nationalratsabgeordnete Lunacek wieder für einen Listenplatz bei der Wahl zum EU-Parlament. Diesmal will sie Spitzenkandidatin werden. Doch jemand anderer will das auch: Johannes Voggenhuber. Die Grünen sind 2009 in einer Umbruchphase. Alexander Van der Bellen tritt von der Parteispitze ab, Eva Glawischnig übernimmt. Am Bundeskongress soll sowohl die Wahl der neuen Parteichefin als auch die der Spitzenkandidatur bei der Europawahl stattfinden. Ersteres geht reibungslos über die Bühne, Zweiteres wird zum Kampf. Schon vor dem Kongress lässt Voggenhuber ausrichten, dass er nur als Nummer eins in die Wahl gehen wird. Lunacek tritt dennoch gegen den Platzhirschen an.

»Ich habe einfach gewusst, dass ich gewinnen kann. Ob es wirklich klappt, wusste ich natürlich erst nach der Abstimmung. Einerseits habe ich mich darauf verlassen, dass ich mir in all den Jahren einen Namen gemacht hatte, auch in Europa. Ich war damals schon drei Jahre lang Vorsitzende der Europäischen Grünen Partei. Das Zweite war, dass es eine gewisse Unzufriedenheit mit Johannes Voggenhuber gab. Inhaltlich lagen wir kaum auseinander, außer in der Türkeifrage. Ich habe seine Arbeit, vor allem was den Verfassungsprozess betrifft, immer bewundert. Aber er kam in den letzten Jahren kaum zu internen Sitzungen, und wenn er kam, hat er eine Rede gehalten und ist wieder gegangen. Van der Bellen hat ihn auch immer sehr geschätzt. Bis Voggenhuber ihm einmal ausrichten ließ, dass die Grünen wie ein Hofstaat geführt würden. Dann war es aus. Johannes war seit 1994 die Nummer eins, das waren 15 Jahre. Und da haben halt manche gefunden, es wäre Zeit für einen Wechsel.«

54,7 Prozent der Delegierten entscheiden sich schließlich für Ulrike Lunacek als Spitzenkandidatin. Als Journalisten Voggenhuber nach der Niederlage um einen Kommentar bitten, antwortet er nur: »Ich habe überhaupt nichts zu sagen.« Zehn Tage danach kündigt er eine »Solidaritätskandidatur« an. Damit könnte er mit Vorzugsstimmen die Reihung umdrehen. Die Unruhe ist groß und endet nach einigen Krisensitzungen schließlich doch im Rückzug des langjährigen Parlamentariers.

»Am Ende war es ein Kampf gegeneinander, das war schade. Aber ich habe einfach gefunden, dass es Zeit war, dass eine Frau ihr Wissen und ihre Erfahrung zeigt. Und zwar an der Spitze.«

Es wird ein schwieriger Wahlgang für die Grünen. Sie verlieren drei Prozentpunkte, halten aber zwei Mandate. Ulrike Lunacek und Eva Lichtenberger ziehen als Vertreterinnen der Grünen ins Europaparlament ein.

Haben Sie sich danach mit Johannes Voggenhuber ausgesprochen?
»Nein, habe ich nicht. Ich hatte nicht den Eindruck, dass er das will. Aber ich habe es auch nicht probiert. Wenn wir uns in Brüssel sahen, hat er einen weiten Bogen um mich gemacht. Wir grüßen einander, aber mehr nicht.«

Im Europäischen Parlament sitzen 751 Abgeordnete, im österreichischen 183. Was sind für Sie die größten Unterschiede bei der Arbeit in diesen beiden Gremien?
»Der größte Unterschied ist, dass man im Europaparlament wirklich ständig über Fraktionsgrenzen hinaus verhandelt, um gute Ergebnisse zu erzielen. Und dass alle Fraktionen drankommen, auch die kleineren, also auch wir.«

Das heißt, man kann als Grüne inhaltlich mehr weiterbringen?
»Ja, man kann inhaltlich mehr machen. Ich war acht Jahre lang Kosovo-Berichterstatterin. Das hat mir eine hohe Sichtbarkeit und auch eine hohe Zuschreibung von Kompetenz gegeben. Das hat mir wirklich Freude bereitet, auch wenn es nicht immer einfach war. Man kann auch als kleinere Fraktion wirklich große Erfolge haben. Zum Beispiel die Beschränkung der Bankerboni – das hat ein Grüner, ein Belgier, hauptsächlich ausverhandelt.«

Materien, die im Europaparlament verhandelt werden, sind oft sehr komplex. Umso erstaunlicher ist es, dass bei EU-Wahlen überdurchschnittlich viele Promikandidaten, also Quereinsteiger kandidieren. Warum ist das so?
»Weil die Parteien glauben, dass sie mit Prominenten mehr Stimmen kriegen als mit den regulären Kandidatinnen und

Kandidaten, die oft nicht so sichtbar sind im Herkunftsland. Es ist medial auch wirklich schwierig. Als ich zum ersten Mal einen österreichischen Korrespondenten in Brüssel getroffen habe, erzählte ich ihm ganz stolz, in welchen Ausschüssen ich sitze, welche Gesetzesvorlagen wir angehen und welch tolle Projekte wir vorhaben. Und er schaute mich an und sagte: ›Wissen Sie, was eine gute Geschichte ist? Wenn Sie einen Konflikt mit Ihrer Parteichefin oder mit der Bundesregierung haben.‹ Europäische Politik nach Österreich zu bringen, ist wahnsinnig schwer. Außerdem werden viele europäische Gesetze erst interessant, wenn sie in Österreich umgesetzt werden. Und das geschieht meist erst Jahre später, nachdem sie im Europaparlament diskutiert und beschlossen wurden.«

2013 wird Lunacek am Bundeskongress der Grünen wieder als Spitzenkandidatin für die EU-Wahl nominiert, diesmal mit klarer Mehrheit. Am Wahlabend schneiden die Grünen dann deutlich besser ab als erwartet. Obwohl mit den NEOS neue Konkurrenz antritt, legen sie fast fünf Prozentpunkte zu und erzielen das beste bundesweite Ergebnis in der Geschichte der Grünen.

Hat Ihnen das auch ein wenig Genugtuung gegeben?
»Es war eine große Freude. Diesen Beweis zu bekommen, dass ich es kann. Nicht nur von den Grünen, sondern von den Wählerinnen und Wählern. Das hat mich mit großer Freude erfüllt. Genugtuung würde ich es nicht nennen.«

Haben Sie aus dem Wahlkampf 2009 etwas gelernt, das Sie dann anders, besser gemacht haben?
»Die Voraussetzungen waren besser. Es gab keine Kampfabstimmung, ich war klar die Spitzenkandidatin. Insofern gab es auch in der öffentlichen Wahrnehmung keinen Konflikt, der alles überlagert. Und das hilft natürlich. Ich bin sicher auch besser in meinen Argumentationen geworden. Ich wusste vor allem, wie es im Europaparlament zugeht, hatte auch bereits Erfolge dort errungen und vorzuweisen – auch gegen Widerstand. Ich hatte an Bekanntheit und Anerkennung gewonnen und konnte mit dem bereits Erreichten argumentieren.«

Wenige Wochen nach der Europawahl wird Ulrike Lunacek als Vertreterin der grünen Fraktion zur Vizepräsidentin des Europäischen Parlaments gewählt und ist damit formal die ranghöchste Österreicherin in diesem Gremium. Insgesamt hat der damalige Parlamentspräsident Martin Schulz 14 Stellvertreter.

Die Vizepräsidentin ist fraglos eine ehrenvolle und große Aufgabe. Aber welche reale Macht hat man in so einer Position?

»Ich war zum Beispiel mit einem Präsidiumskollegen zuständig für die Finanzierung der Parteien und Stiftungen, und da ist mir eine der Lücken aufgefallen, die die FPÖ und andere Rechtsaußen-Parteien nutzten, um mehr EU-Geld zu bekommen. Die haben wir geschlossen, jetzt müssen sie das missbräuchlich verwendete Geld zurückzahlen. Das ist dann schon reale Macht.

Es gelang uns, den ersten Schritt zur Aufdeckung der Veruntreuung von Geldern des Europäischen Parlaments (EP) durch den Front National und Marine Le Pen einzuleiten: Wir wurden auf ein Organigramm aufmerksam, in dem völlig ohne Skrupel die Arbeit der ParlamentsassistentInnen der Abgeordneten des Front National für die nationale französische Partei dargestellt war. Ich erinnere mich, wie fassungslos ich angesichts dieser Unverfrorenheit war. Das sind verbotene Scheinbeschäftigungsverhältnisse, deshalb verlangt das EP nun die Rückzahlung von rund 7 Millionen Euro. In einer TV-Debatte mit mir insistierte der Front-National-Europaabgeordnete Bruno Gollnisch, ein verurteilter Holocaust-Leugner, dass er ja in Frankreich gewählt sei und das Geld deshalb für seine französische Partei ausgebe. Dass das EP das verbietet, störe ihn wenig ... Jetzt müssen sowohl Gollnisch als auch Vater und Tochter Le Pen jeweils rund 300.000 Euro zurückzahlen. Nun ist auch die französische Justiz am Zug, und da droht der Partei die Insolvenz. Selbst schuld, kann ich nur sagen. Ein anderes Beispiel ist die Abschaffung der kleinen Plastik-Wasserflaschen in den Sitzungsräumen des Europaparlaments. Der erste Schritt als Verantwortliche für die Ökomanagement-Zertifizierung war die Installation von Wasserspendern in allen Gängen, angeschlossen ans Wassersystem, ausgestattet mit Filtern. Das ist eine massive Reduktion von Plastik, da geht das Europaparlament jetzt mit gutem Beispiel voran.«

Die meiste Zeit widmet Lunacek aber ihrer Funktion als Kosovo-Berichterstatterin, in der sie zu einer wichtigen Vermittlerin zwischen der EU und den Westbalkanstaaten wird.

Die Flüchtlingskrise im Jahr 2015, die daraus entstehenden politischen Konflikte und die zunehmende Polarisierung der Gesellschaft machen es den Grünen schwerer, mit Themen durchzukommen. Für die österreichischen Grünen gibt es ein weiteres Hemmnis, klar Positionen zu beziehen und sie vehement zu vertreten. Anfang Jänner 2016 gibt der langjährige Bundessprecher Alexander Van der Bellen seine Kandidatur für das Amt des Bundespräsidenten bekannt. »Ich bin überzeugt, dass ich eine Chance habe, aber ich bin nicht naiv. Ich weiß, dass ich ein Außenseiter bin«, sagt er bei seiner Präsentation.

Konnten Sie sich jemals vorstellen, dass in Österreich ein ehemaliger Grüner Bundespräsident wird?
»Ursprünglich nicht. Ich habe aber schon zu denen gehört, die eine Kandidatur von Sascha sehr befürworten. Und ich war auch dafür, alle Kraft, Energie, alles Geld, was immer nötig ist, in dieses Ziel zu investieren.«

Aber wie realistisch war zu Beginn der Gedanke, dass er wirklich Bundespräsident wird? Ging es anfangs nicht bloß darum, ein Zeichen zu setzen?
»Wir haben es für möglich gehalten, dass er in die Stichwahl kommt. Und als dann die Namen der anderen KandidatInnen bekannt wurden, haben wir auch die Möglichkeit gesehen, dass er es wirklich schafft.«

Passt ein grüner Bundespräsident zu Österreich und zur politischen Position des Landes?
»Ich finde schon, dass es zu Österreich passt. Bei allen konservativen Eigenschaften, die das Land hat. Die Grünen sind ja in gewisser Weise im Wortsinn konservativ, also bewahrend. Wir wollen die Umwelt nicht zerstören, die Ressourcen nicht völlig ausbeuten, wir wollen sie behalten. Das ist schon konservativ, dieses Bewahrende.«

Alexander Van der Bellen hat den Heimatbegriff zum Teil seiner Kampagne gemacht. Das haben nicht alle gut gefunden, auch nicht alle in der Partei. Wie haben Sie das gesehen, als Europäerin?

»Ich habe das gut gefunden und ich habe immer sehr verteidigt, dass Sascha auch diesen Heimatbegriff genommen hat. Gerade als eine, die immer schon viel gereist ist und woanders gelebt hat: Unser Land ist einfach sehr schön. Und das fällt dir auf, wenn du oft weg bist. Ich fand es wichtig, diesen Begriff den Rechten wieder wegzunehmen. Und ich denke, dass dieser moderne, offene Heimatbegriff dazu beigetragen hat, dass er gewonnen hat.«

Van der Bellens Wahl war natürlich ein riesiger Erfolg für die Grünen. Allerdings in einem sehr schwierigen Jahr, dem Jahr nach der Flüchtlingskrise. Die Stimmung war sehr polarisiert und die Grünen aus Rücksichtnahme auf den Präsidentschaftswahlkampf sehr ruhig. War das der Grundstein dafür, dass es ein Jahr später so schiefgegangen ist?

»Sicher, ja. Ich habe mich ja manchmal selbst gefragt in dieser Zeit: Sag ich das jetzt noch oder nicht? Weil ich wusste, dass sowohl Van der Bellen als auch sein Team darauf bedacht waren, dass die Aussagen zusammenpassen. Und natürlich war uns allen wichtig, dass er die Wahl gewinnt, als wir dann eine realistische Chance sahen, dass er sie gewinnen konnte.«

Sie mussten sich also quasi dazu ermahnen, moderat zu sein?

»Es ging manchmal wirklich um Formulierungsfragen. Da habe ich selbst auch mit mir gekämpft. Wer äußert sich in welcher Form zu welchem Thema? Darf ich es sagen – und Eva Glawischnig nicht mehr? Das haben wir uns schon immer wieder überlegt. Und natürlich hat der Wahlkampf viel Geld gekostet. Ein Großteil des Personals war auf den Präsidentschaftswahlkampf fokussiert. Und es ging in erster Linie darum, die Finanzierung für den Van der Bellen-Wahlkampf sicherzustellen und nicht irgendwelche anderen Kampagnen zu machen.«

Kaum ist Van der Bellen in der Hofburg angekommen, bricht rund um die Hochschülerschaftswahl ein Konflikt zwischen der Parteispitze und den Jungen Grünen aus, der völlig eskaliert. Nachdem die grüne Jugendorganisation darauf beharrt hatte, eine Liste zu unterstützen, die in Konkurrenz zur offiziellen grünen Studentenliste stand, entzieht ihr die Bundespartei die Finanzierung. Dieser Konflikt lässt aufbrechen, was monatelang unter der Decke schlummerte. Erste Gerüchte über einen bevorstehenden Rücktritt von Eva Glawischnig machen die Runde. Sie dementiert. Kurz vor Ostern kommen bei ihr gesundheitliche Probleme zu den parteiinternen hinzu. Anfang Mai tritt ÖVP-Bundesparteiobmann Reinhold Mitterlehner zurück, Sebastian Kurz übernimmt die Partei und beschreitet den Weg zu vorgezogenen Neuwahlen. Eva Glawischnig muss überlegen, ob sie abermals einen Wahlkampf für die Grünen schlagen will, und sie entscheidet sich dagegen.

Wann war Ihnen klar, dass die Bundessprecherin offensichtlich so stark unter Druck war, dass sie eigentlich nicht mehr konnte?
»Ich war nur im erweiterten Bundesvorstand und habe die Angelegenheit mit den Jungen Grünen von außen verfolgt. Ich habe aber auch diese Entscheidung mitgetragen. Man kann nicht zwei grüne Parteien gegeneinander antreten lassen. Die ganze Dramatik war mir zu diesem Zeitpunkt aber nicht so bewusst.«

Wann haben Sie erfahren, dass Eva Glawischnig zurücktreten wird?
»Ich war an jenem Mittwochabend in Straßburg mit zwei katalanischen Freunden essen. Als ich dann zurück ins Hotel kam, schaute ich am iPad nach, was es denn so Neues gibt. Und da sah ich einen Online-Artikel mit dem Inhalt: Glawischnig tritt zurück. Ich habe sofort mit Wien telefoniert, und es wurde mir tatsächlich bestätigt. Der Bundesgeschäftsführer hat mir eine Telefonkonferenz für Donnerstag um acht Uhr früh angekündigt. Und er hat auch gesagt: ›Wir würden uns wünschen, dass du das machst.‹«

Hat Sie Glawischnigs Rücktritt überrascht?
»Es kam nicht völlig aus heiterem Himmel, aber der Zeitpunkt war überraschend.«

Während die Journalisten also das Namedropping für Glawischnigs Nachfolge beginnen, bereitet sich die scheidende Bundessprecherin für eine dann durchaus emotionale Pressekonferenz vor. Und Ulrike Lunacek diskutiert in einer Telefonkonferenz mit den Spitzen der Grünen darüber, wie es nun weitergehen soll.

»Ich habe gewusst, dass es Astrid Rössler *(damals Grüne Landeshauptmannstellvertreterin in Salzburg, Anm.)* sicher nicht machen will. Bei Ingrid Felipe *(Grüne Landeshauptmannstellvertreterin in Tirol, Anm.)* war es mir nicht so klar. Ich selbst fing dann natürlich an nachzudenken und mit einigen Leuten zu telefonieren. Am Nachmittag flog ich von Straßburg nach Wien zurück und fuhr mit dem Zug weiter nach Salzburg, wo am nächsten Morgen Vorstand war. Mir wurde dann schon klar, dass ich das machen muss.«

War es mehr Pflichtgefühl, oder hatten Sie schon auch Lust daran und darauf?
»Ich bin sehr loyal, aber ich mache nicht alles. Ich hätte es nicht gemacht, wenn ich nicht überzeugt davon gewesen wäre, dass wir das schaffen können. Und ich mag Wahlkämpfe. Das macht mir Freude. Es hat schon was, so im Vordergrund zu stehen, das habe ich im Wahlkampf 2014 erkannt. Ich leugne nicht, dass mir das gefallen hat, und ich weiß auch, dass ich das mittlerweile gut kann.«

Was hat dagegengesprochen?
»Vor allem die Frage, was wir dann bei der Europawahl 2019 machen. Meine erste Bedingung war: Okay, ich mach's, aber ich geh dann zurück ins Europaparlament. Da haben alle gesagt, das geht nicht. Das habe ich dann auch eingesehen. Meine zweite Bedingung war: Ich mach nur die Spitzenkandidatur, nicht die Parteiführung. Und Ingrid Felipe hat gesagt, sie macht nur die Parteispitze und nicht die Spitzenkandidatin.«

War diese Aufteilung und diese Doppelspitze nicht die falsche Entscheidung?
»Es ging nicht anders. Die Vorstellung, die Parteiführung auch noch gleichzeitig zu machen, mit allen ständig Kontakt halten und die Partei managen zu müssen, war für mich unerträglich. Nein, vielen Dank. Das geht nicht. Wenn ich mich darauf kon-

zentrieren muss, diesen Wahlkampf zu gewinnen, dann kann ich mich nicht ständig um die Interna kümmern.«

Die Frage ist nur: Wurde ausreichend Kontakt gehalten?
»Ingrid hat sehr vieles übernommen. Es war auch für sie ein Sprung ins kalte Wasser. Sie war schon vorgesehen als Nachfolgerin von Eva, aber sie hätte noch mehr Zeit gebraucht. Wenn Ingrid das nicht gemacht hätte, hätte ich mir jemanden anderen zur Seite holen müssen. Für mich war klar: Beides mache ich nicht.«

Dabei weiß Lunacek noch gar nicht, was alles auf sie zukommen wird. Einen Monat nach ihrem 60. Geburtstag wird sie mit 96,5 Prozent Zustimmung zur Grünen Spitzenkandidatin gewählt. Es ist das deutlichste Votum, das es bei einer derartigen Kür auf einem Grünen Bundeskongress je gab. Die Erleichterung hält aber nur drei Stunden. Dann scheitert Peter Pilz bei der Abstimmung für den vierten Listenplatz an Julian Schmid und schließt aus, für einen weiter hinten gelegenen zu kandidieren.

War Ihnen da schon klar, wohin das führen wird, nämlich zur Gründung einer eigenen Liste?
»Wir haben vorher schon länger darüber geredet, auch mit ihm. Die meisten von uns sind davon ausgegangen, dass er es wieder so machen würde wie schon die letzten beiden Male auch: Er hatte ja schon zwei Mal auf einen bestimmten Listenplatz beharrt und sich danach umstimmen lassen und weitergemacht. Als er dann seine Rede hielt, hatte ich aber den Eindruck, dass er es diesmal wirklich drauf anlegt. Die Rede war so schlecht, gemessen an dem, was er kann. Und wenn er dann in der Rede noch hergeht und so stolz drauf ist, dass er ein Mann ist, der eine Feministin geheiratet hat, dann braucht er sich nicht wundern, dass er nicht mehr gewählt wird.«

Sie meinen, dass er diese Nichtwahl provoziert hat?
»Ja, mittlerweile bin ich überzeugt davon. Ich habe damals vieles noch nicht gewusst. Etwa, dass er schon zwei Jahre zuvor mit einer eigenen Liste geliebäugelt hatte. Und vieles andere.«

Haben Sie also gedacht, dass Sie ihn zum Bleiben überreden können?
»Zuerst schon. Wir haben am Abend des Bundeskongresses beschlossen, dass wir ihm einen hinteren Listenplatz und einen Vorzugsstimmenwahlkampf anbieten. Am darauf folgenden Montag in der Früh traf ich ihn dann in seinem Büro und sagte ihm das. Er antwortete dezidiert darauf: ›Nein, das mache ich nicht.‹ Im Interview mit dem *Falter* sagte er dann, dass er mich voll unterstützen würde. Das wunderte mich ziemlich, denn wir waren nie besonders gute Freunde. Wobei das untertrieben ist: Wir waren überhaupt nie Freunde. Ich habe dann noch einmal mit ihm telefoniert, und er kündigte an, dass er bis Mittwoch über seine Zukunft entscheiden werde. Da gab er dann tatsächlich bekannt, dass er überlege, eine eigene Liste zu machen. Ich rief ihn an und erinnerte ihn daran, dass er mir doch seine Unterstützung zugesagt habe. Seine Antwort: Er habe es sich jetzt anders überlegt.«

Wie haben Sie darauf reagiert?
»Ich hab nur gesagt: ›Damit weiß ich wieder einmal, was ich davon halten kann, wenn du etwas sagst.‹ Ich habe dann, ehrlich gesagt, gehofft, dass er diese Liste nicht zusammenbringt. Da habe ich mich leider getäuscht.«

War Peter Pilz für die Grünen in der Außenwirkung wichtiger als für die innere Struktur?
»Er ist halt er. Er ist groß geworden mit der Partei. Und natürlich hat er den Grünen viel gebracht. Aber er hat den Zeitpunkt verpasst, wo er draufkommen hätte können und müssen, dass nicht er alleine zählt. Viele in der Partei haben ihn deshalb nicht mehr gewählt.«

Wussten Sie von den Vorwürfen der sexuellen Belästigung, die eine Mitarbeiterin des Grünen Parlamentsklubs gegen ihn erhoben hatte?
»Nein, diese Vorwürfe kannte ich nicht. Ich habe meinen KollegInnen nach dem 15. Oktober gesagt, dass es mir recht gewesen wäre, sie hätten mich informiert. Dann hätte ich versucht, mit der betroffenen Frau noch einmal zu reden und sie zu bitten, die Vorfälle doch vor die Gleichbehandlungskommission zu bringen. Und vor allem hätte ich ihn darauf angesprochen.«

Warum hat man Ihnen das nicht gesagt?
»Sie wollten nicht, dass ich etwas mitbedenken muss, worauf ich keinen Einfluss mehr habe. Es war eine bewusste Entscheidung. Und ich bin überzeugt, dass er dachte, dass ich diese Vorwürfe kenne. Aber ich weiß es nicht und ich werde ihn auch nie darauf ansprechen. Es ist mir jetzt auch egal.«

Am 15. Oktober 2017 passiert der grüne Super-GAU. Der Wahltag verändert die politische Landschaft in Österreich nachhaltig. Die ÖVP übernimmt den ersten Platz von der SPÖ, die Liste Pilz zieht mit acht Abgeordneten in den Nationalrat ein. Und die Grünen verlieren zwei Drittel ihrer Wähler und fallen nach 31 Jahren aus dem österreichischen Parlament.

»Ich habe es nicht geglaubt: Es gab eine Umfrage, bei der wir unter vier Prozent lagen. Aber es gab auch andere, da lagen wir zwischen sechs und sieben Prozent. Auch nicht rosig, aber dass wir rausfliegen könnten, das konnte ich mir wirklich nicht vorstellen. Ich habe überall, wo ich im Wahlkampf war, positive Rückmeldungen bekommen. Mir ist das einfach nicht in den Sinn gekommen.«

Hätte man nicht ansprechen sollen, dass es ums politische Überleben geht und nicht darum, ob die Grünen neun oder zehn Prozent bekommen?
»Das ist das Einzige, das ich wahrscheinlich anders machen würde, wenn ich je wieder in so eine Situation käme. Dann würde ich das ansprechen. Die Agentur hat uns dazu geraten. Sie hat gesagt: ›Sag ganz klar: Achtung, wir fliegen raus! Wenn ihr uns drinhaben wollt, dann müsst ihr uns wählen.‹ Aber ich bin keine, die gerne Angst schürt, das ist nicht mein Stil. Außerdem habe ich stets gesagt, dass es sich ausgehen wird, und dann auf einmal sage ich das Gegenteil? Aber ja, es wäre gescheiter gewesen, es anzusprechen. Es gab ja viele, die bis zuletzt schwankten zwischen Grün und Rot oder vielleicht auch Schwarz oder NEOS. Vielleicht hätte es dann gereicht. Dann wären wir zumindest im Nationalrat geblieben.«

Was ist in Ihnen vorgegangen, als Sie es gewusst haben, dass es nicht reichen wird?

»Das war eine Mischung aus Entsetzen, Enttäuschung und Unverständnis. Eigentlich wollte ich mich nur noch verkriechen und mit niemandem mehr reden. Aber ich musste noch in alle Fernsehdiskussionen gehen. Da hat mir geholfen, dass es eine ganz kleine theoretische Chance gab, dass es sich mit den Wahlkarten doch ausgehen könnte. Daran konnte ich mich ein bisschen anhalten. Aber als wir um zehn oder elf Uhr ins Metropol gekommen sind, wo wir feiern wollten, war das schon heftig. Dort wurden auch diese Fotos gemacht, auf denen ich weinend abgebildet bin. Es war wirklich hart.«

Waren Sie an diesem Abend auch auf irgendjemanden wütend?
»In erster Linie war ich traurig und enttäuscht, aber ja, klar war ich auch wütend. Auf all die, die gefunden haben, sie wählen halt doch lieber die SPÖ und Kern, damit er vielleicht doch Erster wird. Obwohl eh klar war, dass sich das nicht ausgehen wird. Und auch auf Pilz, weil ohne seine Liste wären wir sicher drinnen gewesen. Das ist wirklich etwas, wo ich sage: So etwas macht man nicht. Zuerst zu kandidieren, also zu signalisieren, man will eh bei den Grünen bleiben, und dann als Opfer gehen und uns die Schuld in die Schuhe schieben. Das finde ich so was von fies. Wenn er all den Grünen gegenüber, die mit ihm über die Jahre und Jahrzehnte gekämpft haben, Anstand gezeigt hätte, dann hätte er einfach gesagt, er hört auf.«

Es gibt – abgesehen von der Liste Pilz – noch andere Thesen, warum das schiefgegangen ist. Die ehemalige Bundessprecherin Madeleine Petrovic sagte: »*Man hat sich entschieden, auf Ulrikes noble und faire Art zu setzen. Aber ein Wahlkampf ist eben nicht nobel und nicht fair.*« *Haben Sie darüber nachgedacht, ob Sie diesen Wahlkampf – noch dazu mit fünf männlichen Konkurrenten – vielleicht falsch angelegt haben?*
»Meine Grundsatzentscheidung war: ›Ich mache das, was ich gut kann.‹ Ich kann auch hart sein, und ich war's auch manchmal. Und das ist sicher für eine Frau, noch dazu für eine Feministin und eine Lesbe, noch einmal schwieriger. Da stehst du dann schnell als die keppelnde Bissgurn da. Das ist leider so. Ich gestehe offen, ich habe nicht lange nachgedacht, was wir hätten anders machen sollen, weil ich gefunden habe, der Wahlkampf selbst war stimmig mit mir und mit dem, wofür ich

stehe. Wir haben – analog zum Van der Bellen-Wahlkampf – das Positive, das Gestaltende, das Konstruktive, das Pro-Europäische herausgestrichen. Und dafür bekam ich damals und bekomme ich auch heute noch positive Rückmeldungen. Es war jedoch die Stimmung gegenüber den Grünen im Allgemeinen nicht mehr gut, und es gelang mir nicht, das wettzumachen. Für die Zukunft müssen wir die Grundsatzfrage stellen, ob wir diese Haltung beibehalten wollen.«

War auch die Themenlage gegen Sie? Neben dem Flüchtlingsthema war einfach wenig Platz.
»Sowieso. Ich musste immer wieder dazu Stellung beziehen, konnte kaum eigene Themen setzen. Ich habe versucht zu sagen, was wir präventiv machen könnten, damit Menschen nicht flüchten. Dass wir zum Beispiel keine Waffen liefern. Aber ja, dieses Thema hat es uns besonders schwer gemacht.«

Zwei Tage nach der Wahl treten Bundessprecherin Ingrid Felipe und Ulrike Lunacek zurück. Während Felipe ihre politische Laufbahn in Tirol fortsetzt und auch nach der Landtagswahl 2018 Landeshauptmann-Stellvertreterin bleibt, zieht sich Lunacek aus allen Positionen zurück. Der langjährige Nationalratsabgeordnete Werner Kogler übernimmt die Bundespartei.
»Ich habe zwei Wochen vor der Wahl offiziell bekannt gegeben, dass ich mein EU-Mandat und das Amt der Vizepräsidentin zurücklege. Und damit habe ich den internen Prozess im Europaparlament in Gang gesetzt. Es war also klar, dass ich im EP aufhöre. Ich habe dann nach dem Wahldebakel am 15. Oktober noch zwei Tage und Nächte darüber nachgedacht, ob ich das noch rückgängig machen will. Es wäre rein technisch noch eine Woche lang möglich gewesen, aber ich habe gespürt, dass das für mich nur mehr eine halbherzige Geschichte werden würde. Ich hatte mich im Laufe des Wahlkampfes auch innerlich aus dem EP verabschiedet; und ich habe fünf Monate lang gesagt, dass ich aus dem EP ausscheide. Das hat dann auch viel mit Glaubwürdigkeit zu tun.«

Aber Sie konnten nicht dorthin gehen, wo Sie hingehen wollten. Das Mandat im Nationalrat haben Sie nicht bekommen.

»Trotzdem. Es hat sich für mich nicht richtig angefühlt. Außerdem wusste ich, wenn ich das Mandat jetzt nicht zurücklege, dann ist quasi klar, dass ich die nächste Europawahl anderthalb Jahre später schlagen muss. Und diese Vorentscheidung wäre nicht gut gewesen, denn der 15. Oktober war auch meine Niederlage.«

Und wie sehen Sie es jetzt, mit dem Abstand eines knappen Jahres?
»Es war die richtige Entscheidung. Es ist schade, aber es wäre nicht mehr gegangen.«

Sie sind am 17. Oktober zurückgetreten. Wie ist es am 18. Oktober weitergegangen, und in den Tagen und Wochen danach?
»Mit viel Weinen. Und viel Nachdenken, was ich jetzt weiter mache. Es war echt schlimm. Da kämpfst du fünf Monate tagelang, nächtelang, mit aller Energie, mit allem Einsatz, mit einem tollen Team. Und dann so ein Ergebnis. Diese Mischung aus Trauer und Zorn war schon heftig.«

Haben Sie jetzt einen Strich darunter gezogen? Haben Sie das alles verarbeitet?
»Es kommt schon immer wieder hoch. Es fragen mich auch immer noch Leute, wie es mir geht und was ich jetzt mache, und ob ich nicht doch wieder kandidieren möchte. Und ich sage: Nein.«

Ist das ein Nein für immer?
»Sag niemals ›nie‹. Aber ja, bei der Wahl zum Europaparlament 2019 trete ich sicher nicht an. Meine acht Jahre im EP waren sehr gut. Es war eine der tollsten Zeit meines Lebens. Das kommt so nicht wieder. Und ich finde, auch bei den Grünen sollen jetzt andere ran. Es kostet auch wahnsinnig viel Kraft. Wie viel Hass Eva Glawischnig, Maria Vassilakou, Ingrid Felipe und auch ich erfahren haben, kann sich niemand vorstellen. Das ist ein Wahnsinn. Einer hat zum Beispiel auf Facebook zu einem Posting eines FPÖ-Politikers, das ein Foto von mir enthielt, geschrieben: ›Bei den Grünen ist eine hässlicher als die Andere, aber die Lesbe Lunacek stellt alles in den Schatten. Die sollte man in ein Gehege mit 100 affengeilen Flüchtlingen sperren …‹

Er ist verurteilt worden, wegen des Rassismus, aber nicht wegen des Sexismus oder der Homophobie.«

Erreicht Sie dieser Hass emotional? Lesen Sie das?
»Im Wahlkampf habe ich fast nichts davon gelesen. Ich habe nur das gelesen, was wir vor Gericht geklagt haben. Das andere lese ich nicht. Wir leben in einer Zeit, in der viele Männer, aber auch manche Frauen nicht damit zurechtkommen, dass die traditionellen Geschlechterbilder nicht mehr halten.«

Das heißt: Frauen haben es schwerer in der Politik?
»Schon. Wobei es bei den Grünen noch etwas leichter ist. Frauen in der Politik müssen immer gegen Vorurteile und Rollenbilder, gegen Sexismus und Hass ankämpfen. Wir haben bei den Grünen einiges geleistet: mehrmalig weibliche Parteichefinnen, Klubobfrauen, Landeshauptmann-Stellvertreterinnen, Vizebürgermeisterinnen, ich als EP-Vizepräsidentin. Unsere Strukturen und unsere Werte – einer unserer Grundwerte ist feministisch – ermöglichen mehr Beteiligung von Frauen an vorderster Stelle. Aber wir haben auch gute Männer, Werner Kogler ist einer davon. Mich stört es nicht, wenn jetzt einige von ihnen stärker in den Vordergrund treten.«

Was die Listenerstellung betrifft, ist es bei den Grünen leichter. Aber von den Formalismen abgesehen: Ist das wirklich so?
»Ja, doch. Wir haben in manchen Gremien die Regel, dass sich immer abwechselnd eine Frau und ein Mann zu Wort melden müssen. Und wenn sich keine Frau mehr zu Wort meldet, ist die Debatte beendet. Und da müssen sich die Frauen halt auch melden. Das hilft schon. Man kann Strukturen schaffen, um Frauen zu ermutigen, mehr zu tun. Das haben wir sehr viel getan. Dass wir so viele Frauen an der Spitze hatten und haben, ist auch ein Beweis dafür. Aber das heißt noch lange nicht, dass es deshalb für diese Frauen leicht war.«

Sie haben in der Politik viele verschiedene Positionen eingenommen. Fehlt Ihnen in der Rückschau ein Amt? Etwa eine Regierungsfunktion?
»Ja, das hätte ich schon spannend gefunden. Ich hätte die Grünen gerne in der Bundesregierung gesehen. Und ich selbst hätte gerne Außen- und Europapolitik gemacht, das hätte mich gereizt.«

Worin besteht die Macht einer Oppositionspolitikerin?
»Man kann sehr viele Anstöße geben, Öffentlichkeit schaffen für Themen, die sonst untergehen. Und auch – etwa bei der Erstellung von Gesetzen – manches verbessern.«

Aber macht das auf die Dauer nicht ziemlich müde?
»Ich war zehn Jahre im Nationalrat und acht Jahre im Europaparlament. Als Eva Glawischnig gegangen ist, habe ich mir gedacht: Ich versteh schon, dass man nach 20 Jahren in derselben Institution nicht mehr will. Ich kann mir jetzt auch noch was anderes vorstellen.«

Eva Glawischnig konnte sich nach der Politik etwas vorstellen, was sich andere Grüne nicht vorstellen konnten. Für sich selbst nicht, und auch für Glawischnig nicht. Darf eine Grüne zu Novomatic gehen?
»Es gibt keine rechtliche Basis, das zu verurteilen. Aber es ist für eine Grüne nicht wirklich zu argumentieren, zu einem Unternehmen zu gehen, das sie vorher massiv kritisiert hat – aus guten Gründen. Eines, das dazu beiträgt, dass Menschen spielsüchtig werden, auch wenn sie sagt, sie versuchen, etwas dagegen zu tun. Ich war schon ziemlich enttäuscht, dass sie das macht.«

Hätten Sie ihr als Klubobfrau oder Parteichefin auch nahegelegt, ihre Mitgliedschaft ruhend zu stellen?
»Ja, klar, ich hätte sie auch darum gebeten, die Mitgliedschaft zurückzulegen. Ich glaube, sie weiß auch, dass dieser Wechsel für Grüne schwer zu argumentieren ist. Allen, die jetzt nach ihr kommen, wird das immer wieder vorgehalten werden. Auch wenn ihr dieser Austritt schwergefallen sein mag, hilft es den Grünen, die nach ihr kommen, zu sagen: Okay, aber sie ist gegangen. Im Gegensatz zu den Herren Gusenbauer oder Schröder oder zu all den anderen.«

Aber wer kann und darf die Grenze ziehen, was PolitikerInnen nach der Politik machen?
»Im Endeffekt muss das jede und jeder selbst entscheiden. Ich weiß, dass es für prominente Grüne nicht leicht ist, nach der Politik einen Job zu finden. Ich kann mir auch vorstellen, dass es für sie wichtig war, einen gewissen Lebensstil zu halten. Ich habe

leicht reden. Ich hab den Vorteil meines Alters: Ich bin alt genug, dass ich jetzt meinen Pensionsantrag stellen, mich wieder freiberuflich engagieren kann und nicht mehr auf einen Vollzeit-Job angewiesen bin – auch wenn das nicht mein Plan war.«

Dieses Buch heißt »Der Preis der Macht«. Welchen Preis haben Sie für die 22 Jahre in der Politik bezahlt?
»Politik bedeutet einen extrem hohen Zeitaufwand. Du musst quasi ständig im Einsatz sein und dir bewusst Zeiträume freihalten, in denen du eine Pause machst. Dich sozusagen dazu zwingen. Du bist immer und überall eine öffentliche Person und hast keinen Privatbereich mehr. Ja, nicht mehr anonym zu sein, das ist schon ein hoher Preis.«

Brigitte Ederer sagt, es gibt nichts, das so spannend ist wie Politik, aber auch nichts, was so kränkend ist. Stimmen Sie zu?
»Es gibt wirklich nichts, was so spannend ist, da stimme ich zu. Bei den Kränkungen nur zum Teil. Ich habe auch Situationen erlebt, die sehr kränkend waren. Und das macht was mit dir. Aber es ist immer auch die Frage, wie viel du davon wirklich an dich heranlässt. Diese Niederlage am 15. Oktober war sehr, sehr bitter. Aber ich lasse mir davon mein Leben nicht vergällen.«

Und wie geht das?
»Ich war nicht mein ganzes Leben lang in der Politik. Ich habe erst mit 38 Jahren angefangen. Das heißt, ich kenne auch ein anderes Leben. Und es gibt für mich ein Leben außerhalb von Partei und Politik. Werner Kogler hat nach meinen zwei Jahren als Bundesgeschäftsführerin einmal zu mir gesagt: ›Super, du hast weder zum Rauchen angefangen noch zum Trinken.‹ Ein gewisses Selbstbewusstsein und eine Grundstabilität habe ich meinen Eltern zu verdanken. Einen stabilen Kern, den so leicht nichts kaputtmacht. Ich werde auch jetzt noch sehr zornig oder fange manchmal zu weinen an, wenn ich mich an besagten 15. Oktober erinnere. Aber bei aller Trauer und allem Zorn geht es mir nicht so nah, dass es mich zerbricht. Politik ist nicht das Einzige, was ich im Leben wichtig finde. Und das hilft.«

Maria Rauch-Kallat

»Ich habe einen hohen Preis bezahlt. Aber er war es wert«

Ein Wirtshaus im Wien der 50er-Jahre. Für Maria Rauch-Kallat ist es der Ort, wo alles begann, das Gasthaus ihrer Eltern.
»Das war die beste Vorschule für die Politik. Es fängt schon damit an, dass die Eltern immer gesagt haben, ich muss zu allen freundlich sein. Alle grüßen. Das Zweitwichtigste war die Kommunikation. Und das Dritte das Multitasking. Ich habe meine Hausaufgaben immer im Gasthaus gemacht. So habe ich gelernt, mich zu konzentrieren. Ich saß an irgendeinem Tisch, der gerade frei war. Und weil es unseren Stammgästen wichtig war, konnte ich mit vier Jahren schnapsen. Das Schnapsen hat mir in meiner politischen Karriere unglaublich geholfen. In der basispolitischen Arbeit war das wirklich wichtig.«

Aber im Gasthaus wird auch angepackt. Erst in Währing, später am Radetzkyplatz in Wien-Landstraße.
»Schank, Küche, Keller. Wo immer es nötig war, vom fünften oder sechsten Lebensjahr an. Wenn ich von der Schule heimgekommen bin, hieß es: Schürze umbinden und hinter die Schank. Was glauben Sie, warum ich im Gymnasium jeden nur denkbaren Freigegenstand genommen habe?«

Die Arbeit ist eine prägende Erinnerung an die Kindheit. Die andere: das gemeinsame Aufwachsen mit Buben. Die Brüder sind bereits neun und zehn, als Maria zur Welt kommt. Dazwischen liegen der lange Krieg und die Abwesenheit des Vaters, der eingerückt war. Sie sei weder geplant noch gewollt gewesen, wird aber sehr geliebt. Und die großen Brüder haben hohe Erwartungen an die Nachzüglerin.

»Wenn die Mutter schon schwanger ist, dann sollte es ein kleiner Bruder werden, haben sie sich gedacht. Denn im Krieg, beim letzten Bombenangriff, wurde meine Familie ausgebombt. Das ganze Spielzeug war weg. Da waren die Buben sechs und sieben und hatten damals eine elektrische Eisenbahn. Auch die war natürlich verloren gegangen, und sie haben gehofft – wenn jetzt ein Kind kommt –, dass sie wieder eine elektrische Eisenbahn kriegen. Und dann kommt da ein Mädel.«

Haben Ihre Brüder Sie diese Enttäuschung spüren lassen?
»Für den Vater war ich sowieso die Prinzessin, das ist klar. Aber meine Brüder waren wirklich große Brüder, wie man sie sich wünscht. Als sie schon verdient haben, haben sie mir von ihrem Lehrlingsgeld das erste Fahrrad gekauft und die erste Saisonkarte für den Eislaufplatz Engelmann. Das hätte ich von meinen Eltern nicht bekommen können, weil sie das Geld nicht hatten. Und die beiden haben das wirklich für mich zusammengespart. Das war irgendwie rührend. Und werde ich ihnen auch nie vergessen.«

Im Alltag sieht Maria ihre Brüder selten. Als sie vier ist, beginnt der ältere eine Lehre in Bad Gastein, ein Jahr später steigt auch der jüngere in die Lehre ein. Aber bei Familie Kallat wohnen auch zwei Cousins und eine Cousine. Die Kinder sind viel unter sich, denn die Eltern haben wenig Zeit.

»Bei uns ist man mitgelaufen. Es war immer jemand da, aber Zeit für uns hatte niemand.«

Die Brüder treten später beide in die Fußstapfen der Eltern und bleiben in der Gastronomie. Maria hat anderes vor. Auch eine ganz andere Schullaufbahn als die ganze Familie zuvor.

»Bereits in der Volksschule war ich mit Abstand die Beste. Drei unserer Stammgäste, die jeden Tag zum Essen gekommen sind, waren Lehrer. Sie wurden in den Dreißigerjahren zwangspensioniert, weil sie Doppelverdiener waren. Eine von ihnen wurde meine Firmpatin und hat mich sozusagen adoptiert. Sie war immer für mich da. Meine Eltern hatten ja nie Zeit. Sie ist auch immer zu den Elternsprechtagen gegangen, meine Mutter war dort nie. Als ich elf war, ist sie zum ersten Mal mit mir in die Oper gegangen und hat mein Interesse für Kunst, Kultur und – später auch – für Ausstellungen geweckt. Sie war für mich ein Segen, und ich war für sie ein Segen. Ich war in einer gewissen Form ein Ersatzkind für sie.«

Diese Lehrerin legt den Eltern nahe, dass Maria ins Gymnasium gehen sollte. Als Erste in der Familie. Und sie wird auch die Erste in der Familie sein, die maturiert.

Hat Ihnen Ihre Familie damals, als kleines Mädchen, vermittelt, dass Sie alles werden können? Oder haben Sie sich das selbst erarbeitet?
»Das habe ich mir selbst erarbeitet. Das war damals kein Thema. Mein allererster Berufswunsch war Ärztin, da war ich neun oder zehn. Bis ich draufgekommen bin, dass ich bei Blut immer umfalle. Dann war es vielleicht doch nicht der richtige Beruf. Später wollte ich Atomphysikerin werden. Warum, weiß ich nicht. Und dann habe ich in der 1., 2. Klasse Gymnasium eine tolle Mathematikprofessorin gehabt, daraufhin war mein nächster Berufswunsch sofort Mathematiklehrerin, also Professorin. Geworden bin ich dann zwar Lehrerin, aber nicht Mathematik-Lehrerin.«

Sie weiß, dass sie der Welt des Gasthauses schnell entfliehen will. Im Jahr vor der Matura kommt es zu einem tief einschneidenden Ereignis: Ihr Vater stirbt im Alter von 57 Jahren.
»Er war drei Monate krank und ist wegen Stirnhöhleneiterung behandelt worden. In Wirklichkeit waren es die Metastasen vom Lungenkrebs. Mein Vater war schwerer Raucher. Jetzt wissen Sie, warum ich so gegen das Rauchen bin. Als Gastwirt war er natürlich doppelt belastet. Im Krieg hat er diese ›Dreier‹ geraucht. Er war verwundet worden, direkt an der Ostfront. Das kann man niemandem übelnehmen, dass sie in dieser Situation geraucht haben, und sei es, um ein bisschen den Hunger zu vergessen.«

Der Tod des Vaters ändert viel. Vor allem führt er zu einer sehr frühen Heirat der Tochter.

»Ich wollte unbedingt Familie haben, ich wollte unbedingt Kinder haben, und ich wollte unbedingt berufstätig sein. Ich habe gewusst, ich halte das zu Hause nicht aus. Meinen ersten Mann habe ich viel zu früh kennengelernt. Er hat mir mit 17 einen Heiratsantrag gemacht, und ich bin in Tränen ausgebrochen. Das sagt eh schon alles. Ein halbes Jahr vor der Hochzeit wusste ich, dass es der falsche Mann ist. Ich hatte nicht den Mut, die Hochzeit abzusagen. Ich habe mich damals auch meinem Religionslehrer anvertraut, der dann bei Annullierung meiner Ehe als Zeuge aufgetreten ist. Das wurde dann auch anerkannt als Furcht und Zwang, auch wenn es kein äußerer Zwang war. Es war dieser innere Zwang. Mein Mann hat gesagt: ›Wenn du mich nicht heiratest, dann werde ich mein Leben lang unglücklich sein.‹ Welche Achtzehnjährige will einen anderen Menschen, den sie mag, ein Leben lang unglücklich machen?«

Aber es war keine Liebe?

»Nein, ich war nie verliebt in den Mann. Unglaublich eigentlich. Ich war auch nicht schwanger. Ich bin ohne Not eine Vernunftehe eingegangen. Als wir uns nach 20 Jahren getrennt haben, hat mir die Mutter gesagt: ›Ich habe das immer gewusst, aber es hätte eh nichts genutzt. Du hättest dir eh nicht dreinreden lassen.‹ Und sie hatte völlig recht.«

Noch vor ihrer Hochzeit widmet sie sich ihrem Berufsziel Lehrerin. Und dieses Ziel erreicht sie deutlich schneller, als das normalerweise üblich ist.

»Noch während der achten Klasse habe ich mich einfach in die Vorlesung gesetzt. Ich musste nicht inskribieren, ich musste kein Maturazeugnis herzeigen, und es hat auch niemand gefragt, was ich da mache.«

Im Juni macht sie Matura. Im September, zu Beginn des ersten Schuljahres, in dem sie selbst nicht mehr Schülerin ist, geht sie in den Stadtschulrat, um sich eine Hospitationsbewilligung zu lösen, also die Erlaubnis, als beobachtender Gast am Unterricht teilnehmen zu können. Am Gang des Palais Epstein, dem damaligen Sitz des Stadtschulrates, trifft Rauch-Kallat Karl Hirschbold, Fachinspektor und Fachberater für den Englischunterricht.

»Es war der Freitag der ersten Schulwoche, das werde ich nie vergessen. Er hat mich gesehen, gegrüßt und gefragt: ›Frau Kollegin, wollen Sie eine Stelle als Englischlehrerin? Wir haben so wenige.‹ Ich sagte: ›Herr Professor, ich habe noch keine einzige Stunde hospitiert.‹ Und er antwortete: ›Das macht nichts. Dass Sie Englisch können, weiß ich. Das werden Sie schon hinkriegen. Kommen Sie in einer Stunde wieder.‹ Ich kam eine Stunde später zurück und bekam meinen Dienstvertrag für zehn Monate.«

Mit 18 Jahren?
»Mit 18. Am nächsten Tag, am Samstag, bin ich um 8 Uhr in meiner Schulklasse gestanden. In Favoriten in der Knöllgasse. Fragen Sie mich nicht, wer mehr Angst hatte. Mein ältester Schüler war 16, ich war 18. In diesem ersten Dienstjahr habe ich irgendwann in meiner Verzweiflung zu einem Kollegen gesagt: ›Noch so ein Jahr und ich such mir einen anderen Job.‹ Er hat geantwortet ›Frau Kollegin, regen Sie sich nicht auf, auch Huren und Zuhälter müssen in die Schule gehen.‹ Und ich habe gefragt: ›Und warum gerade bei mir?‹«

Also, es war so herausfordernd, wie man es sich vorstellt?
»Es war, wie man es sich vorstellt. Dann ging es mir aber relativ schnell gut. Ich habe nie in meinem Leben eine Stunde hospitiert, immer selbst unterrichtet.«

Die Lehramtsprüfungen in Englisch legt sie rasch ab, es folgen Russisch, Geographie und Wirtschaftskunde und später noch Sport.
»Da wollte ich mir selbst beweisen, dass ich mit 30 noch meinen Hintern übers Reck kriege.«

Das andere Ziel, das sich die 18-jährige Maria Rauch-Kallat gesteckt hatte, erfüllt sie sich parallel zu Ausbildung und Lehrtätigkeit: die Gründung einer Familie. 1970 kommt ihre erste Tochter Claudia auf die Welt, 1973 Ulrike.
»Ich habe nicht einmal das Karenzjahr genommen. Claudia ist im April geboren. Ich bin sechs Wochen in Mutterschutz ge-

gangen, am letzten Schultag bin ich mit der Tragtasche in die Schule, habe ›Grüß Gott‹ gesagt, bin nach Hause gegangen, habe im August abgestillt und war im September wieder da. Und bei Ulrike, die im Mai geboren ist, war es genauso.«

Wie haben Sie die Kinderbetreuung organisiert? In den 70er-Jahren war das ja noch viel schwieriger als heute.
»Neben der Schule war ein Kindergarten der Stadt Wien, die hatten eine Säuglingskrippe und haben die Kinder ab acht Wochen genommen.«

Wie ist Ihr Umfeld damit umgegangen? Hat man verstanden, dass Sie so früh nach den Geburten wieder ins Berufsleben einsteigen wollten?
»Nein. Was glauben Sie, was in der Familie los war? Die Kinder werden drogensüchtig werden, hat man gesagt, sie werden psychisch gestört sein. Dem allen musste ich mich aussetzen. In der eigenen Familie.«

Haben Sie das ausdiskutiert, oder einfach die Ohren zugemacht?
»Ich habe die Ohren zugemacht. Es hätte keinen Sinn gehabt, denn sie haben es ja nicht offen gesagt.«

Hat Sie das gekränkt?
»Natürlich hat es mich gekränkt. Es hat dazu geführt, dass ich eine Übermutter sein wollte. Ich wollte immer, dass die Wohnung besonders ordentlich ist, dass die Kinder besonders viel Mutter haben, und da bleibt man selbst sehr schnell auf der Strecke. Ich habe es halt ausgehalten. Aber jeder, der sagt, dass das ein Kinderspiel ist, sagt nicht die Wahrheit. Das ist es natürlich nicht. Meine Kinder haben mir als Erwachsene bestätigt, dass sie wirklich keinen Schaden genommen haben. Sie waren in der Säuglingskrippe auch wirklich bestens betreut. Dort gab es 14 Plätze und vier Betreuerinnen. Weil aber damals fast alle Mütter zu Hause geblieben sind, waren immer nur vier bis sechs Kinder in der Säuglingskrippe. Vier Betreuerinnen für vier bis sechs Kinder. Die sind dort den ganzen Tag gestreichelt und gebadet worden. Ich habe überhaupt keine Arbeit gehabt. Es war also alles bestens.«

Wer Übermutter, wie Sie das nennen, sein will, macht sich natürlich wahnsinnigen Druck und hat auch immer ein schlechtes Gewissen. Hatten Sie das auch?
»Ja.«

Aber das haben Sie überwunden?
»Das muss man überwinden.«

Sind Sie auch manchmal über Ihre Grenzen gegangen?
»Als meine Tochter Erstkommunion hatte, hab ich mir eingebildet, dass ich das Kleiderl selber nähen muss, was ich auch gemacht habe. Dann ist die Nähmaschine um fünf Uhr in der Früh eingegangen, und um acht Uhr war die Erstkommunion.«

Und dann?
»Dann habe ich den letzten Ärmel mit der Hand eingenäht. Und dabei habe ich auch noch gekocht für 20 Leute, Wiener Schnitzel. Das war am Samstag, und am Montag musste ich meine 80-Seiten-Diplomarbeit für Russisch abgeben, die ich mit der Hand geschrieben habe, da habe ich das Abschreiben unterschätzt. 80 Seiten mit der Hand schreiben, ist ein Hund. Um 14 Uhr war Abgabetermin, um 13.45 Uhr habe ich es in der Burggasse abgegeben. Da habe ich wirklich von Freitag bis Montag zwei Stunden geschlafen. Das ging damals alles.«

Beruf und Familie zu vereinbaren, war nicht die einzige Herausforderung dieser Jahre. Tochter Claudia wird mit einem Augenfehler geboren. Die Eltern haben anfangs den Eindruck, dass sie dennoch gut sieht. Als die kleine Schwester zur Welt kommt, verändert sich Claudia.
»Im ersten Lebensjahr von Ulrike wurde Claudia immer raunziger. Wir Pädagogen *(auch Rauch-Kallats erster Ehemann war Lehrer, Anm.)* haben das zunächst auf Eifersucht unter Geschwisterkindern zurückgeführt.«

Der Augenarzt empfiehlt aber dann den Weg in die Klinik.
»Ich kam dorthin, wartete mit meinem dreieinhalbjährigen Kind drei, vier Stunden lang, und dann kam der Arzt und fragte: ›Jetzt kommen Sie daher? Das Kind ist ja blind.‹ Ich habe

Claudia geschnappt, bin hinaus, fassungslos. Und habe mir gedacht: Da gehe ich nie wieder her. Und damit hat eigentlich der Kampf begonnen.«

Dieser Kampf ist intensiv und langwierig. Das kleine Mädchen wird zwei Mal innerhalb eines halben Jahres operiert. Mutter-Kind-Aufenthalte im Krankenhaus sind Mitte der 70er-Jahre noch nicht möglich. Claudia liegt in einem Schlafsaal mit 20 Kindern. Die Mutter ist von sieben Uhr früh bis acht Uhr abends bei ihr.

»Nach der zweiten Operation haben sie gesagt, sie können nichts mehr tun. Das Kind wird erblinden, sie sind am Ende ihrer Weisheit. Und da hat mir eine Freundin, die bei uns Religionslehrerin war, alternative Heilmethoden empfohlen. Dann bin ich in die Homöopathie und Makrobiotik abgewandert. Ich habe den Arzt gefragt: ›Muss ich jetzt Buddhistin werden, oder darf ich Christin bleiben?‹ Er war sehr irritiert und hat gesagt: ›Sie brauchen nicht Buddhistin werden, aber an die Diätrichtlinien müssen Sie sich halten.‹ Ich habe das sehr streng gemacht, und Claudia war wirklich toll. Sie war damals fünf Jahre alt. Ich habe ihr das Essen in den Kindergarten mitgegeben. Wenn ihr jemand ein Zuckerl angeboten hat, hat sie gesagt: ›Nein, danke, ich will, dass meine Augen besser werden.‹ Wir haben dann das Sehvermögen bis zum Schuleintritt vervierfacht, was immer noch praktisch blind war, aber wir haben es vervierfacht. Also wirklich verbessert.«

Es folgen Behandlungen in Großbritannien und später in den USA. Dass Claudia irgendwann vollständig erblinden wird, ist der Mutter klar, aber sie tut alles, damit das so spät wie möglich passiert.

»Claudia hat bis zur Matura in Schwarzschrift gearbeitet, allerdings in Vergrößerung. Sie hat aber immer parallel Blindenschrift gelernt, darauf habe ich bestanden, weil ich gesagt habe: Was ist, wenn das Sehvermögen einmal ganz weg ist? Im ersten Schuljahr habe ich die ganzen Schulbücher abgeschrieben, mit dickem Filzstift auf Zeichenblattgröße. Ich bin am Vormittag Lehrerin gewesen, am Nachmittag habe ich mich um die Kinder gekümmert, dann habe ich die Hefte meiner Schüler verbessert, und in der Nacht habe ich die nächsten drei Lektionen aus dem Lesebuch und aus dem Mathematikbuch abgeschrieben, damit mein Kind in der Schule Lesen und Schreiben lernt.«

Ohne diesen Kampf wäre Maria Rauch-Kallat möglicherweise nie in der Politik gelandet. Wo sie ideologisch steht, war ihr zwar früh klar, aber die Ambition auf ein politisches Amt gibt es nicht.
»Für mich war immer klar, dass ich Christdemokratin bin. Der Antisemitismus der Christlichsozialen behagt mir nicht, da bin ich lieber Christdemokratin. Aber immer sehr stark sozial angehaucht. Und daher auch immer ein bisschen links der Partei. Ich war immer so eine Linksverbinderin. Da bin ich geprägt von Erhard Busek und Johannes Hawlik, von jener Gruppe in der Wiener ÖVP, die in der Hainburger Au gesessen ist, und da immer schon ein Stück weiter war. Das war diese Gruppe, die zwar nicht im Widerspruch, aber doch im Konkurrenzkampf zur Gruppe um Alois Mock gestanden ist. Da gab es ja diesen liberalen Flügel der ÖVP und die bunten Vögel. Ich war immer ein bunter Vogel, ich habe mich auch so angezogen. Mit Hut und langen Ohrringen. Ich war schon sehr alternativ. Ich habe dieser Partei schon manchmal etwas zugemutet. Dabei war ich in meinen ersten 30 Jahren sehr angepasst. Aber zwischen 30 und 45 habe ich total rebelliert. Und irgendwie bin ich dann in der Rebellion geblieben, aber nach außen hin schon dem Amt entsprechend. Als Ministerin kann man nicht mehr herumrennen wie ein Kakadu.«

Bis zum Ministeramt hat Rauch-Kallat aber noch einen weiten Weg zu gehen. Sie ist zwar Mitglied der christlichen Lehrerschaft und tritt 1975 dem ÖAAB bei, aber eben noch ohne große politische Ambitionen.
»Als ich für Claudia gekämpft habe, bin ich draufgekommen, dass Eltern sehr wenig Wissen haben über die Ansprüche, die ihnen eigentlich zustehen würden. Ich selbst bin auch auf vieles nur zufällig gestoßen. Zum Beispiel auf die doppelte Kinderbeihilfe für behinderte Kinder. Ich habe das nicht gewusst und habe es natürlich auch nie beantragt. Darum habe ich es auch jahrelang nicht gekriegt. Das galt auch für viele andere Unterstützungen. Und dann habe ich mir gedacht: Es gibt wohl

viele Eltern, die genauso wenig wissen wie ich. Daher wollte ich eine Informationsstelle für Eltern blinder Kinder gründen. Mit dieser Idee bin ich – was lag mir näher – zur ÖVP gegangen. Zu Gertrude Härtel *(Gemeinderätin in Wien, Anm.)*, zu Marilies Flemming *(damals Wiener Landtagsabgeordnete, später Familienministerin, Anm.)* und zu Marga Hubinek *(damals Nationalratsabgeordnete, später Zweite Nationalratspräsidentin, Anm.)* Alle drei haben gesagt: ›Das ist eine großartige Idee!‹ Und dann ist ein halbes Jahr lang nichts passiert. Damals hat Busek plakatiert, er sei der bürgernächste Politiker Wiens. Also hab ich mir gedacht: Jetzt probier ich es noch bei Erhard Busek, und wenn das auch nichts wird, dann geh ich zu den Sozialisten. Als ich von ihm keine Antwort bekam, rief ich an und sagte: es müsse doch möglich sein, beim angeblich bürgernächsten Politiker Wiens innerhalb von 14 Tagen einen Termin zu bekommen. Dann klappte es.«

Sie bekommt zwei Mal pro Woche für zwei Stunden einen Schreibtisch mit Telefon.
»Binnen kürzester Zeit wurde aus der Information für Eltern blinder Kinder eine Informationsstelle für Eltern aller behinderten Kinder. Eine meiner ersten Anruferinnen war Helene Partik-Pablé, die einen Zivildiener suchte, der ihre Tochter unterstützen sollte. Irgendwann war ich überfordert, vertiefte mich immer mehr in den Umgang mit Behinderten generell, sodass die blinden Kinder auf der Strecke blieben. Also musste ich eine Elternselbsthilfe gründen.«

Parallel dazu bieten sich erste Schritte in der Politik an.
»Der ÖAAB-Obmann in Favoriten war zurückgetreten, und ich wäre die logische Nachfolgerin gewesen. Da haben sie geschwind einen Mann geholt, der bis zu diesem Zeitpunkt nie etwas gemacht hatte und nachher auch nichts mehr, und haben ihn zum Obmann gewählt. Daraufhin habe ich meine Sachen gepackt. Dann hat Joschi Arthold *(Obmann ÖVP Favoriten, Wiener Landtagsabgeordneter, später Nationalratsabgeordneter, Anm.)* überrissen: Das ist eine gescheite Frau, die haben sie gerade verhindert. Und er hat mich gefragt, ob ich Obfrau der Frauenbewegung werden will.«

1980 wird Rauch-Kallat Frauenchefin in Favoriten, später ÖVP-Bezirkschefin. Ein schwieriges Pflaster für eine Christdemokratin. Der Arbeiterbezirk gilt als eine der Hochburgen der Wiener SPÖ. Für höhere Ämter entdeckt sie der damalige Wiener ÖVP-Obmann Erhard Busek bei ihrem Einsatz für blinde Kinder.

»›So jemanden wie Sie brauchen wir in der Politik‹, hat er gesagt, und: ›Kandidieren Sie doch für den Gemeinderat in Favoriten. Das wär doch was.‹ Da hat aber dann die Junge ÖVP eine kleine Streichaktion gemacht und mich vom hoffnungsvollen dritten Nachrückplatz auf den hoffnungslosen siebenten verdrängt. Daraufhin habe ich Erhard Busek einen langen Brief geschrieben und ihm erklärt: ›Das ist nicht das, was ich mir unter Politik vorstelle. Seien Sie mir nicht böse, aber ich suche mir andere Betätigungsfelder.‹ Ich war immer nett zu allen. Ich habe geglaubt, wenn man immer zu allen nett ist, wird man gut behandelt. Das war ein großer Irrtum.«

Busek will Rauch-Kallat nicht ziehen lassen und bietet ihr die Leitung des Sozialen Hilfswerkes und ein Bundesratsmandat an.

»Da hat eigentlich schon ein anderer darauf gewartet, ein Mann. Aber es ist Erhard Busek gelungen, mich da durchzubringen. Das war nicht einfach.«

1983 wird sie also Bundesrätin, 1987 Wiener Landtagsabgeordnete und 1988 Landesleiterin der ÖVP-Frauenbewegung.

»Mein erster Antrag in der Landesparteileitung war ein politikfreies Wochenende pro Monat. Also, dass an einem Wochenende im Monat keine politischen Veranstaltungen der ÖVP stattfinden. Es hat sich eine Wahnsinnsdiskussion entzündet, die Männer waren gegen mich, gegen die Neue. Nach einer Viertelstunde, 20 Minuten Diskussion sagte Busek: ›Ich nehme an, du ziehst diesen Antrag zurück.‹ Und ich habe gesagt: ›Nein, sie sollen mich überstimmen.‹ Es wurde abgestimmt, der Antrag hat eine Mehrheit gekriegt, wurde aber nie exekutiert. Ein Jahr später, am Landesparteitag, haben wir einen 50-Prozent-Quoten-Antrag eingebracht. Jedes zweite freie Mandat soll also an eine Frau gehen. Ich habe die Frauen gut vorbereitet und gesagt: ›Ihr müsst drinnen sitzen bleiben.‹ Dann war die Wahl. Die Männer sind alle hinausgerannt zum Buffet, und die Frauen sind brav im Saal geblieben. Wir haben 219 gegen 169 gewonnen. Dann haben die Männer gesagt: ›Ist eh wurscht, es wird eh kein Mandat frei.‹ Meine Antwort hat gelautet: ›Bei der nächsten Wahl werden alle frei.‹ Die 50-Prozent-Quote haben wir daher schon 1989 oder 90 gehabt. Ist aber auch nie exekutiert worden. Das ist immer das Problem: schöne Anträge, die aber sanktionslos nicht umgesetzt werden.«

Heißt das, dass der Widerstand von Männern dann so groß ist, dass sie ihre Reihen schließen und die Frauen dagegen anrennen?
»Zum Teil ist das immer noch so. Wenn auch subtiler, nicht mehr so offen. Ich war immer dafür gefürchtet, dass ich mit offenem Visier gekämpft habe.«

In den 80er-Jahren waren Frauen in der Politik immer noch absolute Ausnahmeerscheinungen. Vor 1986 gab es nie mehr als zehn Prozent weibliche Nationalratsabgeordnete.
»Wir waren alle in irgendeiner Form Quotenfrauen, wenn Sie so wollen, weil es hat immer geheißen: Wir brauchen mehr Frauen. Man hat es nicht Quotenfrau genannt, aber es war so. Ich war auch nie irgendwo die Allererste. Die ÖVP hat viele Erste gehabt, aber ich war nie dabei. Ich habe es da eher mit der Steffi Werger gehalten: Die Nächste bin ich. Ich habe mich lange genug hinten angestellt. Ich kann mich erinnern, im Bundesrat hatte die ÖVP 33 Leute, davon waren drei oder vier Frauen.«

Hat man das gespürt als Frau, dass man einer Gruppe angehört, die stark in der Minderheit ist?
»Ja, schon. Es war alles männlich geprägt. Das war auch der Anpassungsdruck. Ich war ja ein sehr bunter Vogel vorher, und dann habe ich mich selbst dabei ertappt nach einem Jahr, dass ich nur mehr graue, blaue und schwarze Kostüme getragen habe. Hosen hat man damals noch nicht getragen im Parlament. Wie mir das bewusst geworden ist, habe ich rebelliert. Da bin ich dann einmal mit rosa Hosenanzug in den Klub gegangen, und rosa Stirnband und Kakadu-Ohrringen. Es war eine Wette mit Heinrich Neisser. Ins Plenum hab ich mich so nicht getraut. Ich werde nie die Augen unserer Bauern vergessen, als ich damals in den Klub hineingekommen bin. Blankes Entsetzen.«

Warum interessiert man sich so dafür, was eine Frau anhat, wenn sie doch politisch etwas zu sagen hat?
»Weil Frauen immer noch mit anderen Maßstäben gemessen werden.«

Welche Maßstäbe sind das?
»Kritischere. Und zwar sowohl von anderen Frauen als auch von den Männern. Auch, was das Aussehen anbelangt. Entweder ist der Rock zu kurz oder zu lang. Entweder sind die Frauen zu bieder, oder sie sind zu kess. Sie werden immer auch nach dem Aussehen beurteilt.«

Im November 1992 scheidet Ruth Feldgrill-Zankel, Ministerin für Umwelt, Jugend und Familie, aus der Bundesregierung aus. Rauch-Kallat wechselt von der Landes- in die Bundespolitik. Der *Kurier* schreibt damals: »Frau Rauch-Kallat ist offen, sozial engagiert und auch in vielen Jahren Wiener Kommunalpolitik nicht zynisch geworden. Ihre aktivistische Natur, die sich von Rückschlägen nicht entmutigen läßt, gibt ihr im neuen Amt eine Chance, aber auch nicht mehr.«

Das Ministerium kennt Rauch-Kallat bereits von innen. Der Bereich Familie gehörte zur Zeit, als sie sich für Schulbücher in Blindenschrift einsetzte, noch zum Unterrichtsministerium. Als sie einmal zufällig in der Mahlerstraße unterwegs ist, entdeckt sie das Schild der Abteilung, mit der sie laufend in Telefonkontakt ist.
»Weil ich gerade Zeit hatte, bin ich raufgegangen und habe den Namen des zuständigen Ministerialrates entdeckt. Ich habe angeklopft und gesagt: ›Grüß Gott, ich bin da unten vorbeigegangen und habe gedacht, jetzt stell ich mich einmal vor.‹ Er antwortete: ›Ja, freut mich‹, war aber ansonsten sehr verhalten. Wir haben uns dann unterhalten, und nach einer halben Stunde hat er gesagt: ›Frau Bundesrat, ich muss Ihnen sagen: Sie sind eigentlich ganz normal.‹ Sag ich: ›Wie meinen, Herr Ministerialrat?‹ Darauf er: ›Na, was ich von Ihnen schon alles gehört habe ...‹ Acht Jahre später wurde ich als Umwelt-, Jugend- und Familienministerin eingeführt. Die Verabschiedung und Begrüßung der neuen Minister nimmt immer der Dienstälteste vor. Und das war damals der ehemalige Ministerialrat Wohlmuth. In meiner Antrittsansprache sagte ich dann: ›Ich weiß, diese Minister-

wechsel sind immer mit einer gewissen Angst oder Sorge verbunden. Ich kann Sie beruhigen, und der Herr Sektionschef wird Ihnen das bestätigen: Ich bin ganz normal.‹ Und dann erzählte ich diese Geschichte. Der ganze Saal hat gelacht.«

Ihren ersten öffentlichen Auftritt als Ministerin hat Rauch-Kallat weniger entspannt in Erinnerung.
»Es war am nächsten oder übernächsten Tag, eine Rede im Festsaal zum Thema Naturschutz. Man muss ja irrsinnig aufpassen, was einem die Beamten vorlegen. Die Rede, die sie mir damals vorbereitet haben, habe ich brav gehalten. Ich war noch nicht oben in meinem Büro, sind die Telefone schon heiß gelaufen. Der Beamte hatte mir reingeschrieben: Naturschutz muss endlich Bundeskompetenz werden. Und ich habe das – obwohl ich schon neun Jahre in der Politik war – in meiner Naivität verlesen. Daran hatte ich nicht gedacht. Das war so ein heißes Thema. Der Vorsitzende der Landeshauptleutekonferenz, ein schwarzer Landeshauptmann, rief mich damals an und fragte: ›Bist du wahnsinnig? Was fällt dir ein?‹«

Ist die Macht der Landeshauptleute überschätzt? Oder sind sie sehr wohl so mächtig?
»Damals waren sie sehr mächtig. Jetzt sind sie nicht mehr so mächtig. Das ist auch so eine Frage, aber natürlich, man will sich ja auch nicht sofort mit jedem anlegen. Irgendwie hat jeder das Bedürfnis, alles richtig zu machen. Und es allen recht zu machen. Aber es allen recht machen, das kann man nicht.«

Nach der Nationalratswahl 1994 bleibt Rauch-Kallat Ministerin. Im April 1995 übernimmt Wolfgang Schüssel nach monatelanger Obmanndebatte die Bundespartei von Erhard Busek und wird auch Vizekanzler. Die Regierungsmannschaft wird umgebaut.
»Wolfgang Schüssel fragte mich, ob ich neben Othmar Karas Generalsekretärin werden wolle. Ich wollte nicht. Schüssel hat gesagt: ›Ich kann dir nicht versprechen, dass du Umweltministerin bleibst. Ich sag auch nicht, du wirst es nicht mehr, aber ich sage dir: Ich brauch dich als Generalsekretärin.‹ Ich antwortete ihm: ›Ich bin das nicht. Ich mag nicht beißen.‹ Das war Donnerstagmittag, am Donnerstagabend hat er es noch

einmal probiert. Ich blieb bei meinem Nein. Darauf sagte er: ›Morgen um sieben Uhr früh bist du bei mir im Büro.‹ Ich war um sieben im Büro. Dann hat er noch einmal eine Stunde auf mich eingeredet und gesagt: ›So, jetzt setzen wir uns ins Auto und fahren hinüber in die Partei. Wenn wir dort hineingehen, musst du Ja oder Nein sagen. Weil drinnen will ich wissen, ob ich dich vorschlagen kann oder nicht.‹ Und dann kam der für mich entscheidende Satz: ›Schau, ich will auch nicht Parteiobmann werden, ich bin auch in einer ganz schwierigen Situation. Und ich habe nur mehr zwei Freunde. Lass mich nicht im Stich.‹ Dann habe ich beim Hineingehen gesagt: ›Okay, Wolfgang, ich mach's.‹ Und er schlug mich vor. Es war eine wahnsinnig ekelhafte Stimmung in der Partei. Am nächsten Tag war Parteitag. In der Hofburg, 1500 Leute. Alle haben damit gerechnet, dass das eine ganz schwierige Angelegenheit werden wird. Ich war überzeugt davon, dass wir gemeinsam untergehen werden. Es war so eine depressive Stimmung. 800 Leute waren im Saal, 700 draußen, und Schüssel hat um sein Leben geredet. Nach fünf Minuten haben alle zugehört. Da war Stille im Saal. Er hat eine Stunde lang geredet, am Ende gab es tosenden Applaus. Ich bin zu ihm gegangen und hab gesagt: ›Wolfgang, gestern habe ich mir gedacht, wir werden grandios untergehen, heute denke ich mir, vielleicht haben wir eine Chance.‹ Er bekam über 95 Prozent. Es war unglaublich.«

Das Amt der Generalsekretärin bildet für Rauch-Kallat die zeitliche Brücke zwischen zwei Ministerämtern.
»Es hat Höhen und Tiefen gegeben. Mehr Tiefs als Hochs. Ich habe in diesen acht Jahren als Generalsekretärin so viel in strategischer Hinsicht gelernt, auch von Wolfgang Schüssel. Und am Schluss stand dann ein riesiger Triumph.«

Die Tiefs ergeben sich vor allem durch die Aufgabe, die schwarzblaue Regierung im Jahr 2000 verteidigen zu müssen. Für eine Generalsekretärin so etwas wie die Kernaufgabe, die Rauch-Kallat auch unermüdlich ausübt. Und die ihren Preis fordert.
»Einige persönliche Freunde haben sich damals wirklich distanziert. Sie haben nicht mehr mit mir geredet. Leute auf der Straße haben vor mir ausgespuckt.«

Wie geht man mit so etwas um?
»Da muss man durch. Da kann man dann nicht mehr zurück.«

Und dann kommt der 24. November 2002. Die Umfragen geben keine eindeutigen Hinweise darauf, wie diese vorgezogene Wahl nach dem Rücktritt der FPÖ-Vizekanzlerin Riess-Passer, dem damaligen politischen Superstar Karl-Heinz Grasser und Klubobmann Westenthaler ausgehen würde. Noch zwei Tage vor der Wahl schreibt die Austria Presse Agentur in ihrer Zusammenfassung der vorliegenden Meinungsumfragen von einem »Kopf-an-Kopf-Rennen zwischen SPÖ und ÖVP«. Am frühen Nachmittag des Wahlsonntags zeichnet sich für die ÖVP dann das ab, was man in der politischen Berichterstattung einen Erdrutschsieg nennt. Die ÖVP gewinnt mehr als 15 Prozentpunkte dazu und wird mit 42,3 Prozent erstmals seit 1966 wieder stimmenstärkste Partei. Es kommt allerdings nicht zu der von vielen erwarteten Regierungszusammenarbeit mit den Grünen. Die ÖVP entscheidet sich neuerlich für eine Koalition mit der FPÖ, die bei dieser Wahl von der zweitstärksten Kraft zu einer 10-Prozent-Partei geschrumpft ist. Und Maria Rauch-Kallat bekommt wieder ein Ministeramt. Am 28. Februar 2003, 96 Tage nach dem Wahlsieg, wird sie von Bundespräsident Thomas Klestil als Ministerin für Gesundheit und Frauen angelobt.

»Das zweite Mal als Ministerin war für mich deswegen so spannend und interessant, weil ich die Mechanismen bereits kannte. Das erste Mal war eher Learning by Doing. Beim zweiten Mal konnte ich vier Jahre wirklich konsequent arbeiten. Ich habe gewusst, wie das Handwerk geht. Der Gesundheitsbereich war natürlich größer als der Frauenbereich, aber wir haben immer geschaut, dass wir beides möglichst gleichbehandeln. Ich habe auch Geld von der Gesundheit zu den Frauen hinübergeschaufelt. Das ist die Chance eines großen Ministeriums.«

Sie sind in die Politik hineingewachsen. Jetzt gibt es relativ viele Quereinsteiger in der Regierung. Ist das leichter oder schwerer?
»Viel schwerer. Es gibt zwar sehr erfolgreiche Quereinsteiger, es gibt aber auch sehr erfolglose Quereinsteiger-Geschichten. Und solche, die sich ganz wacker geschlagen, sozusagen sich nicht übermäßig blamiert haben.«

Was könnte man denjenigen mitgeben, die von politischen Strukturen noch keine oder wenig Ahnung haben?
»Der Vorteil von Quereinsteigern ist, dass sie unbefangen an Dinge herangehen und dass sie nicht desillusioniert sind. Dass sie sich nicht denken: Das geht sowieso nicht. An die Machbarkeit zu glauben, ist natürlich auch wichtig, wenn man aus der Struktur kommt. Am Anfang meiner Zeit als Gesundheitsministerin habe ich mir oft gedacht: Das geht ja gar nicht, und auf einmal ging das alles, weil uns die Freiheitlichen inhaltlich in vielen Punkten näher waren als die SPÖ. Und plötzlich mussten wir um vieles nicht mehr kämpfen. Wir haben immer geglaubt, dass wir um alles kämpfen müssen, aber auf einmal ging das. Das hat mich oft überrascht. Damit gehen Quereinsteiger viel unbefangener um. Umgekehrt müssen sie wirklich die Tücken der Struktur lernen, der externen und der internen Struktur. Also: Wie funktioniert das Parlament? Wo muss man aufpassen? Wo gibt's absolute No-Gos? Was muss man immer beachten? Wo liegen die Prioritäten? Wie kommt man zu einer Initiative aus dem Ministerbüro? Und die interne Struktur: Wie positioniere ich mich in meiner Bundespartei, in meiner Landespartei und in meiner Bezirkspartei? Denn, wenn ich mich nicht integriere, dann bin ich immer – sagen wir – von Gottes Gnaden, Kanzlers Gnaden, Parteichefs Gnaden abhängig, und wenn ich länger als eine Periode bleiben will, dann muss ich schauen, dass ich mein Amt gut mache, aber auch, dass ich mich in irgendeiner Form in die Parteistruktur einfüge und dort auch meine Basis finde.«

In ihrem Amt als Gesundheitsministerin stößt Rauch-Kallat auch immer wieder auf Widerstände. Von der Ärzteschaft fühlt sie sich oft nicht ganz ernst genommen, weil sie selbst keine Ärztin ist. Sie selbst ist mit ihrer zweiten Periode als Ministerin viel zufriedener als bei ihrer Ministerinnenpremiere in den 90er-Jahren.
»Beim ersten Mal musste ich immer wieder feststellen, dass manche meiner Referenten im Ministerbüro die Beamten ganz schlecht behandelt haben. Meistens bin ich da zu spät draufgekommen. Deshalb habe ich beim zweiten Mal extrem darauf aufgepasst. Ich habe mein Büro gedrillt, dass sie die Beamten gut behandeln. Denn was ein Mitarbeiter macht, fällt

immer auf den Minister oder die Ministerin zurück. Selbst wenn Sie selbst gar keinen Fehler machen und Ihre Beamten machen einen Fehler – es wird zu Ihrem Fehler, es bleibt an Ihnen hängen. Man haftet auch immer für das, was die Mitarbeiter tun. Ich habe meine Mitarbeiter damals sehr sorgfältig schulen lassen, ich habe ihnen gesagt, dass sie immer höflich sein sollen. Dass die Beamten nicht ihre Lakaien sind, sondern dass sie ganz wichtige Zulieferer und gut zu behandeln sind. Ich habe, so glaube ich, in allen beiden Ministerien eine gute Nachrede.«

Ob die Arbeit in Ministerkabinetten und in Ministerien funktioniert, hängt natürlich viel von Vertrauen ab. Wie viel Vertrauen ist in der Politik generell möglich?

»Vertrauen ist natürlich nötig, aber je weiter man nach oben kommt, desto schwieriger wird es. Je höher Sie hinaufkommen, desto einsamer werden Sie. Und desto schwieriger wird es auch zu beurteilen, was im Interesse der Sache und was im Eigeninteresse ist. Die Bedeutung eines Mitarbeiters definiert sich daran, wie nahe er dem Minister ist. Und wie viel er dem Minister unterjubeln kann. Die tägliche Morgensitzung war ein Wettlauf der sechs, sieben, acht Referenten, welchem Termin ich jetzt zusage und welchem nicht. Jeder im Büro hat halt seine Klientel: Einer ist zuständig für die Veterinärmedizin, ein anderer ist zuständig für die Frauen und der dritte für die Prävention. Jeder hat seine Klientel, die er bearbeiten muss und die ihn bearbeitet, die Termine wollen, die Interessen haben, und je mehr er durchbringt, desto mächtiger wird auch er. Auch Mitarbeiter haben Macht. Und da müssen Sie dann schon überlegen: Arbeitet der schon an seiner nächsten Karriere? Oder ist das wirklich im Interesse der Sache? Das ist ja auch das Interessante gewesen als Gesundheitsministerin, dass ich aus keiner Gesundheitsbranche gekommen bin. Damit haben Sie die Äquidistanz zum Beispiel zu den Apothekern. Apotheker gegen Ärzte, da ist Simmering gegen Kapfenberg nichts dagegen, das muss man erleben! Und wenn Sie aus einem unmittelbaren Gesundheitsberuf kommen, haben Sie schon nicht mehr die nötige Distanz.«

Freundschaft in der Politik, gibt es so was?
»Ja, schon.«

Und hält die auch über das Ende der politischen Tätigkeit hinaus?
»Es ist natürlich immer eine Frage, wie man Freundschaft definiert. Es bleibt wenig Zeit für enge Freundschaft. Und man verliert auch viele Freunde.«

Haben Sie in der Politik jemanden kennengelernt, den Sie anrufen würden, wenn es Ihnen wirklich schlecht ginge?
»Man muss sich immer ein, zwei wirkliche Freunde aus der früheren Zeit oder auch aus dem Umfeld bewahren, bei denen man hundertprozentig weiß, die halten absolut dicht. Da wird nie ein Wort an die Öffentlichkeit dringen. Solche Menschen gab es in meinem Leben immer. Das ist aber auch notwendig.«

Wer durfte Ihnen sagen, ganz ehrlich, was er oder sie von dem hält, was Sie tun?
»Jeder. Jeder, wenn er es in der notwendigen Üblichkeit oder Wertschätzung gesagt hat.«

In all den vielen Jahren in der Politik kann ich mich an keine Situation erinnern, wo Sie wirklich Emotionen gezeigt haben. Muss man das? Muss man Emotionen in der Politik zurückhalten?
»In der Öffentlichkeit habe ich sie, wenn es vermeidbar war, nicht gezeigt. Weder überschwängliche Freude noch Schmerz. Ich habe immer versucht, bei Entscheidungen die Emotion nicht überhandnehmen zu lassen. Ich habe immer wieder, wenn es gar nicht anders ging, aus dem Bauchgefühl heraus entschieden, aber nie sofort. Ich habe schon immer in erster Linie rational überlegt. Ich war, glaube ich, nie impulsiv. Im Unterschied zu Marilies Flemming zum Beispiel, die dafür gefürchtet war. Mein erster Gedanke war immer: Warum ist das jetzt so? Was hat dazu geführt? Was würde dieser Weg bedeuten?«

Bei der Nationalratswahl 2006 gibt es wieder eine Überraschung. Auch dieses Ergebnis lässt sich aus den Umfragen in den Wochen vor dem Wahltag nicht ableiten. Obwohl die SPÖ leicht verliert, holt sie Platz eins von der ÖVP zurück. Alfred Gusenbauer bekommt den Regierungsbildungsauftrag und führt Gespräche mit der unterlegenen ÖVP. Das Misstrauen auf beiden Seiten ist groß.

»Niemand hätte gedacht, dass Gusenbauer über Schüssel siegt. Wir haben verhandelt, ich saß in fast allen Verhandlungsgruppen mit Doris Bures zusammen, die zuvor ja schon mein Gegenüber als Generalsekretärin war. Sie war hasserfüllt. Jede Runde hat sie mit der Formulierung ›die abgewählte Bundesregierung‹ begonnen. Die SPÖ wollte nicht wirklich mit uns verhandeln. Auch Wolfgang Schüssel hat das gesagt: ›Sie wollen eine Minderheitsregierung. Stellt euch drauf ein, wir sind draußen. Schaut, dass eure Mitarbeiter versorgt sind.‹ Die Büromitarbeiter haben nämlich überhaupt keine soziale Absicherung. Das ist unhaltbar, finde ich. Die stehen auf der Straße. Ich dachte damals: ›Ich bin im Nationalrat. Dann fang ich halt nebenher zum Studieren an. Wunderbar.‹ Das wollte ich eh schon immer. Dann habe ich ein Angebot aus der Wirtschaft gehabt. Ich wollte selbstständig werden, mir die Zeit selbst einteilen. Wir haben vier Wochen im Oktober nicht mehr verhandelt, alles war schon neu geordnet. Aber Bundespräsident Heinz Fischer hat die Minderheitsregierung nicht durchgehen lassen. Wir haben also die Verhandlungen wieder aufgenommen, und dann ging das in dem Ton so weiter: ›die abgewählte Bundesregierung.‹ Da habe ich mir gedacht: Nein, in diese Regierung gehe ich nicht. Als wir abgeschlossen hatten, habe ich Wolfgang Schüssel gratuliert. Das Ergebnis war ja ein Wahnsinn, die SPÖ hat alles hergeschenkt. Ich habe gesagt. ›Ich gratuliere dir zum Ergebnis und zur Ressortverteilung, aber ich stehe nicht zur Verfügung.‹ Darauf antwortete Schüssel: ›Mir brauchst du das nicht sagen, ich steh auch nicht mehr zur Verfügung, sag das dem Willi Molterer.‹«

Wilhelm Molterer übernimmt die Partei. Wolfgang Schüssel wechselt nach knapp sieben Jahren als Bundeskanzler und insgesamt 18 Jahren in der Regierung in den Parlamentsklub. Er wird Klubobmann, Maria Rauch-Kallat Abgeordnete.

Was ist der stärkere Einschnitt? Hinein ins große Scheinwerferlicht der Regierung, oder hinaus?
»Fordernder ist es, hineinzugehen.«

Und für die Persönlichkeit?
»Es ist schwierig, rauszugehen. Mein Glück war, dass ich das zwei Mal erlebt habe. Ich wurde ja schon von der Ministerin zur Generalsekretärin. Das ist zwar auf einer ähnlichen Ebene, aber eben nicht ganz. Da nagt dann schon einiges. Auf den zweiten Abgang konnte ich mich sehr gut vorbereiten. Der war dann überhaupt kein Problem mehr.«

Aber was nagt, wenn was nagt?
»Wenn es ein bewusster Abgang ist, nagt eigentlich nichts. Wenn es ein unfreiwilliger ist, also die Frage im Raum steht, warum man gescheitert ist, nagt das wohl schon.«

Gestern Ministerin, heute nicht mehr. Was macht das mit einem?
»Ich war ja Frauenchefin der ÖVP, ich war im Nationalrat, ich habe eine Firma aufgebaut. Mir war nie langweilig. Die größte Umstellung war wohl, nach 15 Jahren keinen Chauffeur mehr zu haben. Ein Chauffeur ist ja viel mehr als nur jemand, der fährt. Das Erste, was ich meine parlamentarische Mitarbeiterin gefragt habe, war: ›Wie geht das mit den Straßenbahnkarten?‹ Und dann habe ich nach und nach gelernt, wieder mit der Straßenbahn und der U-Bahn zu fahren, was die Leute sehr beeindruckt hat. Ich hatte ja einen hohen Bekanntheitsgrad. Ein einziges Mal in diesen Jahren, in denen ich noch im Parlament war, hat mich jemand negativ angesprochen. Alle anderen waren eher positiv und freundlich. Da habe ich mir gesagt: Hast nicht alles falsch gemacht.«

Maria Rauch-Kallat wird auch nach ihrer Zeit in der Regierung nicht leiser. Vor allem, was die Frauenpolitik betrifft. Auch die ihrer eigenen Partei. So kritisiert sie den damals bei 25 Prozent liegenden Frauenanteil bei Nationalratsabgeordneten als »nicht akzeptabel« und bekundet ihre Unzufriedenheit mit der ÖVP-Frauenpolitik. Im Rennen um die Nachfolge von Volksanwältin Maria Fekter, die Innenministerin wird, setzt sie sich lautstark gegen den männlichen Kandidaten ein und schafft es schließlich, Gertrude Brinek zu installieren. Als die Kandidatenlisten für die Nationalratswahl 2008 erstellt werden, wird Rauch-Kallat so weit nach hinten gereiht, dass sie ihr Mandat schließlich verliert.

»Ich habe mich sehr geärgert, dass ich so schlecht gereiht wurde. Das war Willi Molterers Rache, weil nicht der Abgeordnete Sonnweber Volksanwalt wurde, sondern dank meiner intensiven Lobbying-Arbeit die Abgeordnete Gertrude Brinek. Ich war Bundesfrauenchefin und wurde auf den 20. Platz der Bundesliste gereiht. Natürlich bin ich da nicht hineingekommen.«

Rauch-Kallats Ärger ist auch deshalb so groß, weil sie eigentlich noch etwas vorhat: Sie will den Frauen ihren Platz in der Bundeshymne verschaffen. Den ersten Anlauf dazu nimmt sie bereits als Frauenministerin, damals scheitert sie allerdings.

»Es gab viele Frauen, für die das wichtig war. Sportlerinnen, die am Stockerl standen und die ›Söhne‹ gesungen haben. Ich habe es damals wirklich strategisch-minutiös vorbereitet. Ich habe mit Fritz Molden geredet *(Sohn von Paula von Preradovic, der Verfasserin des Textes der Bundeshymne, Anm.)*, der zunächst keine Freude hatte, aber dann doch zugestimmt hat. Mit Wolfgang Schüssel, der gesagt hat: ›Na ja, wenn du es dir einbildest. Du musst halt nur die FPÖ dazu bringen.‹ Dann habe ich mit Uschi Haubner geredet und mit Karin Gastinger, beide waren dafür. Danach mit Hubert Gorbach, mit dem ich mich gut verstanden habe. Er sagte: ›Wenn es sein muss.‹ Und dann mussten wir herausfinden, wie man das überhaupt ändern könnte. Es gibt ja kein Gesetz über die Bundeshymne, nur einen Erlass. Also: Wie ändert man ein Gesetz, das es nicht gibt? Alles blieb geheim, aber dann hat irgendwann die *Kronen Zeitung* Wind gekriegt und Stimmung dagegen gemacht. Nach einer Woche hat Hubert Gorbach gesagt, dass die FPÖ doch nicht zustimmen würde. Damit war ich gescheitert. Und mir blieben Karikaturen, wo ich im Jagdgewand dem Doppeladler hinterherrenne, mit dessen Federn in der Hand. Das ärgert einen dann schon. Wenn man so weit ist und dann scheitert.«

2011, mehr als zwei Jahre nach ihrem Abschied aus dem Parlament, wird das Nationalratsmandat von Wilhelm Molterer frei, der als Vizepräsident zur Europäischen Investitionsbank wechselt. Michael Spindelegger, mittlerweile ÖVP-Obmann und Vizekanzler, bittet sie, für einige Monate ins Parlament nachzurücken.

»Ich hatte zu diesem Zeitpunkt schon ein bisschen Abstand, einen anderen Blick auf mein Leben, und ich habe gesagt: Es ist eigentlich Zeitverschwendung. Das klingt jetzt überheblich, aber wenn ein Junger da hineingeht, ist das gut und wichtig. Wenn Sie 30 Jahre Politik hinter sich haben und dann dort drinnen sitzen, denken Sie anders über die eigene Lebenszeit nach. Und daher habe ich zunächst Nein gesagt.«

Sie einigen sich auf eine Kompromisslösung: drei Monate zur Überbrückung.

»Formal war ich drei Monate im Parlament, aber eigentlich waren es nur vier Plenartage. Ich glaube, ich war nicht einmal in einem Ausschuss. Ich habe auch kein Gehalt genommen, damit ja keiner sagen kann: Sie macht nichts und nimmt Geld.«

Geld nimmt sie keines, aber sie hat einen Plan: Einen neuen Anlauf bei der Bundeshymne.

»Gleich als ich wusste, dass ich nachrücken würde, habe ich beiläufig bei einigen Chefredakteuren von großen Zeitungen nachgefragt, was sie theoretisch davon halten und ob sie dagegen kampagnisieren würden. Alle haben Nein gesagt. Dann habe ich sie gefragt, ob sie es unterstützen würden. Sie ahnten natürlich alle nichts von meinem Plan, da sie ja nicht wussten, dass ich nachrücken würde. Nachdem diese Front geklärt war, entschloss ich mich, einen überparteilichen, frauenübergreifenden Schulterschluss zu versuchen. Bei der SPÖ habe ich Renate Csörgits und Sabine Oberhauser kontaktiert, auch Gisela Wurm wollte dabei sein. Bei den Grünen sprach ich mit Eva Glawischnig und Gabriela Moser, die ich von einer Reise ganz gut kannte. Bei uns hatte ich Gott sei Dank Dorothea Schittenhelm auf meiner Seite. Bei der FPÖ habe ich es gar nicht versucht. Sie alle beschwor ich, Stillschweigen zu bewahren.«

In einer Rede im Nationalrat wollte Rauch-Kallat dem Plenum den neuen Text vorschlagen. Kurz bevor es so weit ist, erfährt Klubobmann Karlheinz Kopf von der Sache und lässt einen männlichen ÖVP-Mandatar nach dem anderen ans Rednerpult, um Rauch-Kallats Rede zu verhindern.

»Er hat sich überrumpelt gefühlt. Er hat gesagt: ›Ich hab dir doch gesagt, dass ich keine Überraschungen erleben will.‹ Und ich hab ihm geantwortet: ›Ich habe dir nicht falsch geantwortet. Ich habe dich nicht angelogen. Ich habe gesagt: Ich kann dir für nichts garantieren. Das hätte dir zu denken geben müssen.‹ Und dann hat er einen schweren strategischen Fehler gemacht: Er hat geglaubt, dass es sich um einen Entschließungsantrag handelt. Entschließungsanträge kann man nur während einer Rede einbringen. Mit seiner Aktion wollte er verhindern, dass ich den Antrag einbringe. Aber ich ahnte so etwas schon und hatte einen selbstständigen Antrag vorbereitet, den man jederzeit einbringen kann. Dafür braucht man keine Rede, man muss nur Abgeordneter sein und die entsprechenden Unterschriften beisammen haben. Ich sagte zu ihm: ›Sag doch, die depperten Weiber haben dich überrumpelt.‹ Er wollte das nicht und antwortete: ›Du wirst keine Gelegenheit mehr haben, diesen Antrag einzubringen.‹ Ich dachte nur: ›Burschi, da irrst du dich‹, und bin gegangen. Als die ÖVP ihre Redezeit aufgebraucht hatte, habe ich den Antrag genommen, bin beim Klubobmann vorbeigegangen, hin zum Pult und habe den Antrag abgegeben, habe gesagt ›Danke und auf Wiedersehen‹. Ich bin zurückgegangen, habe dem Klubobmann nett zugenickt und mich niedergesetzt. Ihm hat das alles sehr geschadet, lange Zeit.«

Was sagt das über das Land, dass man für ein Wort in der Bundeshymne so kämpfen muss?
»Das Schlimmste kam ja eigentlich erst zwei oder drei Jahre später, als das längst Gesetz war. Und als Andreas Gabalier die Hymne ohne Töchter gesungen hat. Durch die Art, wie damals die Wogen hochgingen, weiß ich erst, wie wichtig es war. Ich habe das überhaupt nicht als so wichtig eingeschätzt. In meinem Originalantrag habe ich geschrieben: ›... im Wissen, dass es nicht die wichtigste frauenpolitische Maßnahme ist. Aber auch im Wissen, dass Sprache Realität abbildet.‹ Es ist nicht das Wichtigste in der Frauenpolitik. Gleicher Lohn für gleiche Arbeit ist viel wichtiger. Aber es ist auch ein Signal. Erst durch diese massiv frauenfeindlichen Aktionen ist mir bewusst geworden, wie wichtig es doch war.«

Wenn Männer jetzt sagen: »Ich singe die ›Töchter‹ nicht, das braucht kein Mensch« – ist Ihnen das egal?
»Na, dann sollen sie es nicht singen. Das ist mir wurscht. Wichtig ist die Diskussion darüber und dass es selbstverständlich geworden ist. Die nächste Generation wird darüber nicht mehr nachdenken. Die wird das gar nicht mehr wissen, dass das anders geheißen hat. Im Übrigen war das auch nicht der Originaltext der Bundeshymne, den wir geändert haben, sondern es war ohnehin schon die zweite oder dritte Fassung. Und Hymnen werden immer wieder geändert.«

An diesem 8. Juli 2011 endet tatsächlich die politische Karriere der Maria Rauch-Kallat. Ihre Zeit in der Politik verfolgt sie noch länger. Einerseits durch Vorwürfe gegen ihren Ehemann, den Rüstungslobbyisten Alfons Mensdorff-Pouilly, von dem sie mittlerweile getrennt lebt, und auch durch Anschuldigungen gegen sie selbst. Die Wirtschafts- und Korruptionsanwaltschaft ermittelt gegen sie wegen des Ankaufs von Grippemasken während der Vogelgrippe-Epidemie im Jahr 2006, also während ihrer Zeit als Gesundheitsministerin.

»Es wurde am Schluss alles widerrufen, die Korruptionsstaatsanwaltschaft hat insgesamt drei Jahre ermittelt, um mir dann mitzuteilen, dass sie mangels Grundlagen das Verfahren eingestellt haben. Das war die Hölle, und da war ich schon verbittert, das gebe ich zu, weil es natürlich der Firma und mir persönlich massiv geschadet hat. Ich habe mühsam die Jobs meiner Mitarbeiterinnen erhalten, weil ich Gott sei Dank in den ersten Jahren die Gewinne nie aus der Firma genommen habe, und so konnte ich sie durchfüttern. Ich habe zwei oder drei Jahre keine Zeitungen gelesen, nur ab und zu Nachrichten geschaut. Ich habe wirklich Abstinenz geübt und mich darauf konzentriert, dass ich da wieder rehabilitiert werde. Ich habe mich mein ganzes Leben immer sehr ordentlich und sorgfältig verhalten. Und ich habe immer genau aufgepasst, nicht irgendwas zuzulassen, was falsch interpretiert werden könnte, auch was meinen zweiten Mann betrifft. Damals war ich wirklich verbittert.«

»Homo politicus ist man und bleibt man«, sagt Maria Rauch-Kallat, und so kommt sie auch wieder zurück. Als Diskutantin in politischen Talkshows, als Erklärerin von ÖVP-Positionen, vor allem nach der Entscheidung von Sebastian Kurz, eine Regierung mit der FPÖ zu bilden. Und auch als Kämpferin in Frauenangelegenheiten. In der #metoo-Debatte um sexualisierte Gewalt und Erniedrigung von Frauen im Herbst 2017 ist sie eine der wenigen, die ihre einschlägigen Erfahrungen schildert.

»Es war ein ziemlich mächtiger Politiker, der aber schon tot ist. Er hat mir auf den Busen gegrapscht. Er war der Meinung, Frauen wollen das. Als er es zwei, drei Wochen später wieder bei mir versucht hat – das war im Parlament und Leute standen um uns herum –, sagte ich: ›Nimm die Hand von meinem Busen.‹ Er erstarrte und hörte damit auf. Einige Zeit später standen wir mit Alois Mock zusammen, der damals Vizekanzler war, und da sagte er: ›Und im Übrigen: Sie behauptet, ich greif ihr auf den Busen.‹ Mock schaute mich fragend an, und ich sagte zu dem Kollegen: ›Ja, weil du es tust, so einfach. Ich behaupte es nur dann, wenn du es tust.‹ Und damit war die Sache erledigt. Alois Mock war glücklich, dass er sich nicht einmischen musste. Und es war Ruhe. Später sind wir dann sogar noch Freunde geworden.«

Das war in den 80er-Jahren. Wie verbreitet waren derartige Machtspiele damals?
»Das kann ich schwer sagen. Es war nie ein Thema, es wurde nicht darüber geredet.«

Zu diesem Thema gibt es zwei Annäherungen. Die einen sagen: Das ist gut, dass da jetzt alles auf den Tisch kommt. Die anderen sagen: Bald darf man gar nichts mehr machen, nicht einmal mehr schauen. Und überhaupt, es gehören ja immer zwei dazu. Wie ist Ihre Position dazu, als ehemalige Frauenministerin, aber auch einfach als Frau?
»Ich glaube, man muss sehr subtil vorgehen. Man muss genau unterscheiden zwischen einem Flirt, den es geben soll, zwischen einem Geplänkel, das es geben soll, und zwischen Anzüglichkeiten. Und man muss berücksichtigen, dass es Menschen gibt, die weniger empfindlich sind, wie Nina Proll, und andere, die empfindlicher sind, es sich aber nicht zu sagen trauen. Und der entscheidende Punkt ist, dass man Frauen wie Männer so weit bringt, dass sie Nein sagen können, wenn es nottut. Also zu

wissen, was will ich und was will ich nicht. Und da muss man schon bei den Kindern anfangen.«

Wir sind beim Thema Macht. Wenn es so etwas gibt wie politische Macht, dann hatten Sie diese natürlich in Ihren vielen Funktionen. Füllen Frauen politische Macht anders aus als Männer?
»Ja. Erstens haben Frauen sehr oft ein gestörtes Verhältnis zur Macht, weil sie glauben, dass Macht an sich etwas Schmutziges ist. Aber ohne Macht geht gar nichts. Je mehr Macht, desto schneller geht's. Das ist auch der Vorteil zum Beispiel eines Ministeramtes gegenüber dem eines Abgeordneten. Aber auch der kann nicht machen, was er will, sondern braucht Gott sei Dank in einer parlamentarischen Demokratie auch die Kontrolle und Unterstützung des Parlaments. Macht ist sozusagen nur dann schmutzig, wenn man sie missbraucht. Wenn man sorgsam damit umgeht, ist sie nicht schmutzig. Ich glaube übrigens, dass Frauen sorgsamer mit Macht umgehen als Männer, und auch, dass Frauen die politische Kultur verändern. Nicht, weil Frauen bessere Menschen sind, sondern weil sie einen anderen Zugang und eine andere politische Kultur haben. Auch in einem Unternehmen ist das so. Je mehr Frauen an der Führungsspitze sind, desto mehr können sie die Kultur verändern. Wenn eine Frau unter sechs Männern ist, kann sie gar nichts verändern. Sie ist einem unglaublichen Anpassungsdruck ausgesetzt, einer permanenten Kritik, und hat überhaupt keine Rückendeckung. Die muss schon sehr stark sein, wenn sie die Kultur verändern will.«

Wie kann man diese weibliche Führungskultur, wenn Sie so wollen, beschreiben?
»Ganzheitlicher. Ich glaube, dass Frauen in ihrem Führungsstil, egal ob in der Politik oder in der Wirtschaft, viel personenzentrierter, menschlicher und herzlicher sind. Wenn zum Beispiel Personalabbau notwendig ist, dann gehen Frauen ganz anders damit um als Männer. Und sie sind mutiger.«

Sind Frauen an der Macht gleich akzeptiert wie Männer?
»Nein, noch nicht. Es wird besser, aber es gibt noch unzählige Männer in Führungspositionen, die mit starken Frauen noch

nicht umgehen können. Noch gravierender ist es natürlich in unteren Ebenen, weil viele Männer wirklich ein Problem damit haben, wenn eine Frau ihre Chefin ist.«

Maria Rauch-Kallat hat das Licht der Scheinwerfer nie ganz verlassen. Sie ist Ehrenpräsidentin vieler Organisationen, hat einen prallen Terminkalender, den sie weitgehend selbst elektronisch bearbeitet, und kommuniziert mit ihren Enkeln auch via Smartphone. Und im Großen und Ganzen ist sie zufrieden mit dem, was sie in ihrem politischen Leben erreicht hat.

»Ich bin sehr froh über das, was ich für Behinderte tun konnte. Das war ja der Grund, warum ich eigentlich in die Politik gegangen bin. Und zu erleben, wie sich meine Tochter bewährt, wie selbstverständlich sie als Hochschullehrerin arbeitet, alleine lebt und Sport betreibt, macht mich sehr froh. Auch meine Arbeit im paralympischen Komitee. Das sind die Dinge, über die man sich freut, das hat Sinn gemacht. Oder auch, dass es mir zum Beispiel gelungen ist, die eCard innerhalb von zwei Jahren umzusetzen, nachdem sieben meiner Vorgänger daran gescheitert waren. Ich habe auch nicht das Gefühl, dass ich mein Leben geopfert habe. Ich habe einen hohen Preis bezahlt, aber er war es wert.«

Wie lautet der Preis?
»Verlust von Freundschaften aus Zeitmangel. Verletzungen natürlich, öffentliche Verletzungen. Zum Beispiel diese Unterstellung mit den Grippemasken und öffentliche Beschimpfungen. Das ist nicht lustig. Aber insgesamt ist die Bilanz positiv.«

Das heißt, Sie würden es noch einmal machen?
»Ja. Wenn ich 30 Jahre jünger wäre.«

Susanne Riess

»Mutti, Mäderl oder Furie. Dazwischen gibt es nichts«

Die Messehalle in Klagenfurt. 1. Mai 2000. Fast auf den Tag genau vor drei Monaten ist Susanne Riess-Passer als erste Vizekanzlerin in der Geschichte der Zweiten Republik angelobt worden. Heute soll sie Jörg Haider als Parteichef der FPÖ ablösen. Der hatte nur drei Wochen nach der Angelobung der schwarz-blauen Regierung ausrichten lassen, kein Schattenkanzler sein zu wollen und damit diese Rochade eingeleitet.

Alles beginnt genau so, wie es die Parteitagsinszenierung vorsieht: Haider und Riess-Passer betreten den Saal, fast 700 blaue Anhänger jubeln. »The Final Countdown« von Europe wird eingespielt. Aber ein Finale ist das nicht. Kein Abschied von Jörg Haider. Und wer genau hinschaut, der sieht das schon damals. Der Kärntner Landeshauptmann weiß, was man hier von ihm erwartet. Eineinhalb Stunden hören die Funktionäre Angriffe auf die eben aus der Regierung ausgeschiedene SPÖ, auf Bundespräsident Thomas Klestil, die Gegner der FPÖ im Allgemeinen und die in Europa im Besonderen. Und er verkneift es sich auch nicht, einen Seitenhieb auf den neuen Bundeskanzler Wolfgang Schüssel zu setzen: »Neben Susi wird ein Strolchi sein.« Die im Saal Anwesenden finden das lustig. Susanne Riess-Passer ahnt spätestens wohl jetzt ansatzweise, was da noch auf sie zukommen wird. Am Ende nimmt Haider dann Tempo und Schärfe aus seiner Rede. »Wir haben gemeinsam viel bewegt. Die FPÖ befindet sich jetzt auf einer Bergtour, die steil bergauf führt. Die letzten Meter vor dem Gipfel lässt der Bergführer seine Seilschaft vorangehen.« Haider wird nun ernster und pathetischer, aber zunächst spricht er noch mit klarer Stimme. Dann bricht sie ihm:»In diesem Sinne«, verweist er auf das Bild mit dem Berg und der Seilschaft,»geh du voran, Susanne.« Es ist, als habe er sich zwar vorgenommen, diesen Satz zu sprechen, aber jetzt, als er ihn ausspricht, hat man den Eindruck, als würde ihn irgendetwas bremsen. Als wäre er eben nicht bereit, in die zweite Reihe zurückzutreten, wo er bekanntlich auch nie wirklich ankommen wird.

»Das Mündel spielt den Vormund«, urteilt die *Süddeutsche Zeitung* am Tag danach. Eine von vielen Zuschreibungen, die Susanne Riess im Laufe ihres politischen Lebens über sich liest.

»In der Beurteilung meiner Person habe ich alles erlebt, je nachdem, in welcher Phase meiner politischen Laufbahn ich gerade war. Vom Underdog-Image bis zur ganz Toughen, Harten. Von der Haider-Sekretärin bis zur Königskobra. Von der rechten Hand und Befehlsempfängerin bis hin zur Karrierefrau. Ein Wort, das per se schon so etwas Unerfreuliches, Unweibliches hat.«

Wenn es nach dem Vater gegangen wäre, dann hätte Susanne Riess eine ganz andere Bühne bespielt. Nicht die der Klagenfurter Messehalle.

»Mein Vater wollte immer, dass ich Musikerin werde. Das war mangels Talent von vornherein zum Scheitern verurteilt. Ich habe acht Instrumente gelernt und jeder Lehrer hat gesagt: total ambitioniert, aber leider völlig untalentiert. Als ich 13 war, hat er schweren Herzens aufgegeben und wollte, dass ich Schauspielerin werde. Ich habe es noch mit Schrecken vor mir: Ich war 14 oder 15, als ich im Mozarteum in Salzburg auf einer Bühne vorspielen musste. Ich habe es gehasst, da oben zu stehen, es war grauenhaft.«

Der Vater wollte sich in einer künstlerischen Karriere der Tochter wohl einen eigenen Lebenstraum erfüllen. Er selbst hat Operngesang und Schauspiel studiert.

»Er hätte eine Riesenkarriere machen können. Er war ein toller Sänger, er hatte Angebote in Mailand und an anderen großen

Häusern, aber er wollte nicht weg von zu Hause. Er wollte einfach, dass sein Kind Musik macht, und wenn das nicht geht, dann irgendetwas anderes Künstlerisches.«

Das will aber das Kind nicht, das vor allem von der Mutter geprägt wird.

»Meine Mutter war immer berufstätig, sie war eine sehr starke Frau, hat immer ihre eigenen Entscheidungen getroffen, ihr eigenes Geld verdient. Meine Mutter war die Geerdete. Sie hat das Haus gebaut, dafür gesorgt, dass alles funktioniert. Sie hat mich immer unterstützt, gefördert, aber vor allem auch gefordert. Meine Mutter hat immer gesagt: ›Du musst wissen: Dir wird nichts geschenkt.‹ Ich habe nie das Gefühl gehabt, dass ich irgendetwas nicht schaffen kann. Ich hatte aber als Kind kein sehr großes Selbstvertrauen. Ich war eher eine von den Schüchternen. Keine, die immer aufgezeigt hat.«

Das Elternhaus war ein politischer Haushalt, wenn auch kein parteipolitischer.

»Wir haben viel diskutiert. Mein Vater war sehr interessiert an Geschichte und Politik, aber ich bin mir ziemlich sicher, dass meine Eltern Wechselwähler waren.«

Aber Sie wissen es nicht?

»Nicht so explizit. Aber ich weiß noch: Als ich alt genug war, da wollte ich nicht wählen. Ich hatte die passende Partei nicht gefunden. Das war das einzige Mal, dass mein Vater gesagt hat: ›Was du wählst, bleibt dir überlassen, aber wählen gehst du.‹ Und so war es dann. Er hat mich persönlich zum Wahllokal chauffiert, reinbugsiert, und nachher nicht gefragt, was ich gewählt habe.«

Susanne Riess wählt dann übrigens die ÖVP.

Dass sie nach der Matura studieren darf, verdankt sie der Tatsache, ein Einzelkind zu sein.

»Mein Vater hatte eher ein traditionelles Weltbild. Er hat zu mir gesagt: ›Wenn du einen Bruder gehabt hättest, hättest du nicht studieren brauchen.‹ Aber so quasi, nachdem ich jetzt das einzige Kind war, hätte er schon gerne, dass sein Kind studiert. So in Gottes Namen.«

In Gottes Namen geht Riess also nach Innsbruck.
»Ich habe Jus studiert, weil ich mit 18 nicht wusste, was ich machen will. Der Klassiker. Ich wollte immer Bücher schreiben und Hunde züchten, das war meine Vorstellung vom Leben. Und dann habe ich einen Film mit Al Pacino gesehen, da ging es um Gerechtigkeit für alle. Da befreit er lauter unschuldige Menschen aus den Fängen der Justiz. Und da habe ich mir gedacht: Das mach ich. Dann habe ich das mühsamst meinem Vater beigebracht, der gesagt hat: ›Ich will keine Rechtsverdreher in der Familie haben.‹ Ich wollte eigentlich Rechtsanwältin werden. Das war damals für Frauen noch kein sehr gängiger Beruf. In Innsbruck gab es über hundert Anwälte, und nur zwei haben Frauen als Konzipientinnen genommen. Ich hatte ein Vorstellungsgespräch und mir wurde mitgeteilt: ›Wir nehmen keine Frauen, weil die werden immer schwanger.‹ So etwas durfte man damals noch ungestraft sagen. Dann war ich bei einem Strafverteidiger. Dort wurden nur Damen eines gewissen Gewerbes und ihre Manager vertreten. Und ich habe, glaub ich, ein Jahr lang keinen unschuldigen Mandanten gehabt. Das war nicht das, was ich mir vorgestellt hatte.«

In Innsbruck kommt Susanne Riess erstmals in Kontakt mit FPÖ-nahen Kreisen.
»Mein erster Freund hat mich zum Ring Freiheitlicher Studenten mitgenommen. Ich bin da irgendwie reingeschlittert. Der RFS war damals im absoluten Niedergang. Der Vorwurf war immer: Das sind lauter Burschenschafter, was auch gestimmt hat. Und die dachten sich: Wenn wir eine Frau aufstellen, ist das Argument mit einem Tusch weg. Und so wurde ich Spitzenkandidatin des RFS. Nach dieser Erfahrung sagte ich: Nein danke. Das brauch ich wirklich nicht.«

Was hat Sie dort so gestört?
»Mir sind diese salbungsvollen Reden unglaublich auf die Nerven gegangen. Ich bin kein sehr pathetischer Mensch, ich bin mehr pragmatisch. Es hat mir nicht zugesagt, auch der RFS nicht. Nach dem Studium haben sie mir einen Job im FPÖ-Landtagsklub in Tirol angeboten, da habe ich gesagt: Ganz lieb, aber die Politik ist nichts für mich.«

Auch bei der nächsten Chance, in die Politik einzusteigen, winkt sie zunächst ab. Bei einer Veranstaltung, die sie in ihrer oberösterreichischen Heimat mit ihrem Vater besucht, lernt Riess, damals Pressesprecherin beim Österreichischen Skiverband, den bekannten FPÖ-Politiker und langjährigen Haider-Mitstreiter Norbert Gugerbauer kennen.

»Er hat mich angesprochen und gesagt: ›Wir suchen jemanden für die Presseabteilung in Wien, interessiert dich das?‹ Ich habe gesagt: ›Nein, interessiert mich nicht.‹ Mein Vater sagte: ›Doch, interessiert sie schon.‹ Und dann kam ich da hin und habe mir gedacht: ›Egal, ich bin einmal in Wien, ich mach das jetzt ein Jahr und such daneben was anderes.‹ Und dann wurde wieder eine Wahl gewonnen, und wieder, und wieder ging es weiter, das war wahnsinnig spannend.«

Dass diese vielen Wahlen gewonnen werden, liegt in erster Linie an dem Mann, der die Partei kurz zuvor übernommen hat: an Jörg Haider.

»Eines Abends saß ich um acht Uhr noch alleine im Büro. Auf einmal ging die Tür auf, er kam rein und fragte: ›Können Sie mir das schreiben?‹ Er gab mir einen Zettel, ging wieder raus, kam zurück und fragte: ›Wer sind Sie eigentlich?‹ Ich antwortete: ›Ich bin eine neue Mitarbeiterin im Pressereferat.‹ Und dann hat er gesagt: ›Ja, und ich bin der Jörg Haider.‹ Er war in jeder Hinsicht ein Ausnahmetalent. Er war gescheit, sehr gebildet, sehr belesen und er war eine Charmebombe. Aber persönlich kein sehr stabiler Mensch. Auch über weite Phasen kein sehr glücklicher Mensch. Das ist auch das Problem gewesen. Wir haben lange Zeit sehr eng zusammengearbeitet, immer auch konfrontativ. Wir sind ja sehr verschieden gewesen. Ich glaube, das war auch etwas, was uns so lang zusammengehalten hat. Wir haben uns gut ergänzt. Lange Zeit war es ja immer auch so, dass er gesagt hat: ›Die Susi ist die Einzige, die mir die Wahrheit sagt.‹ Wenn es hart auf hart kam, war er manchmal furchtbar beleidigt, dann hat er tagelang nichts mit mir geredet. Aber er wusste es zu schätzen.«

Wie auch ihren Fleiß und ihre Loyalität.

»Ich bin Pressesprecherin von Haider geworden, weil wenn er in der Presseabteilung angerufen hat, war ich die Erste, die in der Früh da war und die am Abend daheim auch immer den Hörer abgehoben hat. Da hat er gesehen: Okay, die ist immer da. Wenn die Buben grad irgendwo eine Fete gemacht haben, hat er gewusst, er kann mich um drei in der Früh anrufen und sagen: ›Du, ich habe eine super Idee.‹ Und ich habe es gleich notiert. Was ich geworden bin, wurde ich zum Teil auch durch eine altmodisch anmutende Eigenschaft, nämlich Fleiß. Aber das ist bei Frauen generell so, weil Frauen immer noch mehr arbeiten müssen als Männer. Das ist nach wie vor so. Und geschäftsführende Bundesparteiobfrau und Vizekanzlerin wurde ich nicht, weil ich eine Frau war, sondern weil er wusste, dass er sich auf mich verlassen konnte. Für ihn war wichtig, dass ich loyal bin. Für mein Ego brauche ich keine mediale Aufmerksamkeit, also sind wir uns diesbezüglich nicht in die Quere gekommen.«

Wo wollten Sie zu diesem Zeitpunkt eigentlich hin, was war Ihr Ziel?
»So habe ich das überhaupt nie betrachtet. Ich habe nie ein bestimmtes Karriereziel für mich gehabt. Ich wollte nie in die erste Reihe. Das war wirklich nie eine Ambition von mir, vorne zu stehen, weil ich auch gesehen habe – bei Haider und bei vielen anderen –, so ein Vergnügen ist das nicht immer. Wenn man so ein Typ ist wie er, dann ja. Er hätte nie in der zweiten Reihe stehen wollen. Ich legte schon Wert darauf, bei Entscheidungen dabei zu sein, aber es war mir nicht wichtig, dass der Rest der Welt auch weiß, welchen Einfluss ich habe oder wie wichtig ich bin oder nicht. Und öffentliche Auftritte haben mich gestresst. Wenn irgendwo eine Veranstaltung war oder ein Foto gemacht wurde, dann sieht man diese Trauben, die sich da bilden. Ich bin immer weggegangen. Das hat gar nichts mit Bescheidenheit zu tun, das wäre jetzt ein falscher Eindruck. Es war mir nicht wichtig.«

Und dennoch geht es nach einigen Jahren in der Pressestelle der Bundespartei hinaus in die aktive Politik. Zunächst als Bundesratsabgeordnete, dann ins Europäische Parlament nach Straßburg, kurz in den Tiroler Landtag und schließlich zurück nach Wien ganz an die Spitze.

»Haider hat mir immer gesagt: ›Du musst das machen. Europaparlament – du musst das machen. Parteiobfrau – du musst das machen.‹ Da kam dann immer: ›Ich habe niemanden außer dir. Ich kann mich nur auf dich verlassen. Wer soll denn das sonst machen? Du weißt eh, das ist so wichtig. Wenn das schiefgeht ...‹ Und loyal, wie ich immer war, habe ich dann gesagt: ›Na gut, wenn es gar nicht anders geht, dann mach ich das.‹«

Als im Herbst 1996 der Parteitag in Feldkirch vorbereitet wird, hat Susanne Riess-Passer *(wie sie während ihrer Ehe mit dem Steuerberater und ehemaligen Vizebürgermeister von Innsbruck, Michael Passer, heißt, Anm.)* eine Idee.

»Ich habe Haider gesagt, dass er einen geschäftsführenden Bundesparteiobmann einsetzen soll, damit er sich nicht mehr mit dem Tagesgeschäft beschäftigen muss. Ich habe ihm ein paar Leute vorgeschlagen, die haben ihm alle nicht gepasst. Dann waren wir in New York. Er ist Marathon gelaufen. Am Abend wollte er alleine mit mir essen gehen. Da hat mir schon nichts Gutes geschwant. Und dann hat er gesagt: ›Du, ich habe mir das überlegt, das ist eine großartige Idee. Du machst das.‹«

Und sie macht es.

»Ich musste auf diesem Parteitag eine Rede halten. Ich glaube, ich bin die ganze Nacht gesessen. Noch in der Früh habe ich gesagt: ›Ich kann nicht reden.‹ Das war lange Zeit eine große Überwindung für mich, Mikrofon, Kamera, Bühne. Noch heute reiße ich mich nicht darum, eine Rede zu halten. Ich bin jetzt routiniert genug, dass ich das gut rüberbringe, aber ich gehöre noch immer nicht zu den Leuten, die – wie Haider – sagen: Oh, eine Bühne, hurra! Wenn es sein muss, mach ich's. Wenn nicht, ist es mir lieber.«

Bei der Nationalratswahl 1999 wird die FPÖ zweitstärkste Partei. Die Verhandlungen zwischen SPÖ und ÖVP über eine Verlängerung der Großen Koalition scheitern. Exakt 13 Tage danach steht die erste schwarz-blaue Regierung. Mit Wolfgang Schüssel, dem Obmann der drittstärksten Partei, als Bundeskanzler.

»Dass Haider nicht als Nummer zwei in die Regierung geht, war mir immer klar. Ich war der Meinung: Dann gehen wir eben nicht in die Regierung, weil die halten keine Legislaturperiode mehr durch, und dann wären wir die Nummer eins. Er hat aber ganz klar festgestellt, dass ihn niemand zum Bundeskanzler gemacht hätte.«

Der Koalitionspakt steht, und es muss ein Vizekanzler gefunden werden.
»Er hat geschwankt zwischen Herbert Scheibner und mir. Wir wollten es beide nicht. Ich wollte es dezidiert nicht, weil ich keine Illusionen hatte, was es heißt, zu regieren. Scheibner war Klubobmann und wollte das bleiben. Wir haben verhandelt bis zum Schluss, haben aber nicht über Personalia geredet. Inhaltlich haben wir das Regierungsprogramm innerhalb von zehn Tagen fixiert. Das ging nur, weil es zuvor schon diese Sondierungsgespräche gegeben hatte. Die Personalia sind dann zwischen Haider und Schüssel direkt geklärt worden, unter vier Augen. Schüssel hat schon gedrängt und gefragt: ›Wer wird mein Gegenüber?‹ Und Haider sagte: ›Ich weiß noch nicht.‹ Schüssel hat sich sehr für Scheibner eingesetzt, weil er ihn kannte. Mich kannte er kaum. Und das war der Moment, wo Haider gesagt hat: ›Dann macht sie es.‹«

5000 Menschen kommen an dem 4. Februar, einem kalten Freitag des Jahres 2000, auf den Ballhausplatz, um gegen die neue Bundesregierung zu demonstrieren. Die anderen 14 EU-Mitgliedsstaaten verhängen sogenannte Sanktionen gegen Österreich, im Kern eine Reduktion der bilateralen Kontakte, der sich dann auch andere Länder anschließen. Christoph Schönborn, der Erzbischof von Wien, ruft aus »Sorge um die Einheit Österreichs« zum Gebet auf. Vor der Präsidentschaftskanzlei werden Eier und Tomaten geworfen. Sie fliegen ins Leere oder treffen die Schutzschilde der Polizisten. Die Bundesregierung zeigt sich nicht. Durch einen Geheimgang geht das Kabinett Schüssel I zum Bundespräsidenten, der sein Unbehagen in einem mittlerweile legendären Mienenspiel äußert.
»Ich wollte nicht unten durchgehen. Ich habe zunächst darauf bestanden, oben zu gehen, aber dann kam der Stadtpolizeichef und hat gesagt: Er bittet mich wirklich, unten zu gehen, weil die Stimmung so aufgeheizt ist. Das würde nur schlimmer werden, wenn wir oben gehen, und dann eskaliert die Situation. Und so sind wir dann unten durchgegangen. Ich hatte keine Illusi-

onen, als wir in die Regierung gegangen sind. Alle haben gesagt: ›Hurra, wir sind in der Regierung!‹ Ich wusste: das wird kein Honiglecken. Das ist ganz mühsam, jetzt fängt der harte Weg erst an. Da war ich eine der wenigen, die das realistisch eingeschätzt haben. Die anderen dachten: ›Hauptsache, wir sind einmal in der Regierung, dann wird alles super.‹«

War es so hart, wie Sie gedacht haben?
»Es war so hart, wie ich gedacht habe. Und am Anfang war es sogar noch härter. Es war eine ganz irre Gemengelage mit diesen Demonstrationen, den Reaktionen aus Europa. Das war schon dramatisch damals.«

Auch innerhalb der Partei stößt Riess-Passer von Anfang an auf Hürden. Auf die erste bereits drei Wochen nach der Regierungsbildung, als Justizminister Michael Krüger zurücktritt.
»Er war krank, das wussten wir vorher nicht. Diese Pressekonferenz werde ich nie vergessen. Schüssel saß rechts neben mir und vor uns eine Phalanx von Journalisten, von CNN angefangen. Alle haben gesagt: Das ist der Anfang vom Ende. Und ich saß mittendrin. Da war ein Pulk von Kameras, neben mir hat Schüssel geredet, und in dem Moment bin ich ganz ruhig geworden und habe mir gedacht, schlimmer kann es nicht mehr kommen: drei Wochen nach der Regierungsbildung der erste Ministerrücktritt. Von dort weg habe ich einen gewissen Fatalismus entwickelt und mir gedacht: ›Es geht, solange es geht. Ich tu mein Bestes.‹ Das weiß ich noch wie heute, das war so ein Wendepunkt, wo ich mir gedacht habe: ›Ärger kann es nicht mehr werden.‹«

Die Turbulenzen im Team bleiben. Bis zum Ende des Jahres verlassen mit Sozialministerin Elisabeth Sickl und Infrastrukturminister Michael Schmid zwei weitere FPÖ-Minister die Regierungsmannschaft.
»Schmid war eine vermeintlich sichere Bank in der Regierung. Er war ein sehr erfolgreicher Wohnbaulandesrat in der Steiermark, da denkst du, der kann das. Und dann kam er nach Wien. Nach der Pressekonferenz lauter Journalisten, die unangenehme Fragen gestellt haben. Er ist mit dem konfrontativen Klima in Wien überhaupt nicht zurechtgekommen. Andere

wachsen mit so einer Aufgabe. Aber es erfordert sehr viel Stabilität und Distanz zu sich selbst, dass man sich nicht demoralisieren lässt vom medialen Gegenwind. Die meisten Leute können sehr schwer damit leben, wenn man in einer sehr konfrontativen Situation ist, wenn gesagt wird: Das ist schlecht, das ist mies, der ist dumm, der kann das nicht.«

Haben Sie den Gegenwind auch unterschätzt?
»Nein, ich habe ihn nicht unterschätzt. Ich glaube, bei mir war es eine Sondersituation, weil ich bereits acht Jahre Bundespressereferentin der FPÖ war, mir war nichts fremd. Ich hatte keine Illusionen über Medien. Da gab es Journalisten, die haben Haiders Friseur Haare abgekauft, um zu schauen, ob er Kokain nimmt. Also, mir war nichts fremd.«

Gab es wirklich gar nichts, das Sie unterschätzt haben?
»Was ich unterschätzt habe, ist die Irrationalität, die irgendwann Platz greifen kann. So wie das in der FPÖ dann war, wo so was unfassbar Dummes stattfinden konnte, nämlich die eigene Partei in der Regierung zu zerschlagen. Ich bin ein sehr rationaler Mensch, ich lass mich nicht so von Gefühlen hinreißen, das hat Vor- und Nachteile in so einem Job wie der Politik, überhaupt keine Frage. Aber die Irrationalität habe ich unterschätzt, ja.«

Die eigene Partei, das ist zu dieser Zeit immer noch ganz stark Jörg Haider. Als Landeshauptmann von Kärnten kennt er die Mühen der Ebene in der Regierungsarbeit.
»Er hat das ganz kühl und rational analysiert. Er hat gesagt: ›Wenn wir in die Regierung gehen, werden wir kurzfristig ein Drittel unserer Wähler verlieren. Das ist das Protestpotenzial.‹ Das reine Protestpotenzial fällt weg, aber wir werden mittelfristig die Chance haben, neue Wählergruppen zu erschließen, wir werden uns bei plus/minus 20 Prozent einpendeln, wir können zwei bis drei Perioden regieren mit der ÖVP, und wir können was weiterbringen.«

Niemand in der FPÖ hat damals noch Erfahrung damit, Wahlen zu verlieren. Ende des Jahres büßen die Freiheitlichen bei der

Landtagswahl im Burgenland knapp zwei Prozentpunkte ein. Ein Vierteljahr später kommt der erste echte Dämpfer: In Wien rutscht die FPÖ um fast acht Prozentpunkte ins Minus, die SPÖ gewinnt die absolute Mehrheit zurück.

»Wenn man 13 Jahre lang nur Wahlen gewonnen hat, dann ist der erste Verlust natürlich schon dramatisch. Wien war schlimm, in Wien gab es einen völlig falschen Wahlkampf, dann hat sich Haider persönlich sehr exponiert. Ich habe gesagt: ›Mach das nicht, die Wahl ist nicht zu gewinnen, so wie die das machen.‹ Er war sicher, das Ruder rumreißen zu können. Und dann ist Wien dramatisch schiefgegangen. Trotz seines großen Einsatzes. Das war dann der erste große Konflikt, wo er gesagt hat: ›Die Regierung macht eine Politik ohne Herz.‹«

Wenn die Regierung weiter so über die Menschen drüberfahre, sei das nicht mehr seine Partei, lässt Haider die FPÖ-Kollegen in Wien ein Jahr nach der Regierungsbildung wissen.

»Als die Zeitungen zuerst die Mannschaft kritisiert haben, hat er sie verteidigt und gesagt: ›Das sind super Leute. Sie werden sehen, die können das.‹ Aber dann haben die Medien irgendwann geschrieben: ›Na ja, eigentlich geht das auch ohne den Haider.‹ Und schließlich haben sie geschrieben: ›Es geht viel besser ohne den Haider.‹ Je besser wir uns in der öffentlichen Meinung etabliert haben, umso schlechter ist es uns mit der Partei, sprich: mit ihm gegangen. Er hat das emotional einfach nicht verkraftet und uns immer vorgehalten: ›Ich habe euch da hingebracht. Wo wärt ihr ohne mich?‹«

Susanne Riess-Passer bleibt loyal. Jörg Haider gegenüber. Und auch gegenüber Wolfgang Schüssel. Wenn man sie heute auf diese Eigenschaft anspricht, versteht sie das zunächst als zumindest sanften Vorwurf.

»Man muss einmal klären, was Loyalität ist. Loyalität ist, dass man Konflikte nicht nach außen trägt. Eine Partei, die streitet, ist noch nie gewählt worden. Eine streitende Partei oder eine streitende Regierung ist für keinen einzigen Wähler ein Asset. Ich habe mit Wolfgang Schüssel auch Differenzen gehabt, aber ich sehe keinen Sinn darin, das nach außen zu tragen, weil da macht man nur den falschen Leuten einen Gefallen, nämlich allen politischen Gegnern. Und das war bei Haider auch so. Ich habe mit ihm sehr große Auseinandersetzungen gehabt, aber ich habe das immer mit ihm ausdiskutiert. Ich hätte nicht gewusst, in welcher Form uns das weiterbringt, wenn ich das nach außen transportiere.«

Das ist interessant, dass Sie diese Frage jetzt negativ interpretiert haben. Loyalität ist ja eigentlich eine positive Charaktereigenschaft.
»Es ist halt so, dass man eine gute Presse kriegt, wenn man gegen die eigene Partei auftritt. Und das hat nicht nur in der FPÖ funktioniert, sondern auch bei vielen anderen Parteien. Dann gilt man dann plötzlich als mutig. Es gibt ja viele Beispiele, wo Landespolitiker gegen die Bundespartei auftreten, das sind dann plötzlich Helden.«

Also, Loyalität ist in der Politik eher eine negative Zuschreibung?
»Es wird so gesehen. Dabei bedeutet Loyalität ja, dass man in der Sache und in einem Team zusammensteht: Es heißt nicht, dass man nicht unterschiedlicher Meinung sein kann. Es heißt nur, dass man es nicht jemandem auf die Nase bindet.«

Susanne Riess war nicht nur die bisher einzige Vizekanzlerin in der österreichischen Geschichte, sondern auch eine der wenigen Parteichefinnen im Land und die einzige Bundesparteiobfrau der FPÖ. Die Freiheitlichen haben traditionell den geringsten Frauenanteil unter ihren Abgeordneten.
»Das hat einerseits mit der Oppositionsrolle zu tun. Oppositionspolitik ist eine aggressivere Art von Politik. Und die FPÖ heute ist auch eine andere als damals. Heute ist die FPÖ sehr stark geprägt von diesen Burschenschaften und Korpsstudenten. Das war zu meiner Zeit ein Randthema. Es gab auch welche, aber wirklich wenige. Und die haben schon noch ein Frauenbild, das von vorgestern ist. Jörg Haider hatte kein so schlechtes Frauenbild, wie ihm manchmal unterstellt wird. Ich kann es jetzt nur für mich sagen, aber er hat – bis zu dem Zeitpunkt, als dann diese Konfliktsituation entstanden ist – große Freude mit meinen Erfolgen gehabt. Ich habe auch nie das Gefühl gehabt, dass er mich anders behandelt, im Gegenteil. Er war mir gegenüber viel respektvoller im Umgang als vielleicht mit der

Buberlpartie, oder wie immer man's nennen will. Das war kein Frau-Mann-Konflikt.«

Frau zu sein, war und ist in der Politik ein Thema, sagt Susanne Riess, das habe sie immer wieder zu spüren bekommen.
»Man hat entweder nett und angepasst zu sein. Eine Mutti oder ein Mäderl, also diese klassische Frauenrolle: Oder man hat dieses Furien-Image. Dazwischen gibt es eigentlich nichts. Das sind halt diese Stereotypen, wie man Frauen haben will. Und das ist schon auch ein Medienthema. Ich will das nicht wieder auf die Medien schieben, aber Medien werden auch sehr stark von Männern geprägt. Damit wird auch das Bild von Frauen in Medien sehr stark von Männern geprägt. Und das macht schon auch was. Ich war im Wahlkampf einmal in Oberösterreich bei einer Veranstaltung der Feuerwehr. Da habe ich mir ein T-Shirt der Feuerwehr übergestülpt und wurde fotografiert, als ich es anzog. Eine Zeitungsschlagzeile lautete damals: ›Sie schlägt Haider um Brustbreite.‹ Da war eine Mordsaufregung, sogar der Presserat hat sich eingeschaltet. Mir war es eigentlich egal, bei dem, was man schon alles über mich geschrieben hatte. Die Wahrnehmung von Männern und Frauen ist ganz unterschiedlich. Bei mir stand immer die Frage im Mittelpunkt: Hat sie zugenommen? Hat sie abgenommen? Nach einer ORF-Pressestunde galten 50 Prozent der Reaktionen dem Aussehen und nicht dem, was ich gesagt hatte. Wenn ich etwas Dunkles anhatte, hieß es, ich soll doch mal was Helles tragen. Wenn ich was Helles anhatte, haben sie gesagt, ich soll was Dunkles tragen, weil das macht schlank. Wenn ich die Nägel lackiert hatte, haben sie gesagt, ich soll die Fingernägel nicht rot machen. Das ist total deprimierend, weil die Pressestunde ist das Nonplusultra für einen Politiker. Da kann man mal eine Stunde ungeschnitten reden und dann ruft die Hälfte der Leute an und sagt: ›Der Nagellack hat mir nicht gefallen.‹«

Mehr noch als der Nagellack interessierte viele die Frage nach ihrer Kinderlosigkeit.
»Es gab kein größeres Interview, in dem ich nicht gefragt wurde, warum ich keine Kinder habe. Ob ich keine wollte. Ob ich keine kriege. Mir ging das schon unglaublich auf die Nerven. Das

war eine rein private Geschichte, es hat sich nur nicht ergeben. Ich hätte gern Kinder gehabt, aber es war einfach so. Und ich wollte das nicht mit dem Rest der Welt diskutieren. Gleichzeitig mit mir war Ernst Strasser in der Regierung, und der hatte auch keine Kinder. Irgendwann habe ich den Ernst gefragt: ›Sag einmal, hat dich schon einmal jemand danach gefragt?‹ Und er antwortete staunend: ›Warum?‹ Ihn hat das wirklich nie jemand gefragt. Das war überhaupt kein Thema. Und bei mir war es in jedem Porträt eine Charakterfrage. Keine Karrierefrage, ob ich den Kinderwunsch der Karriere geopfert hätte. Wenn ja, warum? Und ob mir das leidtue. Heute mache ich solche Sachen selten, aber ich glaube, selbst heute würde ich das noch gefragt werden.«

Je länger die schwarz-blaue Regierung im Amt ist, desto schwieriger wird das Verhältnis zu Jörg Haider.

»Er hat sehr gelitten unter der Situation, dass Schüssel Bundeskanzler war und nicht er. Und dass ich mich mit Schüssel gut verstanden habe, war auch ein Problem. Ein großes Problem. Am Ende der Regierungszeit war es dann so, dass er gesagt hat: Alle finden alles super, nur du meckerst ständig an mir herum. Das war wie bei einem alten Ehepaar. Wie in einer Beziehung. Er hat dann auch gesagt: Dir kann ich es nie recht machen. Wurscht, was ich tu, du meckerst immer nur herum. Und er hat sich dann ein Umfeld geschaffen, in dem er nur mehr Leute haben wollte, die ihm gesagt haben: Das ist super.«

Im Juni 2002 findet wieder ein Parteitag statt. Im Vorfeld sorgt Haider mit einem Interview im Fernsehsender Al Jazeera für Aufregung, in dem er seine Ambitionen bekannt gibt, österreichischer Bundeskanzler werden zu wollen. »Wenn die Bevölkerung und meine Partei das wollen, stehe ich bereit.« Das einfache Parteimitglied greift also wieder nach der Führung.

»Vor dem Parteitag kam er zu mir und wollte den Parteivorsitz zurückhaben. Ich habe geantwortet: ›Kannst du haben, aber dann musst du auch in die Regierung gehen.‹ Ich habe ihm ganz klar gesagt: ›Ich habe überhaupt kein Problem, zu gehen, aber ich bleibe nicht in der Regierung ohne Parteivorsitz.‹ In der Partei hatte es so nach und nach personelle Veränderungen gegeben, ich hatte schön langsam eine Mannschaft, alles ging gerade ein bisschen bergauf. Und da hat er mit den Kärntnern und den Oberösterreichern eine Phalanx gebildet, die der Meinung war: Weg mit ihr! Aber das haben sie nicht laut gesagt, weil die Wiener Landesgruppe damals nicht dabei war.«

Ohne die starke Wiener FPÖ ist eine Ablöse nicht möglich. Also wird Riess-Passer im Juni am Parteitag in Wiener Neustadt mit 90,8 Prozent als Parteiobfrau wiedergewählt. Die Zustimmung ist nur ungleich höher als zwei Jahre zuvor. Aber weder die Journalisten, die die Ereignisse rund um den Parteitag beobachten, noch Susanne Riess-Passer selbst trauen dem Frieden. Den ganzen Sommer über wird über einen Richtungsstreit, mitunter gar über eine Spaltung der Partei diskutiert.

»Ich habe Haider dann gesagt: ›Wenn das so weitergeht, dann werde ich gehen. Und ich sage das zum Unterschied zu dir nur einmal, und dann mach ich's.‹«

Der Sommer 2002 endet mit dem sogenannten Jahrhunderthochwasser, das Schäden von mehr als drei Milliarden Euro verursacht. Die Regierung beschließt daher, die angekündigte Steuerreform zu verschieben. Haider wertet das als Kriegserklärung. In den ersten Septembertagen eskaliert die Lage. Nur drei Monate nach dem letzten ordentlichen Parteitag steht ein Sonderparteitag im Raum. Im obersteirischen Knittelfeld will Haider mit seinen Unterstützern über die weitere Vorgangsweise diskutieren.

»Am Abend zuvor haben wir eine schriftliche Vereinbarung getroffen. Dann hat er gesagt: ›Alles wunderbar, uns zwei kann nix auseinanderbringen. Ich weiß, was ich dir alles angetan habe, verzeih mir.‹ Wir haben uns noch umarmt, er hat sich entschuldigt. Und dann kam er am nächsten Tag nach Knittelfeld, und da standen 400 Leute am Tisch und haben ›Jörgi, Jörgi‹ gerufen. Ich war vergessen in diesem Moment. Er ist in bester Absicht hingefahren, aber die Stimmung war nicht danach. Das hat er mir auch nachher einmal gesagt: ›Die Stimmung war nicht danach.‹«

Haben Sie damals geglaubt, dass diese Vereinbarung halten wird?
»Nein, ich bin nach Hause gefahren und Peter Westenthaler hat mich angerufen und gefragt: ›Wie war's?‹ Ich sagte: ›Ja, wir

haben ein Papier unterschrieben und alles ist eitel Wonne und so.‹ Und dann hat er gefragt: ›Wird's halten?‹ Ich sagte: ›Nein.‹«

Und Schüssel? Wusste er über all das Bescheid?
»Ja, ich habe ihn am Laufenden gehalten. Er musste das ja auch wissen. Die ÖVP hat mich, entgegen der offiziellen Geschichtsschreibung, sehr gedrängt, eine Einigung mit Haider zu finden, weil kein Mensch wusste, wie das ausgeht, wenn die Bombe platzt. Ich habe Schüssel nach Knittelfeld angerufen und gesagt: ›Du, das geht nicht mehr.‹ Und da hat er gesagt: ›Okay, wenn du sagst, es geht nicht mehr, dann muss es eben so sein.‹«

Das Treffen in Knittelfeld endet zunächst mit versöhnlichen Tönen. Jörg Haider und Herbert Scheibner geben eine gemeinsame Pressekonferenz. Haider erklärt sich bereit, wieder Mitglied des Koalitionsausschusses zu werden, und er sagt, Susanne Riess-Passer müsse diesen Kompromiss wohl annehmen können. Riess-Passer sagt vorerst noch nichts. Erst langsam sprechen sich an diesem strahlenden Spätsommerwochenende die weitreichenden Konsequenzen dieses Treffens herum. Am 8. September, wenige Minuten nach 21 Uhr, gibt die Vizekanzlerin, gemeinsam mit Klubobmann Peter Westenthaler und Finanzminister Karl-Heinz Grasser, ihren Rücktritt aus den Regierungsämtern und allen politischen Funktionen bekannt.

»Was mich wahnsinnig geärgert hat und heute noch furchtbar ärgert, ist, dass alle recht gehabt haben, die damals gesagt haben, die FPÖ kann nicht regieren. Meine Ambition wäre gewesen, all denen, die sagen, die können das nicht und die schaffen das nicht, zu zeigen: Doch, wir können das. Und wir hätten es, davon bin ich überzeugt, auch gekonnt, aber das wäre nur mit seiner Unterstützung gegangen. Und er hat diese Chance vertan. Aber er war in einer persönlichen Krise, da konnte man nicht rational reden. Bei dieser Abschiedspressekonferenz habe ich mich unheimlich darauf konzentriert, nicht zu weinen, weil ich kein Opfer war. Ich habe eine tolle Karriere gehabt in der Politik, ich habe Riesenchancen gehabt. Es hat nicht geklappt, ich habe das, was ich erreichen wollte, nicht erreicht. Aber ich war kein Opfer.«

Aber Ihnen war zum Weinen zumute?
»Natürlich war es eine emotionale Situation. Das war ja auch viel Anstrengung, die ich da investiert habe. Und das war auch ein Teil meines Lebens, in dem ich mich wirklich unglaublich eingesetzt habe, auf vieles verzichtet habe. Das war sowohl körperlich als auch mental eine anstrengende Zeit und ich habe mein ganzes Herzblut da reingelegt. Und dann muss man zur Kenntnis nehmen, dass es nicht geklappt hat. Natürlich ist das emotional, aber mir war immer wichtig, dass ich nicht so weinerlich-wehleidig abtrete. Aber das muss jeder für sich entscheiden.«

Tun sich Frauen damit leichter?
»Ja, weil Frauen weniger eitel sind. Das glaube ich wirklich, ganz ehrlich. Mit Ausnahmen natürlich, aber Frauen schlagen nicht diese Pfauenräder. Müssen nicht jeden Tag hören, dass sie die Besten, Größten und Einzigen sind.«

Und Männer wollen das?
»Männer hören das schon gerne. Ich sage nicht, dass ich uneitel bin. Ich möchte schon auch anerkannt sein. Das wäre ja albern, wenn ich sagen würde: Es ist mir ganz egal, wie ich wahrgenommen werde. Aber ich muss mir nicht jeden Tag etwas beweisen. Frauen haben nicht diese Sucht nach Applaus und dieser permanenten Anerkennung. Das ist bei Männern schon anders.«

Parteichefin. Vizekanzlerin. Und dann von einem Tag auf den anderen Privatperson. Statt mit einer möglichen Kandidatur als Bundeskanzlerin beschäftigt sie sich 2003 damit, ein neues Leben zu beginnen. Ohne Chauffeur. Ohne eigenes Büro.
»Für mich war das kein großes Thema, aber ich habe auch immer zu denjenigen gehört, die sehr gut unterscheiden können zwischen dem Amt und dem persönlichen Leben. Ich habe immer Freunde gehabt, die gar nichts mit der Politik zu tun gehabt haben. Ich habe in meinem privaten Leben ohne Chauffeur und ohne Trara gelebt. Ich hab's eher als befreiend empfunden, nicht mehr jeden Tag in der Öffentlichkeit zu stehen.«

Neu und ungewohnt ist das Leben ohne Stress.
»Ich hatte auf einmal freie Wochenenden und wusste gar nicht, was ich tun sollte. Und ich war nicht gewohnt, vor zehn, halb elf nach Hause zu gehen. Ich wusste zunächst gar nicht, was ich mit dieser Zeit anfangen sollte.«

Was haben Sie dann gemacht?
»Im Büro gesessen. Sinnlose Dinge gemacht. Weil ich dachte, es ist sieben, ich kann nicht nach Hause gehen. Was mache ich zu Hause? Ich habe ganz lang gebraucht, bis ich genießen konnte, mehr Freizeit zu haben.«

Wäre es nach Wolfgang Schüssel gegangen, hätte die politische Karriere von Susanne Riess nicht mit der vorgezogenen Neuwahl am 24. November 2002 geendet. Er macht ihr ein Angebot, in der Regierung zu bleiben. Sie schlägt aber aus.
»Das ist eine Zeit, die ich nicht missen möchte. Ich bin sehr dankbar für die Chancen und Möglichkeiten, die ich hatte. Es war wirklich eine außergewöhnliche, tolle Zeit. Aber als ich die Entscheidung getroffen habe, zu gehen, war für mich ganz klar, dass das endgültig ist, und ich habe das auch nie mehr infrage gestellt. Ich habe auch nicht damit gehadert.«

Angebote bekommt sie viele. Politische und auch solche, die sie zu einer Art Vergangenheitsbewältigung einladen.
»Ich weiß nicht, wie viele Verlage mit der Frage gekommen sind, ob ich ein Buch schreiben und alles erzählen möchte. Sogar Geld für ein Enthüllungsinterview über die Zeit mit Haider hat man mir geboten. Ich habe nichts davon gemacht. Das ist eine Frage des persönlichen Umgangs. Ich habe das für mich geklärt, ich habe ihm gesagt, was ich ihm zu sagen hatte, sehr offen, und das war kein angenehmes Gespräch. Aber das war's. Ich hätte den Mehrwert nicht gesehen, meine Befindlichkeiten auszubreiten. Aber ich bin auch ein anderer Mensch.«

Lange herrscht Stille zwischen den einstigen Mitstreitern. Zwei Jahre nach dem großen Krach kommt es zur Aussprache.
»Für mich war das auch deshalb wichtig, weil ich nicht den Rest meines Lebens den Fernseher abdrehen wollte, wenn ich ihn

sehe. Wir haben es für uns beide geklärt und haben uns ein-, zweimal im Jahr getroffen. Wir haben dann über alte Zeiten geredet, er war sehr nostalgisch und er hatte immer die Hoffnung, dass wir irgendwann wieder zusammenarbeiten.«

Dazu kommt es aber bekanntlich nicht. Auch nicht in Haiders neuer Partei, dem BZÖ, das er zweieinhalb Jahre nach Knittelfeld und weiteren internen Streitereien in der Partei gründet. Im Nationalrats-Wahlkampf 2008 macht Haider selbst den Spitzenkandidaten. Diesmal geht die Rechnung auf. Dem BZÖ gelingt mit 10,7 Prozent der Wiedereinzug ins Parlament. Zwei Wochen nach diesem Wahlabend, in der Nacht zum 11. Oktober 2008, verunfallt Haider, stark alkoholisiert, in Lambichl bei Klagenfurt und stirbt. Susanne Riess-Passer liegt noch im Bett, als ihr Telefon läutet.

»Peter Westenthaler hat mich angerufen. Meine erste Reaktion war: ›Das kann nicht sein. Bist du sicher? Woher weißt du das?‹ Für mich war das so wie für ihn: Er hat sich ja auch für unsterblich gehalten. Ich sag das jetzt gar nicht böse, sondern er war so ein vitaler Mensch, es war irgendwie unvorstellbar.«

Was haben Sie an diesem Morgen empfunden?

»Er war schon ein Teil meines Lebens, gar kein kleiner Teil. Ich habe ein einziges Interview gemacht damals mit Hannes Aigelsreiter im Radio, weil ich fand, das ist besser als im Fernsehen. Es sollte nicht heißen, dass ich nicht über ihn rede, aber ich wollte nicht im Vordergrund stehen. Mir hat es auch deswegen so leidgetan, weil der spannendste Jörg Haider wäre vielleicht der der späten Jahre gewesen. Mein Eindruck war, dass er damals gerade ein bisschen zur Ruhe gekommen war.«

Als Haider stirbt, ist das politische Kapitel im Leben von Susanne Riess längst abgeschlossen. Wenn man sie fragt, was bleiben soll von der ersten Vizekanzlerin der Zweiten Republik, der Beamten- und Sportministerin, fällt die Antwort unsentimental aus.

»Meine politische Erfüllung, da werden Sie lachen, war Beamtenministerin. Ich spreche lieber von der Verwaltungsreform. Da konnte ich am meisten bewegen. Das war das Spannendste, das ich je gemacht habe, weil ich wirklich mit viel Einsatz, Müh' und Plage das eine oder andere weitergebracht habe und noch hätte weiterbringen können. Und zumindest bleiben ein paar Dinge, die man nicht ungeschehen machen konnte, wie zum Beispiel die Sprungschanze in Innsbruck, die kann niemand wegreißen. Da freue ich mich immer, wenn ich vorbeifahre. Ein paar Fußballstadien und so etwas bleiben. Im Ernst: Ich habe mich bemüht, ein neues Gesicht der FPÖ zu zeigen, und das ist vielleicht temporär bei einigen Leuten gelungen. Sicher nicht bei allen. Viele haben auch gesagt: Die ist auch nicht besser als die anderen. Aber eine Idee zu geben, wie eine rechtsliberale, bürgerliche Partei aussehen könnte, das gab es zumindest in Ansätzen.«

Hätten Sie gerne mehr erreicht?
»Natürlich hätte ich gerne mehr erreicht. Aber ich bin heute ein glücklicher Mensch, ich hadere überhaupt nicht. Ich habe nicht die Ambition, noch irgendjemandem irgendwann zu beweisen, dass noch mehr gegangen wäre.«

Hat die Politik Ihre Persönlichkeit verändert?
»Ja, sicher hat es mich als Persönlichkeit verändert. Ich bin selbstbewusster geworden, weil ich gelernt habe, öffentlich aufzutreten. Und ich habe unglaublich viele spannende Menschen im In- und Ausland getroffen, und manche sind auch zu Freunden geworden.«

Macht Politik auch härter?
»Ja.«

Verletzlicher?
»Nein, dafür bin ich an sich nicht so der Typ.«

Sie lassen sich nicht so leicht verletzen?
»Es wäre falsch, zu sagen: ›Ich bin so eine coole Socke, dass mich gar nichts aufregt.‹ Es verletzt mich, wenn es ins Persönliche geht, in den privaten Bereich, aber ich habe mir das nie anmerken lassen. Ich kann das trennen: meinen Job und mein Privatleben. Es ist ja auch ein Spiel. Man weiß ja, dass Kritik meist nicht persönlich gemeint ist. Ich habe auch gewusst: Wenn ich für die FPÖ eine Spitzenfunktion einnehme, dann werden Leute sagen, persönlich ist die eh in Ordnung, und trotzdem

werden sie mich öffentlich kritisieren. Das muss man aushalten. Ein paar Dinge sind mir schon unter die Haut gegangen. Es gab Kränkungen, aber im Großen und Ganzen habe ich gewusst: Ja, das gehört dazu. Und ich weiß, wer meine Freunde sind. Mit denen rede ich ganz offen, die sehen mich auch dann, wenn es mir mal nicht so gut geht oder wenn ich schwach bin. Aber ich finde nicht, dass einen Mitleid weiterbringt. Wenn man groß zelebriert, was man für Probleme hat, schadet das mehr, als es hilft.«

Wie kritikfähig muss man sein?
»Man darf in der Politik nicht dem Jubel und dem Applaus trauen, am frühesten scheitern immer die, die sagen: ›Wow, alles rennt so super.‹ Es rennt nie alles super. Ich hatte mehrere sehr ehrliche Leute in meinem Kabinett, die mir immer die Wahrheit gesagt haben. Wenn man im Wahlkampf einmal einen schrecklichen Tag gehabt hat und am Abend vielleicht noch in der ZiB 2 ist, und dann kommt man raus aus dem Studio und fragt: ›Na, wie war's?‹ Dann würde man gerne hören: ›Super war's.‹ Aber dann sagt jemand: ›Na ja, das war heute nicht das Gelbe vom Ei.‹ Dann freut man sich nicht, aber das braucht man. Man braucht Leute, die einem dann die Wahrheit sagen.«

Zwischen 2002 und 2005 hat die FPÖ sechs Parteiobleute. Nach Riess-Passer kommen Mathias Reichhold, Herbert Haupt, Ursula Haubner, interimistisch Hilmar Kabas und schließlich Heinz-Christian Strache, der die Partei 2017 wieder in die Regierung führt. Unter Strache kommt es zu einer langjährigen gerichtlichen Auseinandersetzung mit der früheren Parteichefin. Ihr wird vorgeworfen, Parteigelder für private Zwecke missbräuchlich verwendet zu haben. Nach zwei Jahren verliert die FPÖ den Zivilprozess.
»Dahinter stand die Absicht, meine berufliche Existenz zu zerstören, um zu verhindern, dass ich womöglich für eine andere Partei kandidiere.«

Am Rande einer privaten Veranstaltung kommt sie mit der Unternehmerin Rudolfine Steindling, bekannt geworden als »die Rote Fini«, ins Gespräch.
»Ich habe ihr mein Herz ausgeschüttet und gesagt: ›Jeden Tag steht das alles in der Zeitung, das ist alles Lüge. Und das dauert

ja bei Gericht.‹ Und die Fini sagte: ›Schau, Schatzi, lies den Dreck einfach nimmer. Versprich mir, dass du einen Monat keine Zeitung liest. Dann treffen wir uns wieder und du sagst mir, wie es dir geht.‹ Das war wie ein Drogenentzug. Ich habe ja jeden Tag einen Stapel gelesen, von vorne bis hinten. Nach einem Monat hat sie gefragt: ›Und, wie ist es?‹ Und es war besser. Selbst wenn mir jemand etwas erzählen wollte, habe ich abgeblockt. Ich wollte es nicht hören. Aber das war ein Lernprozess. Man selbst liest das alles ja zehn Mal. Andere Leute lesen es überhaupt nicht, aber selber hat man das Gefühl, Tag und Nacht beschäftigen sich die Leute nur mit diesen Dingen.«

Verschwimmen da also die Wahrnehmungen, wenn man so stark auf sich selbst und das eigene Tun konzentriert ist?
»Es bekommt natürlich eine andere Relation. Ich merke das auch bei anderen, die in der Öffentlichkeit angegriffen werden. Die glauben, die ganze Welt beschäftigt sich mit ihnen.«

Nicht erst der Weg zu Gericht treibt sie und die Freiheitlichen auseinander. Unmittelbar nach ihrem Rücktritt sagt sie noch, die FPÖ werde ihre Partei bleiben.

»Ich dachte damals, dass die nach diesem Rücktritt so einen Schock kriegen, dass sie sich zusammenreißen und sagen werden: Das machen wir in Zukunft anders. Und dann ist das weitergegangen wie gehabt. Dieses sich gegenseitige Niedermetzeln. Die FPÖ hat alles, was sie gehindert hat, gut zu regieren, selber zu verantworten. Es war nicht die Schuld der ÖVP. Dass die mehr Erfahrung hatte, war klar. Aber wir hätten viel besser sein können. Am Zerfall der FPÖ damals hat die ÖVP genau null Schuld. Das haben wir ganz alleine zustande gebracht. Das wäre zu viel Lob für Wolfgang Schüssel, wenn man sagt, er hat die FPÖ ruiniert. Das haben wir ganz alleine geschafft.«

Sind Sie noch in Kontakt mit Wolfgang Schüssel?
»Ja. In sehr gutem freundschaftlichen Kontakt.«

Gibt es denn echte Freundschaft in der Politik?
»Ja, die gibt es. Wolfgang Schüssel ist ein Beispiel dafür.«

Und Haider war ja auch einmal ein Freund.
»Nein, Haider war mein Vorgesetzter. Wir haben eine ganz besondere Beziehung gehabt, aber es war immer eine Arbeitsbeziehung.«

Viele haben den Eindruck, dass Sie vielleicht in der falschen Partei waren?
»Das hat Wolfgang Schüssel immer gesagt.«

Und hat er recht?
»Das kann man so nicht sagen. Die ÖVP damals, die ÖVP der Großen Koalition wäre nicht meins gewesen.«

Die heutige ÖVP schon?
»Sebastian Kurz, ja. Aber die ÖVP der Großen Koalition und auch die ÖVP, die die Sozialpartnerschaft in der Verfassung verankert, wäre nicht meins gewesen. Wolfgang Schüssel hat immer gesagt: Ich muss nachdenken, was wir in der ÖVP falsch machen, dass wir Leute wie dich irgendwie verloren haben auf diesem Weg. Ich habe ihm dann erzählt, dass ich das erste Mal, als ich gewählt habe, die ÖVP gewählt habe. Wenn aus der FPÖ das geworden wäre, was ich mir vorgestellt habe: Das hätte schon gepasst.«

Im Frühling 2003, gut zwei Monate nach der Neuauflage von schwarz-blau unter Wolfgang Schüssel und Herbert Haupt, tritt Susanne Riess-Passer ihre neue Funktion an. Sie wird Generaldirektorin von Wüstenrot.

»Meine Zeit in der Politik hat mir fürs Management unglaublich viel geholfen. In der Politik lernt man wirklich, krisenfest zu sein. In der Finanzkrise 2008 kam mir das sehr zugute.«

Es gibt immer wieder Unternehmer, die in die Politik einsteigen und dann nicht oder nur wenig erfolgreich sind. Was fehlt denen?
»Das politische Geschäft läuft einfach anders. Im Unternehmen treffe ich die Entscheidungen gemeinsam mit meinem Vorstand. Und wenn wir das entschieden haben, dann ist das so. Dann gibt es keine Landesorganisation, die sagt: ›Nein, das machen wir lieber doch nicht.‹ Das heißt, da gibt es eine viel strin-

gentere Führungsebene. Und das Zweite ist das Thema Öffentlichkeit. Wenn ich ein Projekt habe und das dauert etwas länger, weil irgendwas schiefgeht, ist das überhaupt kein Thema für die Öffentlichkeit. Der Erfolg des Unternehmens hängt in keiner Weise davon ab, ob ich in der Zeitung stehe oder nicht.«

Susanne Riess hat ihr ganzes berufliches Leben in Männerdomänen verbracht. Und sie sagt: Nein, es ist nicht egal, ob man Mann oder Frau ist. Auch dann nicht, wenn man es bis ganz nach oben geschafft hat.

»Ich habe beruflich und privat immer wieder mit Männern zu tun gehabt, die mit meiner Funktion oder mit meinem Auftreten oder mit einer Konsequenz Probleme hatten. Ich habe ab und zu Vorträge gehalten zum Thema Frauen und Karriere. Da habe ich immer wieder gesagt: ›Sucht euch einen selbstbewussten Partner, einen Partner, der wirklich ehrlich stolz sein kann, dass eine Frau erfolgreich ist, und der kein Egoproblem kriegt, wenn die Partnerin mehr verdient.‹ Bei den jungen Männern zum Beispiel bei mir im Unternehmen ist das überhaupt kein Problem mehr, wenn Frauen mehr verdienen als die Männer. Aber in der Wahrnehmung nach außen gibt es dieses Problem immer noch. Männer, die in Karenz gehen, werden ja auch von Männern und Frauen gleichermaßen schräg angeschaut. Genauso wie Frauen, die dann nicht zu Hause bleiben und arbeiten gehen, als Rabenmütter gelten. Das Wort Karrieremann gibt es ja gar nicht. Nur das Wort Karrierefrau. Beim Mann ist das selbstverständlich.«

Und eine Frau als Chefin – ist das mittlerweile selbstverständlicher geworden?

»Ich habe ganz viele Frauen in Führungspositionen. Für junge Männer ist das überhaupt kein Thema, eine Frau als Chefin zu haben. Ich habe vor Kurzem wieder einen Mitarbeiter verloren, der gekündigt hat. Ich habe ihn zu mir geholt und gefragt: ›Hat es Ihnen nicht gefallen?‹ Und er hat gesagt: Doch, aber seine Frau habe ein tolles Jobangebot in der Schweiz und da gehe er jetzt mit. Für die Firma finde ich das jetzt total schade, aber menschlich total großartig, weil in meiner Generation war das noch ganz anders. Wenn ich meinem damaligen Mann *(die Ehe mit Michael Passer endete 2011, Susanne Riess legte da auch ihren Doppelnamen ab, Anm.)* gesagt hätte, du musst jetzt in ein anderes Land übersiedeln, weil ich da eine bessere Karriere mache, hätte mich der angeschaut wie einen Autobus. Es tut sich da schon was, weil Männer auch anders aufwachsen.«

Haben Sie persönlich Diskriminierung erlebt?
»Ich hatte vor einigen Jahren eine Operation, eine Gebärmutterentfernung. Ich habe das nicht groß publik gemacht, aber auch nicht verheimlicht, aber einer meiner Aufsichtsräte, ein älterer Herr, hat das irgendwie mitgekriegt. Er hat mich dann zu einem Gespräch gebeten. Er wollte nur fragen, ob ich glaube, dass ich meinen Job noch machen kann. Weil die Frauen verändern sich ja dann hormonell irgendwie und sind dann nicht mehr so belastbar, die können das dann nimmer so, hat er gesagt. Ich habe ihm geantwortet: ›Ich vergesse dieses Gespräch, das hat nie stattgefunden, aber ich werde nicht mehr mit dir zusammenarbeiten.‹«

Waren Sie in Ihrer Karriere auch mit sexuellen Übergriffen konfrontiert?
»Gab es. Aber ich habe das immer gleich erledigt. Ich bin nichts schuldig geblieben.«

Sie selbst habe immer mehrheitlich mit Frauen zusammengearbeitet und habe damit immer gute Erfahrungen gemacht.
»Die männlichen Vorurteile, dass die Weiberwirtschaft nicht funktioniert, sind alle Schall und Rauch. Mit den Frauen, mit denen ich gearbeitet habe und auch heute arbeite, ist es immer super. Aber es gibt auch da unangenehme Frauen.«

Das heißt: Die Frauensolidarität ist löchrig, sagen Sie?
»Ja, aber Frauen müssen nicht zusammenhalten, nur weil sie Frauen sind. Wenn wir den Männern vorwerfen, dass sie so Männerklüngel haben, so müssen wir das ja umgekehrt nicht auch haben. Das ist eine Charakterfrage. Es gibt auch Frauen, die auf nicht so sauberen Wegen versuchen, ihre Dinge durchzusetzen. Und auch über mich haben Frauen gesagt: ›Schrecklich, diese Person.‹ Ist ja auch legitim, warum nicht?«

Also, von Frauennetzwerken halten Sie nicht so viel?
»Teils, teils. Frauennetzwerke, wo wir uns nur gegenseitig leidtun, brauche ich nicht, aber Frauennetzwerke, wo man sich gegenseitig voranbringt, die schon. Diese Sich-selbst-leidtun-Geschichten, da pass ich nicht hin.«

In letzter Zeit sieht man Susanne Riess wieder öfter auf der politischen Bühne. An der Seite des österreichischen EU-Kommissars Johannes Hahn. Sie ist seine Lebensgefährtin. Ihn begleitet sie zu offiziellen Terminen wie dem Opernball und auch zu halboffiziellen. Bei der Party nach dem ÖVP-Wahlsieg 2017 im Kursalon war sie an seiner Seite, aber nicht nur als Hahns Begleiterin. Bundeskanzler Sebastian Kurz dürfte sich durch sie unterstützt fühlen, sagt Riess. Aber die aktive Politik ist und bleibt erledigt. Und auch auf ihre Kommentare zur Tagespolitik wird man weiter verzichten müssen.

»Ich habe mir vorgenommen, keine von diesen Expolitikern zu sein, die alles besser zu wissen meinen. Und das ist manchmal nicht leicht. Es gibt Momente, in denen ich froh bin, dass mich keiner anruft, weil ich dann vielleicht nicht an mich halten könnte. Aber nichts zu kommentieren, was nach meiner Zeit passiert ist, war für mich ganz wichtig, sonst kann man sich auch persönlich nie befreien.«

Heide Schmidt

»Man macht sich keine Vorstellung von den Selbstzweifeln einer Politikerin«

Als Heide Schmidt am 4. Februar 1993 in den Presseclub Concordia lädt, ist schnell klar, dass das die Vorzeichen für ein politisches Erdbeben sein dürften. Dass es in dieser Pressekonferenz wohl nicht um programmatische Anliegen der stellvertretenden FPÖ-Bundesparteiobfrau gehen wird. Drei Tage zuvor ist die Unterzeichnungsfrist für das Volksbegehren »Österreich zuerst« zu Ende gegangen. Mit 416.531 Stimmen ist es unter den Erwartungen von Initiator Jörg Haider geblieben. Und Heide Schmidt, die aus ihrer Ablehnung diesem sogenannten Ausländervolksbegehren gegenüber nie ein Geheimnis gemacht hatte, hält mit ihrer Genugtuung nicht hinterm Berg, wie auch in den Zeitungen dieses Tages zu lesen ist.

Der Andrang der Journalisten ist entsprechend groß. Schon vor den Toren des Gebäudes der Bankgasse 8, gleich hinter dem Burgtheater, warten im schon grau gewordenen Schnee der Wiener Innenstadt ein Dutzend Fotografen und – was zu jener Zeit noch ein viel selteneres Bild ist – mehrere Kamerateams.

Heide Schmidt kommt nicht alleine. An ihrer Seite sind Friedhelm Frischenschlager, Klara Motter, Thomas Barmüller und Hans-Helmut Moser. Die fünf freiheitlichen Abgeordneten geben an diesem Donnerstag nicht nur den Austritt aus der FPÖ, sondern auch die Gründung einer neuen Partei bekannt. Es ist die Geburtsstunde des Liberalen Forums. »Es wächst auseinander, was auseinander gehört«, schreibt am nächsten Tag *Der Standard*.

Dieser Bruch mit der politischen Vergangenheit ist auch eine Zäsur in der Wahrnehmung von Heide Schmidt durch die Öffentlichkeit. Bis heute, erzählt sie, erfahre sie Anerkennung dafür, gegen dieses Volksbegehren und seine Inhalte aufgetreten zu sein. Wenngleich es damals auch ganz andere Reaktionen gab. Den Vorwurf des Verrats, weil sie die Partei, die sie groß gemacht hat, verlässt, hört sie in den Tagen nach der Pressekonferenz ebenso oft.

Heide Schmidt hat fast ihr gesamtes Leben in Wien verbracht, was man ihr nur in seltenen Momenten anhört, denn zu Hause wurde immer Hochdeutsch gesprochen. Geboren wird Heide Kollmann, wie sie vor ihrer Hochzeit heißt, in Kempten im Allgäu, die Scheidung der Eltern führt sie im Alter von zwei Jahren nach Österreich.

»Meine Mutter hat sich als Sudetendeutsche definiert, was aber nicht ganz richtig ist, weil sie in Brünn geboren ist, und das nicht das Sudetenland, sondern Böhmen ist. Ich finde das heute sehr interessant, dass sie da offensichtlich lieber einen anderen Begriff gewählt hat, weil böhmisch ist behmisch und sudetendeutsch ist sudetendeutsch. Das interpretiere ich heute so, ob das gerecht ist, weiß ich nicht. Meine Mutter ist in Brünn geboren, mein Vater in Brod an der Save, also im heutigen Kroatien. Er hat sich als Altösterreicher gefühlt, jedenfalls hat das meine Mutter gesagt. Ich bin aber mit dem Begriff, meine Eltern sind Sudetendeutsche, aufgewachsen.«

Wieso ist Ihre Mutter nach der Scheidung ausgerechnet nach Wien gegangen?

»Durch die Vertreibung war die Familie versprengt und die Familie meiner Mutter ist damals nach Wien gegangen – das waren meine Großmutter mit ihrem Mann und vier Schwestern, die alle dann in Wien gelebt haben. Die Eltern meines Vaters sind nach Kempten gegangen, daher hat die Mutti mit dem Vater auch dort gelebt. Nach der Scheidung kam sie nach Wien, weil eben hier ihre Familie gelebt hat.«

Und der Vater ist in Kempten geblieben?

»Er ist zunächst geblieben, allerdings nicht sehr lang. Ein Jahr später ist er nach Südamerika ausgewandert, aber nicht aus politischen Gründen.«

Das heißt, Ihr Vater war die ganze Zeit über weit weg?
»Ja, die ganze Kindheit lang.«

Hat Ihnen der Vater gefehlt?
»Das weiß ich eigentlich nicht wirklich. Meine Großmutter hat mir immer erzählt, dass wir einmal bei einem Sonntagsausflug beim Lusthaus auf der Wiese unsere Decken ausgebreitet haben, und dort hätte ich mit Kindern Ball gespielt. Die Väter haben mitgespielt, und da soll ich gesagt haben: ›Ich habe auch einen Papa, aber meiner ist in Südamerika.‹ Und das hätte ich schrecklich traurig gesagt. Das ist die Geschichte, die mir die Großmutter erzählt hat, die mich aber schon damals offensichtlich sehr berührt hat. Ich selbst erinnere mich daran nicht. Ich hatte eigentlich schon immer den Eindruck, dass meine Mutter in der Lage ist, beide Rollen zu übernehmen. Aber heute muss ich sagen: Der Vater hat mir wohl auch gefehlt.«

Es sind also die Mutter und die Großmutter, die sie als junge Frau maßgeblich prägen. Zur Familie gehört auch die viereinhalb Jahre ältere Schwester Inge.
»Meine Mutter hat für mich die durchsetzungsfähige, starke Person verkörpert. Wenn ich mit Mitschülerinnen und mit deren Eltern zusammen war, dann habe ich eigentlich – wenn ich je bewusst einen Vergleich gezogen habe – diesen Vergleich immer zwischen meiner Mutter und dem jeweiligen Familienvater gezogen und weniger mit den Müttern der Familien.«

Wie erklären Sie sich das?
»Mir wurde der Eindruck vermittelt, dass in den anderen Familien der Vater der ›Pflock‹ ist, und bei uns war das eben die Mutter. Ich hatte das Gefühl, dass sie es mit denen aufnehmen kann. Wenn wir eingeladen waren, hatte ich immer den Eindruck, dass die Mutti hier eine akzeptierte Frau war, und zwar auf Augenhöhe des jeweiligen Vaters.«

Die 50er- und 60er-Jahre, in denen sie aufgewachsen ist, waren die Zeit der Sissi-Filme mit Romy Schneider und Karlheinz Böhm, die Zeit von Conny Froboess und Peter Kraus. Diese leichten und luftigen Erzählungen mit großteils lieblichen Frauenfiguren sollten die schweren Kriegsjahre, die Entbehrungen und Ängste vergessen machen. Ihre eigene Kindheit und Jugend ist weniger von Leichtigkeit als von Disziplin und Pflichtbewusstsein geprägt. Überraschend logisch für die damalige Zeit erscheint der Mutter, dass die jüngere Tochter eine höhere Schule und später die Universität besucht.

»Meine Mutter hat offensichtlich darum gekämpft, aber das hat sich mir nicht vermittelt. Oder nicht bewusst vermittelt. Ich musste nicht kämpfen, ich wusste aber schon, dass ich das alles meiner Mutter verdanke. Und aus diesem Dank heraus hat sich auch die Verpflichtung entwickelt, ihre Regeln, ihre Wesensart zu respektieren, auch dann, wenn sie mir widersprochen haben, wenn sie mich beeinträchtigt haben. Deshalb habe ich absurde und wirklich beschränkende Erziehungsregeln akzeptiert. Diese Akzeptanz war der Tatsache geschuldet, dass ich mir gedacht habe, sie hat das alles ganz allein und nur für uns, für meine Schwester und mich, gemacht. Ich habe immer den Eindruck gehabt, meine Mutter lebt ihr Leben für uns.«

Hatten Sie deshalb auch Schuldgefühle?
»Wohl ja, aber keine reflektierten.«

Politik hat in der Familie keinen Platz, die Gründe dafür liegen in der NS-Zeit, in der Zeit des Zweiten Weltkriegs. Gründe, die bis heute nachwirken. Gründe, die Schmidt sichtbar bis heute intensiv beschäftigen.

»Ich glaube, dass ich mir da heute manches schönrede. Wir haben kaum politische Gespräche geführt, und die Vergangenheit war kein Thema bei uns. Fragen nach der Vergangenheit wurden mit dem Satz beendet: ›Das kannst du dir nicht vorstellen, das war eine völlig andere Zeit, da kannst du nicht mitreden.‹ Also all diese Stehsätze, von denen ich weiß, dass sie in anderen Familien genauso gesprochen wurden. Das war die Absicherung einer Mauer.«

Und diese Mauer konnte man nicht durchdringen?
»Ich weiß gar nicht, ob ich es ausreichend genug versucht habe. Meine Mutter hat später öfter zu mir gesagt: ›Du wolltest ja gar nichts hören.‹ Weil sie – da muss ich schon 15 gewesen sein –

eines Abends, als wir beide schon im Bett lagen, angefangen hat, mir von ihrer Flucht zu erzählen. Diese Flucht aus der damaligen Tschechei nach Deutschland, alleine mit meiner Schwester, die damals schon auf der Welt war, und wo sie dann auch einen Bach oder Fluss oder irgendein Wasser durchquert hat und allein im Wald war. Das muss eine ziemlich wilde Geschichte gewesen sein, bis sie dann irgendwo am Land Bauern gefunden hat, bei denen sie untergekommen ist. Das hat sie mir erzählt. Und dann hat sie mir am nächsten Tag sehr vorwurfsvoll gesagt: ›Du bist eingeschlafen.‹ Das ist mir noch so gegenwärtig, obwohl das weit über 50 Jahre her ist. Und sie hat sich dann immer darauf berufen, dass ich eh nichts von der Vergangenheit hören will, weil ich ja damals eingeschlafen bin. Wann immer ich aufs Politische gehen wollte, hat sie mit diesem Satz abgeblockt – und mit dem Argument: ›Das kann man sich alles nicht vorstellen.‹«

Was meinte sie damit?
»Da ging es um die Tatsache, dass sie beide Nazis waren.«

Woher wissen Sie das?
»Gute Frage. Wohl von der Mutti, natürlich.«

Also, sie hat es schon ausgesprochen?
»Geheimnis wurde aus dem keines gemacht, aber auch nicht darüber gesprochen. Es hat sich mir einfach vermittelt.«

Ihre Eltern waren Mitglieder der NSDAP?
»Ja. Das ist sehr schwierig für mich, aber es ist wohl so. Es ist so, und das ist mir Last genug.«

Verantwortung war früh ein zentraler Punkt im Leben von Heide Schmidt. Ihrer Mutter gegenüber und auch sonst.
»Als ich ein Kind war, gab es noch Pferdekutschen, die in den Straßen gestanden sind, weil sie Eis geführt haben oder sonst etwas, und da hat einmal einer sein Pferd geschlagen. Ich kann mich gut erinnern, wie ich damals den Kutscher beschimpft habe. Ich weiß sogar noch genau, wo das war. In der Darwingasse. Und ich glaube, dass ich ihm die Peitsche aus der Hand

nehmen wollte. Er hat mich beschimpft und hat mir eine Ohrfeige angedroht, ich glaube, er hat auch ausgeholt. Und ich bin gelaufen.«

Die Verantwortung für die Mutter wächst, als Heide 15 Jahre alt ist. Da beschließt die ältere Schwester, zum Vater nach Südamerika zu gehen.
»Meine Mutter hat damals gesagt: ›Ich habe nur noch eine Tochter.‹«

Das heißt, es gab einen Bruch zwischen Ihrer Schwester und Ihrer Mutter?
»Da gab es einen Bruch, der erst viel später gekittet worden ist.«

Sie selbst wollten nie zum Vater?
»Nein. Erstens wäre ich nie zum Vater gegangen, weil mir mitgegeben wurde: Der Vater hat uns verlassen. Dabei ging die Initiative zur Scheidung wahrscheinlich von meiner Mutter aus. Und ich habe mich so verantwortlich gefühlt. Meine Schwester hat damals zu meiner Mutter gesagt: ›Du hast ja noch die Kleine.‹ Das ist ein Satz, der mir in Erinnerung geblieben ist. Ich hatte ein sehr distanziertes Verhältnis zu meinem Vater, das hat sich erst als Erwachsene geändert und hat auch dazu geführt, dass ich mit ihm nicht über Politik geredet habe, weil ich mir das Bild, das ich dann endlich von meinem Vater hatte, nicht beschädigen wollte.«

Wie hat der Kontakt zwischen Ihnen und Ihrer Schwester dann ausgesehen?
»Sie hat Briefe geschrieben und diese an die Oma adressiert. Man hat gewusst, es geht ihr gut. Aber ich habe ihr nie geschrieben, ich habe gefunden, ich muss diesen Bruch von meiner Mutter übernehmen. Und ich weiß noch gut, wie sie dann das erste Mal aus Südamerika zurückgekommen ist: Sie kam mit der Bahn aus Frankfurt, weil es natürlich keinen Direktflug gab, und ich habe sie vom Bahnhof in Wien abgeholt. Das ist mir emotional noch sehr präsent, dieses Glücksgefühl: Jetzt ist die Schwester da. Ab diesem Zeitpunkt haben wir unser Verhältnis intensiviert. Heute lebt sie in Deutschland und wir telefonieren

jeden Tag miteinander und verbringen auch Urlaube zusammen, gemeinsam mit ihren Kindern und Enkelkindern. Es ist eine sehr enge Verbindung zwischen uns, trotz alldem, was uns unterscheidet. Das ist mir kein Problem, sie ist anders.«

Nach der Matura lebt sie weiter bei ihrer Mutter und beginnt zu studieren. Wobei zunächst nicht ganz sicher ist, in welche Richtung es genau gehen soll.

»Ich habe geschwankt zwischen Psychiaterin und Strafverteidigerin. Ich wollte mich mit Menschen beschäftigen, die sozusagen aus der üblichen Welt gefallen sind. Ich habe gefunden, dass man sich mit Menschen, die nicht so ticken wie alle anderen, beschäftigen muss. Ich hatte mich wahrscheinlich eh schon für Jus entschieden, aber ganz kurz vor der Inskription an der Uni war ich mir doch nicht ganz sicher: Geh ich jetzt doch nach rechts, auf die medizinische Fakultät, oder nach links, auf die juridische?«

Es wurde die juridische. 1971 promoviert sie, im Jahr danach zieht sie aus der mütterlichen Wohnung aus. Weil sie heiratet. Ab nun trägt sie den Nachnamen ihres Mannes – Schmidt.

Sie sind von zu Hause direkt zu Ihrem Mann gezogen. Hat Ihnen da nicht irgendwann einmal etwas gefehlt: Freiheit, nur für sich?
»Bei meiner Mutter hat mir schon Freiheit gefehlt, aber ich wäre nicht einfach so ausgezogen, weil ich sie nicht allein lassen wollte. Eine Ehe hingegen ist ein anderer Grund.«

Und in Ihrer Ehe waren Sie nicht unfrei?
»Nein, gar nicht. Damals habe ich gefunden, das ist meiner Mutter zumutbar, das muss sie akzeptieren, dass ich jetzt ausziehe. Aber sie hat es eh nicht akzeptiert. Meine Mutter war nicht bei meiner Hochzeit.«

Warum nicht?
»Weil sie gefunden hat, dass das nicht die richtige Wahl ist. Mein Mann hat zu diesem Zeitpunkt noch studiert. Die Vorstellung, dass sich der Mann von der Frau erhalten lässt, wie sie es ausgedrückt hat, das war für sie ein wesentlicher Beurteilungsmaßstab,

dass das nicht der richtige Mann sein kann. Das war für sie unmöglich. Dass er neben dem Studium auch gearbeitet und Geld verdient hat, hat ihre Argumentation nicht verändert. Dazu kommt, dass meine Mutter sich sicher etwas ›Besseres‹ erwartet hat. Sie hat sich halt einen sozialen Aufstieg gewünscht.«

Hat Ihnen das nicht wehgetan, wenn die Mutter nicht zur Hochzeit kommt?
»Ja. Aber ich habe sie verstanden – auch wenn ich's falsch gefunden habe. Meine Mutter hat gesagt: ›Ich will dir deinen schönsten Tag nicht verderben.‹«

Und das hätte sie wohl gemacht, wenn sie dagewesen wäre?
»Wahrscheinlich wirklich. Ihre Begründung war: Ich kann nicht glücklich sein an diesem Tag, aber du sollst glücklich sein, und daher bin ich nicht dabei.«

Waren Sie glücklich?
»Ja.«

Während des Gerichtsjahres ändert Schmidt ihre Karriereplanung. Sie will doch nicht Strafverteidigerin werden.
»Es gab damals einen Strafverteidiger, Gunther Gahleitner, der hat Berufsverbot bekommen, weil er einen Zeugen beeinflusst haben soll. Das hat mich damals sehr beschäftigt, weil ich gesehen habe, wie schwierig das alles ist, und ich habe mich gefragt, ob man diese Gratwanderung immer verletzungsfrei überstehen kann. Damals erzählte mir ein Freund, dass im Unterrichtsministerium eine junge Juristin gesucht wird. Ich dachte, das könnte ein Job sein, bei dem ich nachdenken kann, was ich weitermache – und bin daher ins Unterrichtsministerium gegangen. Ich wurde genommen und habe dort vier Jahre lang in der Legistik gearbeitet. Das war nicht uninteressant, aber in diesem Beamtentum und dieser Beamtenmentalität habe ich mich nicht wirklich zu Hause gefühlt. Das habe ich sehr bald gespürt. Das Unterrichtsministerium hatte damals einen roten Minister, nämlich Fred Sinowatz, den ich sehr geschätzt habe, aber das Haus selbst, also die Beamtenschaft, war noch ziemlich schwarz. Es gab drei Freiheitliche, zwei von ihnen habe

ich optisch sogar noch irgendwie vor Augen. Das waren keine Männer, die mich besonders beeindruckt hätten, aber ich hatte damals einen Freundeskreis, der durchaus in der FPÖ verankert war. Und so war es in gewisser Weise eine Art Demonstration, der FPÖ beizutreten. Ich habe mir gedacht: Zu den Großen gehöre ich nicht, also gehe ich zu den Kleinen.«

Aber warum haben Sie sich überhaupt zu einer Partei bekannt? Hatten Sie da bereits eine politische Karriere im Auge?
»Überhaupt nicht. Dass ich in der Politik landen würde, hätte ich mir zu diesem Zeitpunkt überhaupt nicht vorstellen können. Nein, ich glaube, das war wirklich eine Art Demonstration. Auch deswegen, weil ich gesehen habe, wie verpolitisiert das alles dort war. Und welch nichtige Rolle Qualifikation bei der Frage spielte, wer jetzt Abteilungsleiter wird oder nicht.«

1977 wird die Volksanwaltschaft gegründet. Anfangs ist nicht konkret definiert, welche Aufgaben sie übernehmen soll. Da kommt das Angebot, an der Entwicklung dieser Institution mitzuwirken. Schmidt wird Assistentin von Gustav Zeillinger, der als Vertreter der FPÖ in das dreiköpfige Gremium entsandt wird. Die Volksanwälte genießen durch die ORF-Sendung »Ein Fall für den Volksanwalt« bald hohe Bekanntheit und auch Popularität. Vor laufender Kamera werden Fälle behandelt, die für die Öffentlichkeit von besonderem Interesse sein könnten.

»Ich bilde mir ein, dass ich Jörg Haider damals das erste Mal persönlich erlebt habe. Dass er damals in einer Volksanwalt-Sendung dabei war. Ich habe ganz nebulose Erinnerungen daran, aber ich glaube, das war unser erstes persönliches Zusammentreffen. Ich muss dazusagen, dass ich mich in einem Kreis bewegt habe, der aus dieser FPÖ etwas anderes machen wollte. Nach dem Vorbild der FDP.«

Dieser Kreis wird in den 80er-Jahren nach und nach kleiner. Im Frühling 1986 beginnt Haiders Ringen um den Parteivorsitz. Er kündigt zunächst die Unterstützung der Kärntner Landesgruppe für die Bundespartei, dementiert aber bis in den Sommer hinein, am Parteitag gegen den amtierenden Parteiobmann und Vizekanzler Norbert Sieger antreten zu wollen. Erst am 3. September, zehn Tage vor dem historischen Wechsel an der Spitze der Freiheitlichen, erklärt er seine Bereitschaft, »Baumeister der FPÖ zu werden«.

In Innsbruck kommt es zur Kampfabstimmung. Steger appelliert an Haider, »ins Team einzusteigen, aber es nicht zu zerschlagen«. Dieser Appell bleibt ungehört. Haider wird mit 57,7 Prozent der Delegiertenstimmen zum Parteiobmann gewählt. Kein Porträt wird danach jemals ohne die Bilder des frisch gewählten FPÖ-Chefs auf den Schultern der späteren Abgeordneten Siegfried Kampl und Reinhart Gaugg auskommen. Bundeskanzler Franz Vranitzky, der die SPÖ-FPÖ-Regierung anführt, kündigt die Koalition zwei Tage später auf. Bei den folgenden Nationalratswahlen verdoppelt die FPÖ ihre Stimmen auf knapp zehn Prozent. Haiders Aufstieg, der zunächst bis 1999 andauern wird, hat begonnen.

Heide Schmidt weiß, dass sich an diesem Septembertag in Innsbruck nicht nur die Struktur der FPÖ geändert hat, sondern weit mehr. Aber sie bleibt in der Partei.

»Meine Erinnerung ist natürlich sehr stark davon geprägt, dass ich diese Geschichte schon früher oft erzählt habe, und ich hoffe, dass ich sie schon damals richtig erzählt habe. Inzwischen ist nämlich die damalige Erzählung zu meiner Erinnerung geworden. Ich habe das alles mit Sicherheit mit subjektiver Ehrlichkeit erzählt, aber ob diese subjektive Ehrlichkeit mit der objektiven übereinstimmt, das weiß ich nicht mehr. Ich glaube mich zu erinnern – ich habe das auch optisch noch ein bisschen in Erinnerung –, dass wir an dem Parteitag, als Haider die Partei übernommen hat, zusammengestanden sind und die einen gesagt haben: ›So, das war's. Wir gehen.‹ Und dass die anderen in dieser Runde gesagt haben: ›Kampflos überlassen wir ihm das nicht.‹ Und ich habe zu jenen gehört, die gesagt haben: ›Kampflos überlassen wir ihm das nicht.‹ Ich bin daher geblieben, und zwar fast in Opposition zu ihm. Da gab es schon mehrere, die so dachten. Eins zu eins ist das alles nicht übernommen worden, sondern die Unterlegenen haben einfach unterschiedlich gehandelt. Trotzdem war es so, dass ich mich anfangs deshalb nicht mehr in der Partei engagiert habe, sondern dass das erst zu einem Zeitpunkt gekommen ist, der eigentlich Wien und Erwin Hirnschall geschuldet war.«

Erwin Hirnschall war Gründungsmitglied der FPÖ im Staatsvertragsjahr 1955. Er war Bezirksrat, Gemeinderat, Landesparteiobmann und schließlich Dritter Landtagspräsident. Und er galt während seiner politischen Tätigkeit als Vertreter des liberalen Flügels der Partei. Er selbst definierte seine Aufgabe damit, »den rechten Rand sauber zu halten«.

»Hirnschall hat meist eine Gegenposition zum restlichen Block vertreten. In dieser Gemengelage hat er in Wien damals versucht, die Partei nicht in die rechte Ecke driften zu lassen, obwohl die Burschenschafter hier stark waren. Bei den Wiener Landtagswahlen 1987 hat mich Hirnschall gefragt, ob ich nicht kandidieren möchte. Ich hatte ja einen relativ hohen Bekanntheitsgrad aufgrund der Sendung für den Volksanwalt. Ich habe gesagt: ›Ja, aber auf einem unwählbaren Platz.‹ Das war es mir wert, die Wiener Liste und Hirnschall zu unterstützen, um ein bisschen Gegengewicht zu schaffen. Ob das wirklich als Gegengewicht wahrgenommen wurde, ist ein anderer Kaffee, weil der Wahlerfolg ein unglaublich großer war. Und, das muss man heute einfach sagen: Das war sicher nicht der liberalere Weg des Hirnschall, sondern das war natürlich im Sog des Haider. Trotzdem haben die Wiener das als ihren Erfolg verbucht.«

Die FPÖ kann auch in Wien, ein gutes Jahr nach dem Obmannwechsel im Bund, ihren Stimmenanteil verdoppeln. Die Mandatszahl im Wiener Landtag steigt von zwei auf acht.

»Wir sind damals am Wahlsonntag im Rathaus gesessen und der Balken am Fernsehschirm ging immer weiter nach oben. Als wir bei acht Mandaten gestanden sind, sagte Hirnschall auf einmal: ›Jetzt haben wir einen Bundesrat!‹ Die FPÖ war bis dahin ja nie im Bundesrat vertreten gewesen. In dieser Wahlnacht, kommt Hirnschall zu mir und sagt: ›Ich möchte, dass du das machst, weil sonst drückt uns der Haider jemanden aufs Auge. Daher möchte ich das auf der Stelle beschließen, bevor sich da noch irgendetwas entwickelt.‹ Ich hatte also nicht sehr lange Zeit, nachzudenken. Es war spät am Abend, und ich habe Ja gesagt, weil ich gedacht habe: Bundesrat, das machst du neben dem Job, da kannst du ausprobieren, ob dir die Politik Spaß macht oder nicht. Er hat noch in der Nacht das Wiener Präsidium zusammengetrommelt und ihnen diesen Vorschlag unterbreitet, und sie haben das beschlossen. Wir sind dann ins Hotel hinter dem Rathaus den Wahlerfolg feiern gegangen, und Haider kam eingeflogen. Daran erinnere ich mich wirklich gut, wie er gekommen ist und alle begrüßt hat. Und Hirnschall sagte dann zu ihm: ›Wir haben im Übrigen beschlossen, dass die Heide in den Bundesrat geht.‹ Darauf hat er nur gesagt: ›Wunderbar.‹ Eine spontan positive Reaktion. Was strategisch auf der Hand lag, zumal es ja bereits beschlossen war. Was hätte er anderes tun sollen, als zu sagen: ›Wunderbar‹.«

Zwei Tage vor Weihnachten 1987 wird Heide Schmidt als erste freiheitliche Bundesrätin der Geschichte angelobt. Anfang des folgenden Jahres hält sie ihre erste Rede.

»Ich erinnere mich gut, ich bin an sich eher eine Freirednerin, aber damals habe ich das wirklich gut vorbereitet. Ich habe im Café Bräunerhof meine erste Rede geschrieben, zur EG, die die FPÖ ja damals befürwortet hat, und diese Rede dann im Bundesrat gehalten. Diese erste Rede war offenbar eine gute, denn Kurt Vorhofer *(langjähriger Chefredakteur der ›Kleinen Zeitung‹, Anm.)* hat danach einen Beitrag geschrieben, in dem er mich hochgejubelt hat, mit der Überschrift – eitel, wie man ist, merkt man sich solche Dinge – ›Eine funkelnde Pistole‹. Auch sonst waren die Reaktionen eigentlich positiv. Im Bundesrat war es damals noch üblich, dass man nach seiner Jungfernrede von allen Applaus bekommen hat, jedenfalls waren ÖVP und SPÖ zu mir, die ich ja als Einzige anders zugeordnet war, sehr freundlich, obwohl ich sehr böse zu ihnen war. Anschließend kam ein ÖVP-Abgeordneter auf mich zu – ich sehe ihn noch vor mir, aber seinen Namen habe ich vergessen – und hat mir gratuliert und gesagt: ›Wissen Sie, eines muss ich Ihnen sagen, das tun wir nicht so angriffig im Bundesrat.‹ Die Worte weiß ich nicht mehr genau, aber die Botschaft war: ›So net.‹ Aber er hat mir gratuliert.«

Nach nur wenigen Monaten im Bundesrat bekommt Schmidt das Angebot für den nächsten Karriereschritt.

»Haider hat mich in sein Zimmer gebeten und gemeint, man könnte jetzt beim Generalsekretariat etwas ganz Neues machen, nämlich eine Frau nehmen, und zwar mich. Das wäre doch wirklich ein Signal, etwas Innovatives, und ich werde das schon machen. Ich habe ihm gesagt, dass ich glaube, dass das keine gute Idee ist, weil ich nicht sein Sprachrohr sein kann. Dann habe ich ihm die Dinge aufgezählt, die damals schon einschlägig waren, nämlich dass er sich mit Norbert Burger getroffen hat. Mit Otto Scrinzi getroffen hat. Ich habe ihm gesagt: Ich kann das nicht verteidigen und ich würde es auch nicht verteidigen und er müsse damit rechnen, dass ich etwas sage. Seine Antwort – ob sie wörtlich so lautete, weiß ich nicht mehr –, jedenfalls die klare Botschaft war: ›Das weiß ich eh, aber du willst doch immer was für die Liberalen tun, also tu.‹ Und das Zweite, das war wirklich eine wörtliche Botschaft: ›Du musst nicht mein Sprachrohr sein, du kannst das eigenständig machen, du machst die Politik.‹ Ich habe gesagt: ›Ich muss mir das überlegen.‹ Und habe geglaubt, dass ich genug Zeit dazu haben werde. Mein Mann Günter und ich sind weggefahren, wir waren in Zypern, erinnere ich mich. Und als ich zurückkomme und das *profil* lese, war da ein Interview mit Haider drinnen, in dem er ankündigt, dass er mich zur Generalsekretärin vorschlagen wird. Das habe ich schon ziemlich unverschämt gefunden. Wir sind auseinandergegangen mit der klaren Vereinbarung: Ich überlege es mir. Und wie ich es bei Haider dann später 100 Mal erlebt habe, dass von Überlegenlassen keine Rede ist, dass es genügt hat, dass er sagt, dass er es will, und dann macht er es – genauso hat er es hier auch gemacht. Ich hätte allein schon deswegen sagen müssen: ›So nicht.‹ Aber ich habe es nicht gesagt, sondern bin beim Ja geblieben. Und damit war die Entscheidung gefallen: Ich werde Generalsekretärin mit all dem, was er vorher gesagt hat, mit jedem Freiraum.«

Hat das gestimmt? Gab es diesen Freiraum?
»Es hat bis zu einem gewissen Grad schon gestimmt. Ich habe mir hoffentlich nicht nur eingebildet, dass es tatsächlich in dieser Zeit den Freiraum für mich gab. Ich bin 100 Mal als liberales Feigenblatt tituliert worden, habe mich aber nicht als solches empfunden, weil ich den Eindruck hatte: Da geht etwas. Und zwar einerseits intern, sowohl in den Gremien als auch, wenn ich meine hunderttausend Veranstaltungen gemacht habe. Ich hatte das Gefühl, dass ich eine Kontur setzen kann und dass ich

das auch den eigenen Leuten mitgeben kann. Soll Täuschung sein oder nicht, aber dieses Gefühl, da geht ein bisschen was, nur ein bisschen was, aber es geht ja immer nur ein bisschen was, das hat mich wahrscheinlich auch so lange dort gehalten.«

Können Sie benennen, was das war, das da ging? Was konnten Sie auf dieser liberalen Ebene bewirken?
»Das kann ich nicht mehr so genau sagen. Auch im Verhindern von Schlimmerem kann ein Erfolg liegen, der nie öffentlich wird. Aber an manchen Beispielen versteht man vielleicht, warum mir das so vorgekommen ist. Vor einem Parteitag haben wir über das Motto und die Themen diskutiert. Ich habe Haider damals vorgeschlagen: Freiheit, offene Gesellschaft. Dazu hat er sofort Ja gesagt. Und ich sehe noch die Plakate vor mir, auf denen stand: ›Für eine offene Gesellschaft‹. Mit dem Parteilogo der FPÖ. Und allein, dass er bereit war, diese Begrifflichkeit als ein Parteitagsmotto zu nehmen: ›Für eine offene Gesellschaft‹, in einer Zeit, zu der das intern alles andere als selbstverständlich war, war eines dieser kleinen Erfolgserlebnisse. Ich bin bis heute so naiv, zu glauben, dass er einfach ausprobiert hat, was geht. Er war immer ein Spieler. Sein Prinzip war: Wenn es geht, wenn er damit Wahlen gewinnen kann, dann ist das in Ordnung.«

Im Juni 1991 gerät Jörg Haider erstmals ins Wanken. In einer Sitzung des Kärntner Landtages sagt der damalige Landeshauptmann in Richtung SPÖ und ÖVP: »Das hat's im Dritten Reich nicht gegeben, weil im Dritten Reich haben sie ordentliche Beschäftigungspolitik gemacht, was nicht einmal Ihre Regierung in Wien zusammenbringt.« Diese Aussage sorgt für riesigen Wirbel in ganz Österreich und weit darüber hinaus und endet schließlich mit der Abwahl Haiders als Kärntner Landeshauptmann. Schmidt distanziert sich inhaltlich scharf von dieser Aussage, verweist aber auf Haiders Entschuldigung in der Landtagsdebatte und wirft SPÖ und ÖVP vor, diesen Anlass nutzen zu wollen, um Haider loszuwerden.

»Ich bin damals zu ihm nach Kärnten gefahren. Ich weiß noch, wo wir da gesessen sind. Er hat mich gebeten, zu kommen, und wir haben einen Nachmittag darüber geredet. Er hat schon eingesehen, dass das etwas ist, was man so nicht sagen kann. Dass das ein Fehler war, das hat er durchaus anerkannt im Vieraugengespräch. Ich habe das aber auch als eine zum Teil unehrliche Aufregung empfunden, weil zunächst ja gar nichts passiert ist. Weil das erst lang nach der eigentlichen Wortmeldung als strategischer Aufhänger genommen wurde, um ihn als Landeshauptmann abwählen zu können. Diese Aufregung habe ich nicht als ehrlich empfunden – also bei vielen schon, aber bei denen, die ihn abgewählt haben, nicht. Und weil ich denen eben nicht die Ehrlichkeit zugestehen konnte, war es mir auch möglich, das im Gesamten irgendwie auszuhalten. Weil ich mir gedacht habe, die tun so, als ob, und sie sind nicht viel anders.«

Im Spätherbst des für Haider und die FPÖ so schwierigen Jahres 1991 beschließt die Partei, gegen Thomas Klestil von der ÖVP und den lange favorisierten Rudolf Streicher von der SPÖ eine eigene Kandidatin ins Rennen um die Bundespräsidentschaft und die Nachfolge von Kurt Waldheim zu schicken: Heide Schmidt.

»Als er mich gefragt hat, habe ich gesagt: ›Ja, unter der Bedingung, dass ich den Wahlkampf bestimme, dass ich die Themen bestimme, dass ich die Werbefirma bestimme, dass ich den Wahlkampfleiter bestimme, unter der Bedingung mach ich es.‹ Und da kam er mir entgegen. Er hat zu alldem Ja gesagt. Und ich habe ganz bewusst Ja gesagt, weil ich das als politische Chance eingeschätzt habe, Themen so zu transportieren, wie es mir wichtig war. Ich habe gedacht: Wenn ich damit Erfolg haben würde, könnte ich künftig Haiders Politik und seinem Stil etwas entgegensetzen.«

Während des Wahlkampfes entwickeln sich Schmidt und Haider immer stärker und auch immer sichtbarer auseinander. Das liegt einerseits an der wahlkampfbedingt starken medialen Präsenz von Heide Schmidt und der daraus resultierenden geringeren von Jörg Haider, aber auch an elementaren inhaltlichen und personellen Kontroversen. Eine dreht sich um den damaligen Leiter des Freiheitlichen Bildungswerks, Andreas Mölzer, der bei einer öffentlichen Veranstaltung vor einer »Umvolkung« in Österreich und Deutschland warnt.

Tagelang dominiert die Kritik an dieser Aussage die

innenpolitische Debatte. Schmidt stellt sich gegen Mölzer. Wenig später tritt Wirtschaftssprecher Georg Mautner Markhof, Haiders Stellvertreter als Parteiobmann und FPÖ-Präsidiumsmitglied, zurück.

»Ich wurde damals als Generalsekretärin zu diesen Causen befragt und habe öffentlich gesagt: ›Ich verstehe, dass Mautner das Präsidium verlassen hat, und halte Mölzer für den falschen Mann an der Spitze der Parteiakademie.‹ Da war Haider der Meinung: Mölzer öffentlich abzuqualifizieren und Verständnis für Mautner Markhof zu haben, das ist zu viel. Ich komme also eines Montags in mein Büro, und da steht Rüdiger Stix mit bleichem Gesicht im Büro und sagt: ›Haider hat die Plakate stoppen lassen. Er hat wirklich Rumpold angewiesen, dass er bei der Plakatdruckerei anruft und sagt: Die Plakate werden gestoppt.‹«

Haider war ja damals in Kärnten, Sie in Wien. Es blieben nur noch zwei Monate vor der Wahl: Wie haben Sie darauf reagiert?

»Zuerst dachte ich, ich höre nicht recht. Ich wollte zunächst nur allein sein und ging in mein Zimmer. Ich habe mich gefragt: ›Was mache ich jetzt?‹ Schmeiße ich hin, oder versuche ich zu sagen: ›So nicht.‹ Weil immerhin brauchte er für den Stopp ja ein Gremium, auch wenn zu erwarten war, dass ihm das Gremium folgt. Wieder war mir klar: Kampflos gehe ich nicht. Ich ging also zu Norbert Gugerbauer, der damals Klubchef war. Wir waren beide der Meinung, dass es so nicht geht, fuhren gemeinsam nach Kärnten und hatten dort zu dritt ein langes Gespräch. Haider hat mir gesagt, dass er meine Aussagen nicht akzeptieren könne, aber dass wir halt irgendwie wieder zusammenfinden müssen. Das war auch mein Ziel, weil hinschmeißen wollte ich eigentlich nicht.

Am Schluss sagte er, er müsse jetzt raus zu den Journalisten, weil die warten auf ein Ergebnis. Und er fragte mich, ob ich ihn begleite. Ich Trottel habe zugestimmt, statt zu sagen: ›Mach das allein.‹ Aber in meiner Naivität habe ich gedacht, wenn er nicht allein ist, kann er nicht erzählen, was er will. Ich habe sie noch vor mir, diese Fernsehbilder. Sie waren schrecklich. Haider als der Starke, Strahlende, und ich steh daneben wie ein Häufchen Elend. Und ich steh deswegen wie ein Häufchen Elend da, weil über die Hälfte dessen, was er gesagt hat, haben wir entweder gar nicht geredet oder es war anders. Deshalb habe ich nie in die Kamera geschaut. Weil ich mit untauglichen Mitteln zum Ausdruck bringen wollte, dass das so nicht stimmt. Und ich habe weggeschaut, runtergeschaut, wieder weggeschaut.

Am nächsten oder übernächsten Tag erschien eine Karikatur, die mir noch heute in Erinnerung ist: Ich als Marionette, gesichtslos. Ich habe das als die ungerechteste Beurteilung überhaupt empfunden, weil ich gefunden habe: Er hat verloren, nicht ich. Ich habe meine Position nicht verändert. Ich habe meinen Wahlkampf einfach fortgesetzt. Aber das mediale Bild war anders. Und diese Geschichte ist mir deswegen so in Erinnerung, weil sie das Funktionieren der medialen Bilder und des gewollten medialen Bildes so deutlich macht. Weil das ein Zeitpunkt war, wo sich, zu Recht oder zu Unrecht, niemand vorstellen und schon gar nicht das Bild zeichnen wollte, dass irgendjemand gegen Haider gewinnen kann. Ich behaupte, ich habe gewonnen gegen ihn. Ein kleiner Sieg, aber dennoch. Aber offenbar gab es zu diesem Zeitpunkt noch für niemanden einen Grund, irgendwelche Schrammen an ihm deutlich zu machen. Das Bild des unangefochtenen Strippenziehers, der er ja wirklich über weite Strecken war, war wichtiger.«

Haider tritt bis zum Ende des Wahlkampfes ab und zu an Schmidts Seite auf. Beim ersten Wahlgang der Bundespräsidentenwahl am 26. April 1992 entscheiden sich 16,4 Prozent der Wähler für Schmidt. Um zwei Zehntelprozentpunkte weniger, als die FPÖ bei der letzten Nationalratswahl 1990 bekommen hat.

»Im Gegensatz zu den anderen Kandidaten habe ich das eigene Potenzial angeblich am wenigsten ausgeschöpft. Dafür habe ich am meisten von Nicht-FPÖ-Wählern geholt. Haider hat die für ihn richtige Schlussfolgerung daraus gezogen: Die nützt der Partei nichts. Die nützt sich, aber nicht der Partei.«

In der Öffentlichkeit hält sich Haider am Wahlabend mit Kritik noch zurück, sagt sogar: »Nach dieser Bewährungsprobe wäre Heide Schmidt in der derzeitigen Situation in hohem Maß auch für mich eine geeignete Nachfolgerin, wenn ich im Land Kärnten wieder die Position des Landeshauptmanns zurückerobern und dann keine weiteren Parteifunktionen mehr ausüben würde.«

Tatsächlich wirft er der FPÖ-Kandidatin aber vor, dass in ihrem Wahlkampf zu wenig freiheitliche Ideologie sichtbar geworden sei.

»Für Haider war das ein Misserfolg. Er war der Meinung, dass bei einem anderen Wahlkampf alles drinnen gewesen wäre, bis zum Gewinnen. Er hat gesagt: ›Schau dir Klestil an. Klestil hat mit »Österreich zuerst« geworben. Wenn du das gemacht hättest, dann hättest du gewonnen.‹ Seine Definition des Misserfolgs war, dass ich nicht auf ihn gehört habe, weil ich die freiheitlichen Inhalte nicht transportiert habe und so die eigenen Leute nicht mobilisieren konnte. Da habe ich zum ersten Mal deutlich gespürt, was Definitionsmacht ist.«

Die Entfremdung setzt sich nach der Wahl fort, auch wenn das auf dem Papier noch nicht sichtbar wird. Im Mai steigt Schmidt noch zu Haiders Stellvertreterin auf, aber die Spitzen gegen sie werden vernehmbar häufiger.

Haider hat sie öffentlich als arrogant und als Primadonna bezeichnet.
»Das hat er nie in meiner Anwesenheit gesagt.«

Sie haben das also selbst immer nur gelesen oder über Dritte gehört. Was hat das mit Ihnen gemacht? Hat Sie das gekränkt?
»Ich habe das beleidigend empfunden. Ich habe das als unredlich empfunden. Ich glaube aber nicht, dass es mich gekränkt hat.«

Aber warum haben Sie das mit sich machen lassen?
»Haider hat im Persönlichen mir gegenüber immer Respekt gezeigt. Das war ein ganz merkwürdiges Verhältnis, das war eine gewisse Art von freundschaftlicher Basis. Ich hatte bis zu dieser Zeit immer den Eindruck, dass er mitbedacht hat, was er mir zumuten kann. Und da gab es durchaus auch Grenzüberschreitungen, aber es war im Persönlichen oder auch in meiner Anwesenheit eigentlich nie von Respektlosigkeit getragen. Es war für mich auch deshalb auszuhalten, weil ich das als seine Öffentlichkeitsarbeit eingeordnet habe, die zwar schäbig, aber nicht zu ändern war. Die Partei hat sie mitgetragen, weil sie erfolgreich war. Es hat mich beleidigt, ich hab es unfair und ge-

mein gefunden, aber bis zur Kränkung ist es, glaube ich, nicht gegangen. Kränkung ist etwas sehr Intimes, und so ein Verhältnis hatten wir nicht.«

Sie waren sich persönlich also nicht nah?
»Ja und nein zugleich.«

Waren Sie Freunde?
»Richtig befreundet war ich eigentlich mit niemandem von denen. Aber das liegt wahrscheinlich auch an mir, dass ich an sich eine eher distanzierte Person bin, die wenig nahe Freunde hat. Ich habe einen großen Bekanntenkreis, mit dem ich mich wohlfühle, aber wenige ganz enge Freunde.«

Im November 1992 steuert das Zerwürfnis zwischen Haider und Schmidt auf seinen Höhepunkt zu. Die FPÖ beschließt die Einleitung des Volksbegehrens »Österreich zuerst«. 94 Stimmberechtigte gibt es bei der Abstimmung der Bundesparteileitung. Nur eine stimmt dagegen: Heide Schmidt.

Sie waren nun quasi offiziell allein mit Ihrer Position. War Ihnen mit diesem Beschluss klar, dass Ihre Laufbahn in der FPÖ nun zu Ende ist?
»Ja, weil ich keine Chance mehr für ein Korrektiv sah. Aber wenn ich nicht gewollt hätte, dann hätte sich Haider ziemlich schwergetan, mich loszuwerden.«

Und war Ihnen auch klar, dass dieses Ende ein neuer Anfang sein würde?
»Am Anfang wollte ich eigentlich nur austreten. Ich habe Karl Sevelda und Gerhard Kratky bei einem Punschstand am Graben getroffen, und wir haben uns gefragt, was wir in dieser Partei eigentlich noch machen. Es gab ja eine Menge Leute, die diesen Kurs und dieses Volksbegehren abgelehnt haben. So ist das ja nicht. Intern wusste man schon, dass die FPÖ kein einheitlicher Block ist.«

Bei diesem Treffen wird indirekt der Grundstein für eine neue Partei gelegt. Kurz vor dem Jahreswechsel, wenige Wochen bevor die Eintragungsfrist des Volksbegehrens beginnt, macht Schmidt einige Tage Kurzurlaub in Baden bei Wien und lädt Kratky und Sevelda dorthin ein, um die weitere Vorgangsweise zu besprechen.

»Wir haben dann einen sehr langen Abend verbracht. Beide haben gefunden: Austreten alleine ist zu wenig, wir gründen eine Partei, weil es braucht eine liberale Partei. Es war eigentlich gar nicht so sehr meine Initiative, ich hatte eigentlich genug, aber in diesem Gespräch bin ich auf diese Idee angesprungen. Für mich war ein starkes Motiv, dass man all dem etwas entgegensetzen muss. Das war meine stärkste Antriebskraft, eine liberale Partei zu gründen. Die anderen beiden waren weit länger als ich politisch sozialisiert, die sind das irgendwie anders angegangen.«

Wie plant man die Gründung einer Partei, wenn man noch Mitglied einer anderen ist?
»Klar war, dass alles bis zum letzten Moment geheim bleiben musste, was bis zu meinem heute anhaltenden Erstaunen auch gelungen ist. Dabei waren in diese ganze Überlegung schon mehr Leute eingebunden. Wir haben uns die Geschäftsordnung angeschaut, Friedhelm *(Frischenschlager, Anm.)*, der sich da auch gut ausgekannt hat, und ich. Und wir haben eigentlich nicht daran gezweifelt, dass wir einen Klub gründen können, wenn wir fünf Abgeordnete sind. Wir waren fest davon überzeugt, dass die Geschäftsordnung das erlaubt. Das war uns auch wichtig für das Funktionieren des Ganzen, denn eine Partei braucht eine Struktur, und sie braucht Geld. Dann ging es darum: Wer sind die anderen vier neben mir? Fünf braucht man, und ich war der Meinung, mehr sollten wir zunächst nicht sein. Alles andere wäre ein zu hohes Risiko. Und dann begann das Ansprechen der Leute. Ich habe niemandem von den jeweils anderen Beteiligten erzählt, bis ich ihre Zusage hatte. Sie haben sich alle Bedenkzeit erbeten, aber dann haben sie Ja gesagt. Ich habe von niemandem, den ich dabeihaben wollte, einen Korb gekriegt. Und als wir fünf waren, haben wir gesagt: So, und jetzt machen wir's.«

Wann war das?
»Das war im Jänner.«

Da stand aber gerade das Volksbegehren bevor. Warum wollten Sie erst danach starten?
»Das war eine grundsätzliche Überlegung: Machen wir es vor dem Volksbegehren? Oder machen wir es danach? Letztlich hat den Ausschlag gegeben, dass wir den Eindruck hatten, Haider könnte damit mobilisieren, wenn wir es vorher machen. ›Die Treuesten verlassen mich‹ – das hat wirklich Mobilisierungspotenzial, und das wollten wir ihm nicht geben. Auch wenn wir uns nachher vielleicht anhören müssen: Wir haben das sozusagen mitgetragen oder so. Mitgetragen habe ich es natürlich nicht, das habe ich vorher schon unmissverständlich erklärt. Aber mit Unterstellungen muss man rechnen, auch mit der, dass wir abwarten wollten, wie es ausgeht.«

Die Gründung des Liberalen Forums bleibt, wie geplant, bis zur Pressekonferenz am 4. Februar 1993 Verschlusssache. Unmittelbar davor geben alle fünf Abgeordneten ihre Austrittserklärungen ab. Und Heide Schmidt sucht das Gespräch mit Jörg Haider.
»Ich habe keinen Termin mit Haider ausgemacht, sondern bin einfach zu ihm und habe gehofft, dass er da ist. Um 10 Uhr war die Pressekonferenz, vielleicht zwei Stunden vorher bin ich zu ihm gegangen. Er saß hinter seinem Schreibtisch. Ich habe mich auch hingesetzt und gesagt: ›Ich muss mit dir reden. Ich trete aus der Partei aus.‹ Er hat sich zurückgelehnt und geantwortet: ›Das habe ich schon erwartet.‹ Und dann habe ich gesagt: ›Aber ich trete nicht allein aus, sondern wir treten zu fünft aus, und wir gründen eine eigene Partei.‹ Da hat es ihm kurz die Rede verschlagen, weil er mir das nicht zugetraut hat. Und zwar zu Recht nicht zugetraut. So weit gehen meine Initiativen normalerweise nicht, dass das noch dazu in eine solche Struktur mündet. Er hat zuvor schon einmal in einem Gespräch in meinem Zimmer im Parlament, in dem ich ihm erklärt habe, womit ich schwer zurechtkomme, zu mir gesagt: ›Aber da muss es dir doch schrecklich gehen.‹ Das ist wirklich ein wörtliches Zitat: ›Da muss es dir doch schrecklich gehen.‹ Und ich habe nur gesagt: ›Ja, so geht's mir auch.‹ Wir haben öfter solche Gespräche geführt, weil die Partei immer mehr in diese Richtung gedriftet ist und immer mehr zusammengekommen ist, was mir missfallen hat. Auch das beschreibt vielleicht ein bisschen das Verhält-

nis, das wir hatten. Er hat das ehrlich gemeint. Er hat das nicht vorwurfsvoll gesagt. Er hat das empathisch gesagt. Und nach dem Gespräch, das wahrscheinlich nicht länger als zehn Minuten gedauert hat, hat er mir noch in einer seltsam anmutenden Weise alles Gute gewünscht, und dann bin ich gegangen. Stunden nach der Pressekonferenz hat er mich bereits öffentlich als Verräterin bezeichnet und damit der Partei die Linie für den Umgang mit uns vorgegeben.«

Bei der Präsentation des Liberalen Forums im Presseclub Concordia wird Schmidt gefragt, warum sie es aufgebe, die Partei von innen zu verändern. »Der Punkt ist gekommen, an dem es offenkundig ist, dass das ein Kampf gegen Windmühlen ist«, antwortet sie. Haider reagiert in der Öffentlichkeit erwartungsgemäß scharf: »Die Partei habe Ballast abgeworfen«, sagt er, und appelliert an die fünf Dissidenten, ihre Mandate zurückzulegen. Das verdanken sie der Partei, nicht den Wählern. Und er wirft den ehemaligen Mitstreitern vor, sich »als fünfte Kolonne im Dienste der Altparteien missbrauchen zu lassen«.

Die Entscheidung von Heide Schmidt polarisiert. Das bekommt sie auch im Alltag zu spüren.

»Es gab lange Zeit eine unglaubliche Emotionalisierung, auch in der Reaktion auf der Straße. Viele Menschen haben mich damals angesprochen, positiv angesprochen. Besonders viele Frauen. Und diese Reaktion von Frauen war für mich eindeutig zuordenbar: Da hat sich eine Frau von einem Mann emanzipiert. Da war mit Sicherheit ein großer Anteil von Frauen dabei, die mit Politik nichts am Hut haben, und viele davon haben das auch gesagt. Sie haben das als einen öffentlichkeitswirksamen Schritt der Emanzipation gesehen. Bei manchen Frauen hatte ich wirklich das Gefühl: Die hat zum Beispiel eine schlechte Ehe und denkt sich: ›Das möchte ich auch zusammenbringen.‹ Ich habe Post von Frauen bekommen, die geschrieben haben: ›Ich habe mich noch nie mit Politik auseinandergesetzt, aber jetzt habe ich mir eine Flasche Sekt aufgemacht.‹ Die männlichen Reaktionen haben sich stärker mit dem politischen Signal befasst. Das war die eine Seite, die positive Seite. Es gab aber auch eine unglaubliche Ablehnung, Menschen, die mir hasserfüllte Briefe geschrieben und mich auf der Straße beschimpft haben. Den Begriff der Verräterin habe ich immer wieder gehört – auch wenn das oft nicht einmal geschlechtsspezifisch ausgedrückt war.«

Da wurden Sie auf der Straße beschimpft, einfach so?
»Einfach so. Und wirklich viele waren wohl knapp davor, mich anzuspucken. Das war eine wirkliche Teilung in der öffentlichen Reaktion, die sehr stark war. Ich habe mich voriges Jahr ein bisschen an das zurückerinnert, obwohl es natürlich nicht vergleichbar ist mit den Wochen nach der Präsidentschaftswahl von Van der Bellen. Diese Art von Teilung der Gesellschaft hat mich allerdings an damals erinnert.«

Haben Sie diese Emotionen damals an sich herangelassen?
»Ich habe damit nicht leicht umgehen können.«

Aber irgendwie mussten Sie ja damit umgehen. Wie haben Sie reagiert? Haben Sie sich innerlich zurückgezogen?
»Ich glaube schon. Ich habe keine Sekunde daran gezweifelt, dass dieser Schritt richtig war. Nicht wissend, wie es sich weiterentwickeln wird. Ich habe sowohl das Positive als auch das Negative als eine Bestätigung der Richtigkeit und der Notwendigkeit des Schrittes empfunden. Natürlich baut man bei all diesen Dingen ein bisschen eine Wand auf, um heil zu bleiben. Das gilt fürs Positive wie fürs Negative. Aber es war auch eine Kraftkammer. Zu wissen, es war notwendig und richtig. Und dann kam das Gefühl der Verantwortung dazu, aus dem, was vor mir liegt, etwas zu machen. Das war schon ein beachtlicher Druck, denn die Erwartungshaltung war sehr groß. Ich habe das schon als ziemliche Last empfunden. Aber was die FPÖ betrifft, hatte Haider schon recht, als er sagte: ›Wir haben Ballast abgeworfen.‹ Das war ein klassischer, richtiger Satz. Sie haben tatsächlich auf ihrem Weg Ballast verloren, auch wenn sie ihn nicht selbst abgeworfen haben.«

Bevor sich das Liberale Forum inhaltlich positionieren kann, müssen einige Formalfragen geklärt werden. Etwa die Sitzordnung im Plenarsaal und die Raumaufteilung im Parlament, die Zusammensetzung von Ausschüssen und die Definition des Rechts auf

Klubstatus. In der Geschäftsordnung des Nationalrates ist dazu zu lesen: »Abgeordnete derselben wahlwerbenden Partei haben das Recht, sich in einem Klub zusammenzuschließen. Für die Anerkennung eines solchen Zusammenschlusses ist die Zahl von mindestens fünf Mitgliedern erforderlich. Abgeordnete, die nicht derselben wahlwerbenden Partei angehören, können sich in einem Klub nur mit Zustimmung des Nationalrates zusammenschließen.«

Für Schmidt ist es daher eine klare Sache, dass ihre neu gegründete Partei einen Parlamentsklub gründen kann. Haider, dessen FPÖ durch den Abgang der fünf Mandatare vier Millionen Schilling weniger an Klubförderung bekommt, bekämpft den Klubstatus.

»Formal läuft es so ab, dass man dem Präsidenten des Nationalrates vor der Konstituierung eines Klubs Mitteilung macht und einen Antrag auf Klubfinanzierung stellt. Wenn der Präsident die daraus folgenden Maßnahmen veranlasst, entspricht das der Anerkennung des Klubs. Diese Mitteilung haben wir gemacht, und Fischer hat das in der Präsidiale erörtert. Haider hat sowieso angekündigt, dass er das bekämpfen wird. Dann hatte Heinrich Neisser *(damals ÖVP-Klubobmann, Anm.)*, der sich zuvor noch positiv geäußert hatte, plötzlich auch Zweifel, ebenso wie die Grünen, worauf Fischer gesagt hat: ›Dann holen wir Gutachten ein.‹«

Insgesamt werden sieben Gutachten zu dieser Streitfrage angefertigt. Für die Zulassung des Liberalen Forums als Parlamentsklub sprechen sich fünf aus, zwei sind dagegen. Der damalige Nationalratspräsident Heinz Fischer genehmigt also den Klub und bleibt deshalb lange unter Beschuss der FPÖ.

»Ich war damals mit Heinz Fischer befreundet, und ich bin es bis heute. Wenn man Fischer kennt, dann weiß man aber, dass so etwas bei einer Sachentscheidung keine Rolle spielt. Fischer war und ist ein wirklicher Parlamentarier. Und daher war er überzeugt davon, dass in einem Konflikt zwischen freiem Mandat und Partei das freie Mandat den Ausschlag bildet. Davon ist er bis heute überzeugt, und ich bin es auch.«

Sie selbst haben auch Ihre Position als Dritte Nationalratspräsidentin behalten. Auch das war umstritten. War das in der parlamentarischen Arbeit nicht auch manchmal problematisch?

»Es war manchmal nicht leicht, Vorsitz zu führen. Und natürlich kann man darüber streiten, ob das eine richtige Entscheidung von mir war, das Amt zu behalten. Formal war das in Ordnung, aber natürlich hätte man auch sagen können: ›Du hast die Mehrheit nur gekriegt, weil du von der FPÖ nominiert wurdest.‹ Ich war der Meinung: Das ist zwar wahr, aber ich bin als Person gewählt – und ich bleibe dabei. Das galt auch für mein Mandat. Ich hatte die ganze Zeit, auch im Zugeständnis, dass man das anders sehen kann, kein schlechtes Gewissen, weil ich mir gedacht habe: Ich habe nicht als der siebente Zwerg von links kandidiert, sondern als Spitzenkandidatin für Wien. Ich habe für mein Mandat etwas getan. Ich bin gewählt. Ich bin zwar auf der Liste FPÖ gewählt, aber als freie Abgeordnete. Und die Menschen wussten, so hoffe ich, wofür ich stehe. Daher behalte ich auch mein Mandat.«

1994 tritt das Liberale Forum (LIF) erstmals bei einer Nationalratswahl an, erhält sechs Prozent der Stimmen und gewinnt damit sechs Mandate dazu. Bereits 14 Monate später wird wieder gewählt. Da verlieren die Liberalen einen halben Prozentpunkt, überholen aber die Grünen und werden viertstärkste Partei. Außerdem schafft es das LIF im Laufe seiner Geschichte in drei Landtage, nämlich in die von Wien, Niederösterreich und der Steiermark, und ins Europäische Parlament. Immer wieder kritisieren Kommentatoren in diesen Jahren, dass der Erfolg des Liberalen Forums an die Person Heide Schmidt gekoppelt sei, dass die Partei eine One-Woman-Show sei.

»Es mag insofern ein Argument sein, weil beim Wahlkampf die Spitzenkandidaten schon sehr dominant sind, aber es geht doch hoffentlich auch um die Sache. Wenn ich wähle – so mache ich es jedenfalls – dann schaue ich, welche Positionen ich wähle. In den seltensten Fällen gefallen mir alle, aber was mir besonders wichtig ist, das möchte ich vertreten haben. Die Glaubwürdigkeit der Kandidaten und Kandidatinnen spielt natürlich eine Rolle. Es mag daher schon seine Berechtigung haben, dass man sich an den Menschen orientiert und nicht nur an den Programmen. Aber ob das bei uns Liberalen so eine wesentliche Rolle gespielt hat, bin ich mir nicht sicher. Weil ich glaube, dass die liberale Wählerschaft sachorientierter und weniger personenbezogen wählt. Bei einer Landtagswahl sind liberale Zugänge manchmal weniger spürbar als bei Bundesthemen. Ich frage mich ja selbst manchmal: Was heißt liberale Bezirkspolitik? Was heißt liberale Gemeindepolitik? Ich tu mir da selbst schwer. Und ich muss ganz offen sagen, dass mich Landespolitik relativ wenig interessiert, aber das liegt wahrscheinlich auch daran, dass ich immer Bundespolitik gemacht habe und sowieso glaube, dass die Kompetenzen beim Bund konzentriert gehören. Die Wahlmotivation ist also wahrscheinlich eine Mischung – und wie stark das mit mir zusammengehangen ist: Ich vermag's nicht zu beurteilen. Zumal ich in den Wahlkämpfen ja immer überall aufgetreten bin. Für die anderen ist es jedenfalls eine frustrierende Tatsache, dass die Medien immer nur an der Spitzenkandidatin bzw. Parteichefin interessiert sind.«

Im Frühling 1998 bekommt Heide Schmidt viele Gelegenheiten zum Auftritt. Sie tritt wieder bei der Bundespräsidentenwahl an und kandidiert diesmal gegen den Amtsinhaber. Gegen Thomas Klestil. Die SPÖ schickt keinen eigenen Kandidaten ins Rennen, nur Richard Lugner steht zum Zeitpunkt, als sich Schmidt zum neuerlichen Antritt bei der Bundespräsidentenwahl entscheidet, als Bewerber fest. Und dann die Überraschung: Nicht einmal zwei Monate vor der Wahl gibt die evangelische Superintendentin Gertraud Knoll ihre Bewerbung um die Hofburg bekannt.

»Es war ein politischer Fehler, mit dem Antreten von Gertraud Knoll nicht zurückzulegen. Das war für mich damals schon auch eine Erfahrung, wie interessenorientiert die Haltung links der Mitte ist. Dass es denen letztlich weniger um Haltung geht, sondern um strategische Ziele. Denn wenn es um die Haltung gegangen wäre und um das, wofür man steht, dann hätte Gertraud zu einem Zeitpunkt, zu dem bereits bekannt war, dass ich kandidiere, nicht antreten dürfen. Das gilt für sie, das gilt aber auch für ihre Unterstützer und Unterstützerinnen. Wir hatten links der Mitte vereinbart, gemeinsam eine Kandidatin zu suchen, und waren uns einig, wofür sie stehen soll. Ich war eine von denen, die im gemeinsamen Auftrag potenzielle Kandidatinnen ansprechen sollte, was ich auch getan habe. Wir alle haben uns Körbe geholt, übrigens auch von Gertraud Knoll. Erst deshalb entstand dann bei uns die Idee, dass ich es selbst machen soll. Und kurz nach der Veröffentlichung meiner Entscheidung sagte Knoll plötzlich doch zu. Es war eine strategische Überlegung aus den Reihen der Grünen, aber auch der Sozialdemokraten, zu sagen: Man kann einer Liberalen das Feld nicht allein überlassen. Das hat mich schon sehr getroffen, weil ich auch hier zu naiv war und geglaubt habe, dass es ihnen um Inhalte geht und nicht um Strategie.«

Die Wahl am 19. April 1998 entscheidet Thomas Klestil mit 63,4 Prozent der Stimmen eindeutig für sich. Gertraud Knoll wird mit großem Abstand zum Wahlsieger mit 13,6 Prozent Zweite, Schmidt mit 11,1 Prozent Dritte.

Das heißt, für Sie waren die 11,1 Prozent eigentlich kein Erfolg?
»Nein, das war kein Erfolg.«

Aber Sie hatten einen viel kleineren Parteiapparat hinter sich als bei der Wahl 1992 als FPÖ-Kandidatin.
»Das stimmt schon. Ja, es war ein relativer Erfolg, aber für die Sache selbst war es eine vertane Chance, weil man hätte ganz anders bündeln können.«

Bis heute gab es in Österreich noch nie eine Bundespräsidentin. Bei der letzten Wahl 2016 gab es unter sechs Kandidaten überhaupt nur eine einzige Frau. Ist das Zufall, oder stecken da doch politische Mechanismen dahinter?
»Ja, sicher sind das politische Mechanismen. Österreich ist ein konservatives Land, das den Frauen eine bestimmte Verhaltensweise abverlangt. Das ist hier wirklich verdammt ausgeprägt. Wir sind ein Land, das von einem hohen Autoritätsbewusstsein geprägt ist, und das ist männlich konnotiert. Von einem immer noch in den Knochen steckenden, wenn auch nicht gelebten Katholizismus. Dieses konservative Land hat eine Rollenzuschreibung und ein Familienverständnis, das mit meinem herzlich wenig zu tun hat. Es ist so selbstverständlich, die Hauptverantwortung für das Zusammenhalten und Funktionieren der Familie der Frau zuzuordnen. Und zwar auf Kosten der Selbstständigkeit, die nun einmal, wenn man nicht

reich geboren ist, Erwerbstätigkeit voraussetzt. Abgesehen davon, dass sie auch Freude machen kann. Die Selbstverständlichkeit einer geteilten Verantwortung gibt es maximal am Papier, in der Realität erleben wir das noch viel zu wenig. Und das führt dazu, dass es Frauen auch im politischen Geschehen schwerer haben, dass sie an der Spitze gar nicht erwünscht sind, weil sie eben nicht das repräsentieren, was eine breite Wählerschaft gewöhnt ist. Außerdem sind die Spielregeln der Politik familienfeindlich und von Seilschaften geprägt. Und die sind im Regelfall männlich.«

Haben Sie die Ressentiments, die Sie gerade beschrieben haben, selbst auch gefühlt? Hat man Sie spüren lassen, dass Sie eine Frau sind?
»Ich habe mein Bewusstsein in dieser Richtung viel zu spät geschärft. Ich habe, als ich Generalsekretärin geworden bin, die ersten Kontakte mit den beiden anderen Generalsekretären, nämlich mit Keller (SPÖ) und Kukacka (ÖVP), durchaus mit Schadenfreude erlebt. Es war so spürbar für mich, dass sie nicht wussten, wie sie mit mir umgehen sollen. Ihnen war klar, dass es nicht gut kommen würde, wenn sie mit mir so hart, so aggressiv umgehen, wie das Generalsekretäre eben tun. Weil man das einer Frau gegenüber nicht macht. Diese Art der Verunsicherung hat mir durchaus Spaß gemacht.

Ansonsten habe ich Ressentiments gegen Frauen deswegen selten gespürt, weil ich schon als junge Frau mit einer Autoritätsfunktion ins Berufsleben eingestiegen bin. Und das war wahrscheinlich ein Schutzschild. Diesen Weg, wo man sich als Frau durchbeißen muss, den habe ich nicht wahrgenommen. Und wenn irgendwas danebengegangen ist, dann habe ich das immer auf mich selbst geschoben und habe mir gedacht: Ich war nicht gut genug, oder ich war zu jung oder Ähnliches. Die strukturelle Diskriminierung habe ich überhaupt erst später so richtig begriffen.«

Definieren Frauen Macht anders als Männer? Und führen sie Macht anders aus?
»Also, der Reflex vieler Frauen – und ich nehme mich da nicht aus – ist schon noch immer, Macht spontan zurückzuweisen, als wäre Macht an sich schon etwas Negatives, was Unsinn

ist. Frauen können genauso machtbewusst sein wie Männer. Ich glaube nur – wenn man das überhaupt so verallgemeinern darf –, dass Frauen durch ihre andere Sozialisierung einen stärkeren Zugang für ein Miteinander haben. Das glaube ich schon. Natürlich ist jede Verallgemeinerung von vornherein auf einer schiefen Ebene, aber die Trefferquote bei Frauen für ein solches Verhalten ist, glaube ich, eine höhere als die Trefferquote bei Männern.«

Sind Frauen an der Macht gleich akzeptiert wie Männer?
»Ich hoffe schon, dass das inzwischen so ist. Macht ist ja auch ein Selbstträger, das darf man nie vergessen. Wenn eine Frau Vorstandsvorsitzende ist, dann hat sie die Macht des Vorsitzenden. Sie muss nur die Chance haben, es zu werden.«

Im Wahlkampf 1999 spitzt sich alles auf die Frage der künftigen Koalition zu. Die FPÖ liegt im Sommer in vier Bundesländern in Umfragen auf dem ersten Platz, ÖVP-Obmann Schüssel kündigt an, als Dritter in Opposition zu gehen, und so fokussiert sich die allgemeine Aufmerksamkeit auf den Dreikampf an der Spitze. Die Meinungsforscher prognostizieren, dass es für das Liberale Forum eng wird. Und schon die ersten Daten am Wahltag, dem 3. Oktober, weisen darauf hin, dass sich der Wiedereinzug wohl nicht mehr ausgehen wird.

Haben Sie das kommen sehen?
»Nein, kommen sehen habe ich es nicht. Wie soll ich sagen? Diese Art von Überraschung, wie dass es im August schneit, war es nicht. Aber ich habe eigentlich bis zum Schluss daran geglaubt, dass es funktionieren würde.«

Wann haben Sie gewusst, dass es vorbei ist?
»Ab der Mittagszeit wusste ich, dass es eng wird. Wirklich geglaubt habe ich es erst am Schluss.«

Was haben Sie da empfunden? Das war ein riesiges Projekt für Sie, für Sie vielleicht das wichtigste.
»Das war furchtbar. Man muss unterscheiden zwischen dem eigentlichen Tag und der Zeit danach. Am Tag selbst ist es so,

dass man eigentlich nur funktioniert. Das habe ich sehr früh in meinem Leben gelernt, wie das geht, was man so landläufig als funktionieren bezeichnet. Ich habe an diesem Tag bis zum Heimkommen funktioniert. Da gibt es ja so viele Mitarbeiterinnen und Mitarbeiter. Wer da aller geweint hat, wen man aller trösten musste, für wen da aller die Welt zusammengebrochen ist. Da denkt man nicht daran, dass die eigene Welt auch zusammengebrochen ist. Ich hatte das Gefühl: Ich muss jetzt für die da sein. Ich weiß noch, wie mir jemand gesagt hat: ›Komm, gehen wir, das hat alles keinen Sinn mehr.‹ Und ich habe geantwortet: ›Ich kann nicht gehen.‹ Ich bin mir vorgekommen wie die Kapitänin, die als Letzte das Schiff verlässt. Verlassen muss. Und da lässt man selbst die Emotionen noch nicht zu. Da versucht man, sie aufzuhalten oder anzuhalten. Trotzdem hatte ich ständig das Gefühl: ›Du hast es nicht geschafft.‹ Und das Gefühl: ›Du bist schuld.‹«

Das heißt: Sie haben sich selbst Vorwürfe gemacht?
»Ich glaube, dass sich Außenstehende kaum vorstellen können, was es heißt, eine Partei aufzubauen, erst recht eine liberale, und das in Österreich. Und es kann sich auch kaum jemand vorstellen, wie das Leben einer Spitzenpolitikerin funktioniert. Einer Parteichefin, auch wenn die Partei klein ist. Was es heißt, einen Bekanntheitsgrad von über 90 Prozent zu haben. Du kannst quasi nie abschalten, du stehst nicht nur ständig in der Öffentlichkeit – und damit meine ich nicht nur die Presse, sondern den simplen Alltag –, du stehst ständig in der Verantwortung. Den Parteiaufbau hätte ich ohne meine Kolleginnen und Kollegen, die ganz andere Talente und Fähigkeiten als ich haben, nie zusammengebracht. Und das Einstehen für Positionen, die nicht mehrheitstauglich sind, die noch dazu an uralten Vorurteilen rütteln, ist weder selbstverständlich noch einfach. Und wenn du dann auch noch Wahlen verlierst – man macht sich keine Vorstellung von den Selbstzweifeln und Selbstvorwürfen.«

Sie haben bei der Gründung des Liberalen Forums gesagt: Sie stehen für eine andere Politik. Ist in Österreich zu wenig Platz für eine andere Politik?

»Um diesen Platz muss man kämpfen. Das ist von vornherein nicht auf Mehrheiten angelegt, das ist es bei kaum einer liberalen Partei, und wenn, dann macht sie schon so viele Kompromisse in ihrer Programmatik, dass sie meinem Anspruch für eine liberale Partei nicht mehr genügt. Ich glaube, der Platz für liberale Parteien ist an sich nicht groß und er ist in Österreich besonders klein. Was nichts daran ändert, dass man sich ihn erkämpfen muss. Ich bin fest überzeugt, dass es einfach notwendig ist, in einer Demokratie auch eine liberale Partei zu haben. Weil sie auch – um mit dem liberalen Begriff des Wettbewerbsfaktors zu arbeiten – der Wettbewerbsfaktor für die anderen Parteien ist, die ja auch liberale Politikfelder haben. Ich bilde mir ein, dass wir mit unserem Auftreten die Sozialdemokratie herausgefordert haben, ihre liberalen Felder wieder ernst zu nehmen, die Grünen herausgefordert haben, ihre liberalen Felder ernst zu nehmen, und sogar die ÖVP. Das Erste, was die ÖVP gemacht hat, wie das Liberale Forum sich gegründet hat: Sie haben eine liberale Gruppe gebildet. Und das ist gut so. Diesen Wettbewerb muss man aufnehmen und man muss die anderen auch an ihre Grundsätze erinnern. Man muss sie herausfordern, diese Grundsätze auch zum Thema zu machen.

Man hat uns ja ständig gesagt: ›Ihr seid die Homosexuellen-Partei.‹ Darauf bin ich stolz, weil wir haben die Grünen dazu gebracht, sich endlich auch aktiv um ihre Position dazu zu kümmern. Das hatten sie bis dahin nicht getan. Sie haben es richtig gefunden, aber ob du etwas nur richtig findest oder zum politischen Thema machst, sind zwei verschiedene Paar Schuhe. Und wir haben ja auch viel erreicht. Wir haben gemeinsam mit SPÖ und Grünen drei wesentliche, diskriminierende Paragrafen im Strafgesetz abgeschafft. Das war gar nicht so leicht. Wir haben den Kampf um die Ehe von Gleichgeschlechtlichen aufgenommen, den Kampf um eine bedingungslose Grundsicherung. Das alles fordert den politischen Wettbewerb heraus, befeuert den politischen Diskurs und trägt zum gesellschaftlichen Klima bei. Und das Klima, die Stimmung in einem Land ist entscheidend dafür, was politisch geht. Schauen Sie sich die Flüchtlingspolitik an. Das ist keine Frage der realen Möglichkeiten, sondern der Stimmung.«

Warum hat es aber dann nach sechseinhalb Jahren im Parlament nicht mehr geklappt mit dem Wiedereinzug?
»Wir haben natürlich selbst Fehler gemacht: Die damalige personelle Auseinandersetzung, die wir mit der Wiener Gruppe hatten, die hat sicher eine ganz wesentliche Rolle gespielt. Unsere Wählerschaft ist offenbar eine aufmerksamere, die viel sensibler reagiert. Dann hatten wir auch bereits Landtagswahlen verloren. Wenn du zwei, drei Wahlen verlierst, bist du schon auf der Verliererstraße. Und die Wiener haben dann gesagt, mit denen wird es nichts mehr, wir machen uns selbstständig. Das war ein Infight, der nicht lustig war. Das ist ein Baustein. Der zweite Baustein ist sicher, dass wir uns mit zu vielen Interessengruppen angelegt haben. Wir haben daher auch inhaltliche Fehler gemacht, weil die Dosierung einfach nicht gut war. Und wir haben wahrscheinlich zu wenig auf das fokussiert, worauf es vielen Menschen angekommen ist. Es ist viel zusammengekommen, und dann hat man uns auch heruntergeschrieben. Und ich selbst habe auch das Gefühl gehabt, dass ich nicht gut genug war. Ich habe für mich das Gefühl gehabt, dass ich in diesem Jahr nicht auf der Höhe meiner Kraft war.«

Zwei Tage nach der Nationalratswahl kündigt Heide Schmidt ihren Rückzug von der Spitze des Liberalen Forums an. Sie wird Vorsitzende des Instituts für eine offene Gesellschaft und moderiert ein knappes Jahr lang beim privaten Fernsehsender ATV die Diskussionssendung »Headline-Talk«. Das Liberale Forum versucht es bei der Nationalratswahl 2002 ohne sie, was misslingt. 2008, 15 Jahre nach der Parteigründung, steigt sie überraschend selbst noch einmal als Spitzenkandidatin ins Rennen.

Haben Sie sich damals überreden lassen?
»Ja.«

Das heißt, Sie wollten eigentlich nicht wirklich?
»Ich habe am Anfang wirklich Nein gesagt, weil ich gefunden habe, dass das Entmumifizieren keine Aufbruchsstimmung erzeugt, und wollte daher am Anfang nicht.«

Was hat Sie überzeugt?

»Wir haben gefunden, wir müssen es noch einmal probieren. Erstens weil man gespürt hat, dass wir nicht mehr da sind. Und das hat vielen aus unserer Wählerschaft und darüber hinaus leidgetan. Wir dachten, die wären für ein Angebot dankbar, und daher treten wir wieder an. Ich will gar nicht sagen, wen wir da aller wegen einer Spitzenkandidatur angesprochen haben. Es war kein Fehler, dass die alle abgesagt haben. Wir konnten aber niemanden gewinnen, und dann ist auf einmal die Idee entstanden, dass ich es noch einmal probiere, weil man sonst passen müsste. Das wollte ich auch nicht, und ich habe mir dann auch wirklich gedacht, ich will nicht schuld sein, wenn es die Liberalen nicht einmal versuchen, wieder ins Parlament zu kommen. Daher bin ich dann angetreten.«

Der Wahlkampf verläuft vor allem in der Schlussphase turbulent. Der damalige Parteichef Alexander Zach tritt eine Woche vor der Wahl wegen des Vorwurfs zurück, mit seiner PR-Agentur für den Eurofighter-Hersteller EADS lobbyiert zu haben. Schmidt übernimmt kurzfristig sogar die Partei. Die Reaktivierung scheitert. Das Liberale Forum kommt auf nur zwei Prozent der Stimmen.

»Dass es so schlecht ausgeht, hätte ich nicht gedacht. Ich habe eigentlich schon geglaubt, dass es funktionieren würde, weil die Reaktion der Öffentlichkeit, der Medien anfangs sehr positiv war. Das war für mich in diesem Ausmaß überraschend, und daher habe ich auch geglaubt, dass es funktioniert.«

Wie erklären Sie sich heute, dass es nicht funktioniert hat?
»Es war erstens einmal die Geschichte mit Alexander Zach. Seine Reaktionen in der Öffentlichkeit waren, wie man so schön sagt, suboptimal. Und unsere Überlegung, dass er als Parteichef zurücktreten sollte, war daher sehr naheliegend. Und das Zweite war, dass dann eine Parteienfinanzierung von Haselsteiner in Ungarn ausgegraben wurde, die ein alter Hut und eigentlich erledigt war. Aber das hat auch wieder eine negative Stimmung erzeugt. Und diese Stimmung, dass da nicht alles mit rechten Dingen zugeht, wie man das von uns erwartet hat und wie man es zu Recht erwartet hat, hat Gegenwind erzeugt. Ob ich dann gut genug war oder nicht, das habe ich eigentlich bei diesem 2008er-Wahlkampf nicht so stark in die

Waagschale geworfen wie 1999, wo ich mir viel stärker persönliche Vorwürfe gemacht habe. 2008 hatte ich schon das Gefühl, dass ich weniger dafürkann. Und dass es einfach die Umstände und das Drumherum waren, dass es dann nicht geklappt hat.«

In diesem Wahlkampf kommt es zu einem brisanten Wiedersehen zwischen den früheren Mitstreitern und späteren Widersachern Schmidt und Haider. Drei Jahre nach der Spaltung der FPÖ tritt der Kärntner Landeshauptmann als bundesweiter Spitzenkandidat für das von ihm gegründete BZÖ an und schafft 10,7 Prozent.

Hat das irgendetwas in Ihnen ausgelöst, oder war das komplett egal?
»Nein, das hat nichts ausgelöst. Im Gegenteil, ich habe gefunden, dass er einen wirklich guten Wahlkampf gemacht hat. Ich kann mich erinnern, dass ich ihn im Fernsehen in einer Wahlkonfrontation gesehen und mir gedacht habe: Wenn ich nichts wüsste, wenn ich von einem anderen Stern käme und ihn jetzt zum ersten Mal sehen würde, dann könnte ich ihn wahrscheinlich wählen. Er hat meiner Meinung nach einen völlig anderen Wahlkampf geführt als früher, war so viel seriöser, dass ich mir gedacht habe, das wird gut ausgehen. Allerdings war ich auch überzeugt davon, dass er so nicht bleiben und nach der Wahl wieder alles anders würde.«

13 Tage nach dem Wahlsonntag stirbt Jörg Haider bei einem Autounfall. Schmidt ist zu diesem Zeitpunkt gerade auf Urlaub.
»Ich habe das Telefonat sehr bald in der Früh bekommen. Ich fragte sofort, wie er gestorben ist. – Mit dem Auto. – War er allein im Auto? – Ja. Und ich habe deswegen gefragt, ob er allein im Auto war, weil mein Reflex war, dass er das bewusst herbeigeführt hat. Ich gebe zu, dass ich bis heute die Einschätzung habe, dass er bewusst russisches Roulette gespielt hat. Also nicht, dass er sterben wollte, sondern dass er diesen Unfall in Kauf genommen hat. Und daher auch mein Reflex. Wenn er jemanden neben sich sitzen gehabt hätte, hätte sich dieser Gedankengang erübrigt. Er war ein Spieler, und es war der richtige Zeitpunkt. Das ist makaber, das zu sagen. Das klingt so zynisch. Ich meine es nicht zynisch, aber das war eine Phase seines

politischen und wahrscheinlich auch persönlichen Lebens, wo russisches Roulette hineinpasst.«

Waren Sie miteinander im Reinen?
»Ich weiß gar nicht, wie ich das jetzt ausdrücken soll. Ich hatte nicht das Gefühl, ihm gegenüber etwas falsch gemacht zu haben, und daher musste ich auch nichts abarbeiten. Ich habe eine notwendige politische Konsequenz gezogen. Und was er mir gegenüber falsch gemacht hat, war eine Art des Falschmachens, die seinem Politikstil entsprach. Ich kann ihm ja nicht einmal vorwerfen, dass er mich hintergangen hätte. Wenn er sich negativ über mich geäußert hat, hat er das ohnehin öffentlich gemacht. Das war eine Art des Umgangs, die mich nicht überraschen durfte. Ich musste nicht ins Reine kommen mit ihm.«

Er mit Ihnen vielleicht?
»Mag sein.«

Aber das wissen Sie nicht, ob er mit Ihnen im Reinen war?
»Nein, das weiß ich nicht.«

Heide Schmidt hat sich nach 2008 um keine politischen Funktionen mehr beworben, aber ihre politischen Standpunkte durchaus deutlich gemacht. Sie hat Heinz Fischer bei dessen Wiederwahl 2010 zum Bundespräsidenten unterstützt und seinen Nachfolger Alexander Van der Bellen 2016. Dass das Liberale Forum beim ersten Antreten der NEOS eine Wählergemeinschaft gegründet hat, findet sie gut.

Sind die NEOS am ehesten Ihre Partei?
»Sie haben sich mit dem Liberalen Forum fusioniert und ich habe sie gewählt.«

Schwingt da ein Aber mit?
»Ich habe sozialpolitisch wahrscheinlich einen anderen Zugang. Ich glaube, dass die Sozialpolitik ein stärkeres Engagement braucht. Ich glaube wirklich, dass das Auseinanderdriften der Gesellschaft ein Pulverfass ist. Und daher würde ich mir schon

manchmal wünschen, dass sie das stärker thematisieren. Auch in der Migrationspolitik wünsche ich mir offensivere Ansagen. Aber sie sind in Ordnung, und daher bin ich bereit, auch manches zu akzeptieren, wo ich mir denke, ich würde es vielleicht anders machen.«

Sie haben so viele unterschiedliche Positionen gehabt wie kaum eine andere Politikerin: Sie waren Generalsekretärin, Parteichefin, Dritte Nationalratspräsidentin, zwei Mal Präsidentschaftskandidatin mit ganz anderen Zugängen und Möglichkeiten – nur ein Regierungsamt, das hatten Sie nicht. Tut Ihnen das leid?
»Nein, das tut mir gar nicht leid.«

Welche dieser Positionen haben Sie als die machtvollste empfunden, die, in der Sie am meisten bewegen konnten?
»Schon die als Parteichefin, auch wenn ›machtvoll‹ in diesem Zusammenhang ein überzogener Begriff ist. Ich glaube schon, dass wir als Liberales Forum sehr wohl etwas bewirkt haben. Und wissen Sie, auch die Tatsache, dass ich heute noch so oft angesprochen werde auf diese Zeit, und dass es vor allem auch Menschen sind, die vielleicht gar nicht politisch involviert sind. Ich erlebe ziemlich oft, in letzter Zeit sogar wieder öfter, dass sich Menschen auf der Straße, im Theater, im Museum bei mir für meine politische Arbeit bedanken. Dass Menschen sagen, dass es ihnen leidtut, dass ich nicht mehr in der Politik bin. Ich nehme das oft nicht als Floskel, sondern sie geben mir das Gefühl, zu wissen, wofür ich Politik gemacht habe. Es kommt immer noch vor, dass Taxifahrer, wenn sie Ausländer sind, mich nicht zahlen lassen, was früher ganz, ganz oft der Fall war und jetzt noch ab und zu vorkommt. Das ist ihre Art des Dankeschöns. Da denke ich mir: Da ist etwas geblieben. Und das nehme ich als eine erfolgreiche demokratiepolitische Arbeit, weil mir die Ablehnung der Politikerinnen und Politiker wirklich Sorge macht.

Das sind alles Binsenweisheiten, aber die Abkehr von der etablierten Politik ist demokratiegefährdend, und wir wissen, wo das hinführt und wo das kanalisiert wird. Und wenn es dann Menschen gibt, die mit einer Politikerin etwas Positives verbinden, dann sage ich mir, dass das sehr wohl Spuren sind, die man hinterlassen hat. Und was kann man für ein kurzes, lächerliches Leben mehr erwarten, als irgendwo Spuren zu hinterlassen? Wenn heute jemand zu mir sagt, dass ich sozusagen eine Initialzündung war, sich politisch zu interessieren, dann denke ich mir: Das ist keine sinnlose Zeit gewesen. Das Ausmaß von Input und Output steht in einem krassen Missverhältnis, aber es gibt einen Output. Deswegen glaube ich, dass es vor allem die Zeit mit dem Liberalen Forum war, die wichtig war, und ich bereue sie nicht. So unangenehm mir meine Vorvergangenheit ist, aber nicht einmal die bereue ich.«

Nachwort

Als ich die Arbeit an diesem Buch begonnen habe, war ich skeptisch, wie viele der ehemaligen Spitzenpolitikerinnen bereit sein würden, sich auf diese Zeitreisen einzulassen. Auch einen Blick in all jene Winkel zuzulassen, die der Öffentlichkeit normalerweise verborgen bleiben. Aber die Bereitschaft dazu war groß.

Nach 20 Jahren im politischen Journalismus und hunderten, oft kontroversiellen Interviews war es für mich eine besondere Herausforderung, diese ganz anderen, sehr ausführlichen Gespräche abseits der Tagesaktualität zu führen. Ich gebe zu, dass mich einige dieser acht ehemaligen Politikerinnen wirklich überrascht haben. Mit ihren Aussagen, mit ihren Einsichten und auch mit den Gefühlen, die sie in den Gesprächen bei aller hohen Professionalität zugelassen und gezeigt haben. Das war eine neue Situation für mich, die ich gewohnt bin, Standpunkte abzuklopfen und diese mit der Distanz einer politischen Beobachterin einzuordnen und zu hinterfragen.

Die Offenheit, die ich in diesen Gesprächen erlebt habe, hat mir immer wieder einen neuen Blick auf diese Persönlichkeiten eröffnet, die ich lange Zeit als Journalistin beobachtet und begleitet habe. Und sie hat mein Bild der einen oder anderen tatsächlich verändert.

Ereignisse, die lange zurückliegen und über die wir Berichterstatter uns längst ein Bild gemacht haben, konnte ich plötzlich aus einer neuen Perspektive sehen. Einer, die die Handlungen dieser Politikerinnen mitunter leichter verständlich gemacht hat. Das wiederum hat mich mehr über politische Mechanismen lernen lassen, als ich es vor Beginn dieser Arbeit geahnt hätte.

Die Gespräche haben mir bestätigt, dass Frauen in der Politik tatsächlich mit anderen Maßstäben gemessen werden und dass ihnen dies auch bewusst ist. Dass viele weit mehr kämpfen und sich beweisen mussten, als man das aus der Außensicht beurteilen konnte. Dass es mittlerweile zwar vergleichsweise mehr Frauen in politischen Spitzenpositionen gibt, aber dass das noch lange nicht bedeutet, dass es für diese Frauen nun leichter ist.

Ich habe auch erfahren, wie kränkend Beurteilungen und Zuschreibungen von außen sein können, wie belastend das Ringen um politische Ziele mitunter ist, wie sehr sich Niederlagen anhaften und wie lange sie nachwirken. Und mit welchem Aufwand Gefühle und Gefühlsregungen oft verborgen werden.

Wenn Politiker oder Politikerinnen abtreten, endet meist das Interesse der Öffentlichkeit an ihnen. Das bringt schnell Erleichterung, ist aber auf Dauer nicht für jeden und jede gleich einfach zu ertragen. Meinen Interviewpartnerinnen war es auffallend wichtig, festzuhalten, dass sie ihren Nachfolgern in politischen Führungsfunktionen keine Ratschläge erteilen wollen. Das gilt ausnahmslos für alle und ich werte das durchaus als weibliche Eigenschaft. Tatsächlich ist das Interesse an den Ereignissen und Entwicklungen im Land und am politischen Diskurs bei ihnen ungebrochen groß geblieben.

Die Arbeit an diesem Buch hat meinen Blick auf Politik um eine ganz neue Facette bereichert. Um jene der echten Innensicht, der reflektierten Selbstanalyse in meist großem zeitlichen Abstand. Und es gab durchaus Momente, die mich selbst bewegt und beschäftigt haben. Einige sind der intensiven Gesprächsatmosphäre geschuldet und finden daher in diesem Buch keinen Eingang. Das meiste aber durfte ich festhalten und weitergeben. Dafür und für die viele Zeit, die Geduld und für ihr Vertrauen bedanke ich mich bei Gabi Burgstaller, Brigitte Ederer, Benita Ferrero-Waldner, Waltraud Klasnic, Ulrike Lunacek, Maria Rauch-Kallat, Susanne Riess und Heide Schmidt.

Lebensläufe

Mag.ª Gabi Burgstaller
geboren 1963 in Penetzdorf (OÖ)
Studium der Rechtswissenschaften, Universität Salzburg

Politische Funktionen:
1994–1999 SPÖ-Klubobfrau im Salzburger Landtag
1999–2004 Landesrätin für Frauen, Bauern, Gewerbe,
           Konsumentenschutz und Verkehr
2001–2004 Landeshauptmann-Stellvertreterin
2001–2013 Landesparteiobfrau SPÖ Salzburg
2004–2013 Landeshauptfrau von Salzburg, SPÖ

Franz Neumayr / APA / picturedesk.com

7. März 2004: Gabi Burgstaller führt die Salzburger SPÖ erstmals in der Geschichte des Landes an die Spitze. Sie selbst wird erste Landeshauptfrau von Salzburg.

Mag.ª Brigitte Ederer
geboren 1956 in Wien
Studium der Volkswirtschaft, Universität Wien

Politische Funktionen:
1983–1992 Nationalratsabgeordnete, SPÖ
1990–1992 Klubobmann-Stellvertreterin, SPÖ
1992–1995 Staatssekretärin im Bundeskanzleramt
           (zuständig für Europaangelegenheiten)
1995–1997 SPÖ-Bundesgeschäftsführerin
1997–2000 Finanzstadträtin der Stadt Wien

12. Juni 1994: Europastaatssekretärin Brigitte Ederer feiert mit Bundespräsident Klestil, Außenminister Mock und ÖVP-Obmann Busek das Ja beim EU-Referendum.

Dr.ⁱⁿ Benita Ferrero-Waldner
geboren 1948 in Salzburg
Studium der Rechtswissenschaften, Universität Salzburg

Politische Funktionen:
1995–2000 Staatssekretärin im Außenministerium, ÖVP
2000–2004 Außenministerin
2004   Bundespräsidentschaftskandidatin, ÖVP
2004–2010 EU-Kommissarin für Außenbeziehungen
                   und Nachbarschaftspolitik

25. April 2004: Benita Ferrero-Waldner erreicht bei der Bundespräsidentenwahl mit 47,6 Prozent der Stimmen das beste Ergebnis einer weiblichen Kandidatin, unterliegt aber Heinz Fischer.

Waltraud Klasnic
geboren 1945 in Graz
Ausbildung im Fachhandel

Politische Funktionen:
1970–1975 und
1980–1984 Mitglied des Gemeinderates in Weinitzen, ÖVP
1977–1981 Mitglied des Bundesrates, ÖVP
1981–1988 Abgeordnete zum Steiermärkischen Landtag, ÖVP
1983–1988 Dritte Präsidentin des Steiermärkischen Landtages
1988–1993 Landesrätin für Wirtschaft, Tourismus und Verkehr
1993–1996 Landeshauptmann-Stellvertreterin
ab 1995   Bundesparteiobmann-Stellvertreterin, ÖVP
1996–2006 Landeshauptfrau Steiermark, ÖVP

Juli 1998: Die steirische Landeshauptfrau Waltraud Klasnic lässt sich die Bergungsarbeiten nach dem größten Grubenunglück der österreichischen Geschichte im obersteirischen Lassing erklären.

Mag.ᵃ Ulrike Lunacek
geboren 1957 in Krems
Studium Englisch/Spanisch, Universität Innsbruck

Politische Funktionen:
1996–1998 Bundesgeschäftsführerin, Die Grünen
1999–2009 Nationalratsabgeordnete, Die Grünen
2006–2009 Ko-Vorsitzende Europäische Grüne
2008–2013 Klubobfrau-Stellvertreterin im Nationalrat
2009–2017 Abgeordnete zum Europäischen Parlament, Die Grünen
2014–2017 Vizepräsidentin Europäisches Parlament
2017 Spitzenkandidatin Die Grünen bei der Nationalratswahl am 15. Oktober

18. Jänner 2009: Ulrike Lunacek wird auf dem Bundeskongress der Grünen zur Spitzenkandidatin bei der Europawahl gekürt. Sie bekommt 54,7 Prozent der Stimmen, ihr Gegenkandidat Johannes Voggenhuber 45,3.

Maria Rauch-Kallat

geboren 1949 in Wien
Ausbildung zur Hauptschullehrerin für Englisch, Russisch,
Geografie und Wirtschaftskunde, Leibesübungen

Politische Funktionen:
1983–1987 Mitglied des Bundesrates, ÖVP
1987–1992 Abgeordnete zum Wiener Landtag und Gemeinderat, ÖVP
1992–1994 Bundesministerium für Umwelt, Jugend und Familie
1992–1998 Landesparteiobmann-Stellvertreterin ÖVP Wien
1995–1999 Nationalratsabgeordnete, ÖVP
1995–2003 Generalsekretärin, ÖVP
2003–2007 Bundesministerin für Gesundheit und Frauen
2007–2008
und 2011 Nationalratsabgeordnete, ÖVP

2011: Opernsängerin Ildikó Raimondi singt die auf Initiative von Maria Rauch-Kallat um die Töchter erweiterte Bundeshymne ein.

Dr.in Susanne Riess
geboren 1961 in Braunau/Inn
Studium der Rechtswissenschaften,
Universität Innsbruck

Politische Funktionen:
1991–1995 und
1996–1998 Mitglied des Bundesrates, FPÖ
1995/96 Mitglied des Europäischen Parlaments
1999 Mitglied des Tiroler Landtages, FPÖ
1996–2000 geschäftsführende FPÖ-Bundesparteiobfrau
2000–2002 Vizekanzlerin, Bundesministerin für Beamte und Sport
2000–2002 FPÖ-Bundesparteiobfrau

1. Mai 2000: Vizekanzlerin Susanne Riess-Passer wird zur Nachfolgerin von Jörg Haider als FPÖ-Bundesparteiobfrau gewählt.

Dr.in Heide Schmidt
geboren 1948 in Wien
Studium der Rechtswissenschaften, Universität Wien

Politische Funktionen:
1987–1990 Mitglied des Bundesrates, FPÖ
1988–1990 FPÖ-Generalsekretärin
1990–1993 FPÖ-Bundesparteiobmann-Stellvertreterin
1990–1994 Dritte Nationalratspräsidentin
1992   Bundespräsidentschaftskandidatin, FPÖ
1993   Mitbegründerin Liberales Forum
1993–1999 Bundesparteiobfrau und Klubobfrau Liberales Forum
ab 1994   Vizepräsidentin der Liberalen Internationalen
1998   Bundespräsidentschaftskandidatin, Liberales Forum

4. Februar 1993: Heide Schmidt tritt aus der FPÖ aus und gründet mit Klara Motter, Thomas Barmüller, Friedhelm Frischenschlager und Helmut Moser das Liberale Forum (LIF).

Dank

Dieses Buch gäbe es nicht ohne Claudia Romeder vom Residenz Verlag, die so mutig war, dieses Projekt mit mir umzusetzen. Ohne den Langmut von Gabriele Neugebauer, die in stoischer Ruhe akzeptiert hat, dass ich meine Gesprächspartnerinnen immer weiter und weiter befragt habe – und die diese Gespräche viele, viele Stunden lang transkribiert hat (Zitat einer meiner acht Interviewpartnerinnen, selbst schon geschwächt: »Diese Frau muss eine Heldin sein«). Und ohne die einfühlsame Lektoratsarbeit von Christine Dobretsberger. Dafür herzlichen Dank.

Ich danke außerdem Heidi Selbach und Anjana Guschelbauer für die umsichtige Organisation, Aleksandra Pawloff dafür, dass sie mich auf ihren Fotos so zeigt, wie ich bin. Und Lisa Ahammer, die nicht nur wie immer als Freundin, sondern auch bei diesem Projekt als großartige Unterstützerin an meiner Seite war.

Ganz besonders danke ich meiner Familie und meinen Freundinnen und Freunden für ihre Geduld während meiner Arbeit an diesem Buch, für ihre große Zuwendung, ihr Interesse (»das Buch« war fast ein Jahr lang weit oben in meiner zeitlichen Planung und in meinen Gesprächsthemen) – und für ihre Offenheit.

Und am allermeisten danke ich meinem Mann Fritz und meiner Tochter Emma – für alles.